浙江文化名人传记精选修订丛书

原 主 编：万 斌

执行主编：卢敦基

浮世绘影

李唐 刘松年 马远 夏圭 传

陈野 著

浙江人民出版社

图书在版编目（CIP）数据

浮世绘影 ：李唐、刘松年、马远、夏圭传 / 陈野著.
杭州 ：浙江人民出版社，2025. 1. -- ISBN 978-7-213-
11728-2

Ⅰ. K825. 72

中国国家版本馆CIP数据核字第20249JF843号

浮世绘影：李唐、刘松年、马远、夏圭传
FUSHI HUIYING LI TANG LIU SONGNIAN MA YUAN XIA GUI ZHUAN

陈 野 著

出版发行：浙江人民出版社(杭州市环城北路177号 邮编 310006)
　　　　　市场部电话:(0571)85061682　85176516

责任编辑：齐桃丽　　　　　　　　责任校对：何培玉
责任印务：程　琳　　　　　　　　封面设计：王　芸
电脑制版：杭州天一图文制作有限公司
印　　刷：浙江新华数码印务有限公司
开　　本：710毫米×1000毫米　1/16　　印　　张：16
字　　数：244千字　　　　　　　　插　　页：6
版　　次：2025年1月第1版　　　　印　　次：2025年1月第1次印刷
书　　号：ISBN 978-7-213-11728-2
定　　价：59.00元

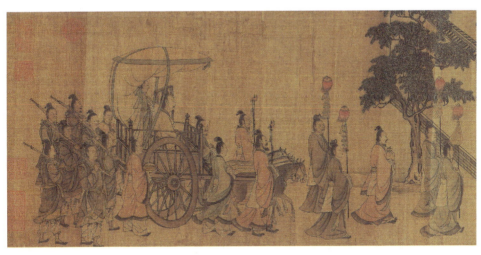

〔南宋〕李唐（传）《晋文公复国图》（局部），绢本设色，全图29.4厘米×828.0厘米，美国大都会博物馆藏

〔南宋〕李唐《濠濮图》，绢本设色，24.1厘米×113.7厘米，天津博物馆藏

〔南宋〕刘松年《四景山水图》（局部），绢本设色，41.0厘米×69.2厘米不等，故宫博物院藏

〔南宋〕马远《水图》（局部），绢本设色，26.6厘米×41.3厘米，故宫博物院藏

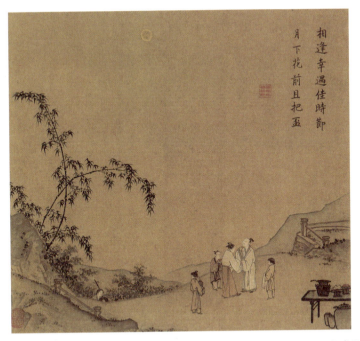

相逢幸遇佳時節
月下花前且把盃

〔南宋〕马远《月下把杯图》，绢本设色，25.7厘米×27.6厘米，天津博物馆藏

〔南宋〕马远《梅间俊语图》，绢本设色，23.4厘米×25.2厘米，美国波士顿艺术博物馆藏

〔南宋〕马远《西园雅集图》，绢本设色，29.5厘米×302.3厘米，美国纳尔逊-阿特金斯艺术博物馆藏

〔南宋〕夏圭《山水十二景》（局部），绢本水墨，全图27.9厘米×230.5厘米，美国纳尔逊-阿特金斯艺术博物馆藏

〔南宋〕夏圭《松溪泛月图》，绢本设色，25.0厘米×25.2厘米，故宫博物院藏

〔南宋〕夏圭《烟岫林居图》，绢本水墨，25.0厘米×26.1厘米，故宫博物院藏

"浙江文化研究工程成果文库" 总序

有人将文化比作一条来自老祖宗而又流向未来的河，这是说文化的传统，通过纵向传承和横向传递，生生不息地影响和引领着人们的生存与发展；有人说文化是人类的思想、智慧、信仰、情感和生活的载体、方式和方法，这是将文化作为人们代代相传的生活方式的整体。我们说，文化为群体生活提供规范、方式与环境，文化通过传承为社会进步发挥基础作用，文化会促进或制约经济乃至整个社会的发展。文化的力量，已经深深熔铸在民族的生命力、创造力和凝聚力之中。

在人类文化演化的进程中，各种文化都在其内部生成众多的元素、层次与类型，由此决定了文化的多样性与复杂性。

中国文化的博大精深，来源于其内部生成的多姿多彩；中国文化的历久弥新，取决于其变迁过程中各种元素、层次、类型在内容和结构上通过碰撞、解构、融合而产生的革故鼎新的强大动力。

中国土地广袤、疆域辽阔，不同区域间因自然环境、经济环境、社会环境等诸多方面的差异，建构了不同的区域文化。区域文化如同百川归海，共同汇聚成中国文化的大传统，这种大传统如同春风化雨，渗透于各种区域文化之中。在这个过程中，区域文化如同清溪山泉潺潺不息，在中国文化的共同价值取向下，以自己的独特个性支撑着、引领着本地经济社会的发展。

从区域文化入手，对一地文化的历史与现状展开全面、系统、扎实、有序的研究，一方面可以借此梳理和弘扬当地的历史传统和文化资源，繁荣和丰富当代的先进文化建设活动，规划和指导未来的文化发展蓝图，增强文化软实力，为全面建设小康社会、加快推进社会主义现代化提供思想保证、精神动力、智力支持和舆论力量；另一方面，这也是深入了解中国文化、研究中国文化、发展中国文化、创新中国文化的重要途径之一。如今，区域文化研究日益受到各地重视，成为我国文化研究走向深入的一个重要标志。我们今天实施浙江文化研究工程，其目的和意义也在于此。

千百年来，浙江人民积淀和传承了一个底蕴深厚的文化传统。这种文化传统的独特性，正在于它令人惊叹的富于创造力的智慧和力量。

浙江文化中富于创造力的基因，早早地出现在其历史的源头。在浙江新石器时代最为著名的跨湖桥、河姆渡、马家浜和良渚的考古文化中，浙江先民们都以不同凡响的作为，在中华民族的文明之源留下了创造和进步的印记。

浙江人民在与时俱进的历史轨迹上一路走来，秉承富于创造力的文化传统，这深深地融汇在一代代浙江人民的血液中，体现在浙江人民的行为上，也在浙江历史上众多杰出人物身上得到充分展示。从大禹的因势利导、敬业治水，到勾践的卧薪尝胆、励精图治；从钱氏的保境安民、纳土归宋，到胡则的为官一任、造福一方；从岳飞、于谦的精忠报国、清白一生，到方孝孺、张苍水的刚正不阿、以身殉国；从沈括的博学多识、精研深究，到竺可桢的科学救国、求是一生；无论是陈亮、叶适的经世致用，还是黄宗羲的工商皆本；无论是王充、王阳明的批判、自觉，还是龚自珍、蔡元培的开明、开放，等等，都展示了浙江深厚的文化底蕴，凝聚了浙江人民求真务实的创造精神。

代代相传的文化创造的作为和精神，从观念、态度、行为方式和价值取向上，孕育、形成和发展了渊源有自的浙江地域文化传统和与时俱进的浙江文化精神，她滋育着浙江的生命力、催生着浙江的凝聚力、激发着浙江的创造力、培植着浙江的竞争力，激励着浙江人民永不自满、永不停息，在各个不同的历史时期不断地超越自我、创业奋进。

悠久深厚、意韵丰富的浙江文化传统，是历史赐予我们的宝贵财富，也是我们开拓未来的丰富资源和不竭动力。党的十六大以来推进浙江新发展的实践，使我们越来越深刻地认识到，与国家实施改革开放大政方针相伴随的浙江经济社会持续快速健康发展的深层原因，就在于浙江深厚的文化底蕴和文化传统与当今时代精神的有机结合，就在于发展先进生产力与发展先进文化的有机结合。今后一个时期浙江能否在全面建设小康社会、加快社会主义现代化建设进程中继续走在前列，很大程度上取决于我们对文化力量的深刻认识、对发展先进文化的高度自觉和对加快建设文化大省的工作力度。我们应该看到，文化的力量最终可以转化为物质的力量，文化的软实力最终可以转化为经济的硬实力。文化要素是综合竞争力的核心要素，文化资源是经济社会发展的重要资源，文化素质是领导者和劳动者的首要素质。因此，研究浙江文化的历史与现状，增强文化软实力，为浙江的现代化建设服务，是浙江人民的共同事业，也是浙江各级党委、政府的重要使命和责任。

2005年7月召开的中共浙江省委十一届八次全会，作出《关于加快建设文化大省的决定》，提出要从增强先进文化凝聚力、解放和发展生产力、增强社会公共服务能力入手，大力实施文明素质工程、文化精品工程、文化研究工程、文化保护工程、文化产业促进工程、文化阵地工程、文化传播工程、文化人才工程等"八项工程"，实施科教兴国和人才强国战略，加快建设教育、科技、卫生、体育等"四个强省"。作为文化建设"八项工程"之一的文化研究工程，其任务就是系统研究浙江文化的历史成就和当代发展，深入挖掘浙江文化底蕴、研究浙江现象、总结浙江经验、指导浙江未来的发展。

浙江文化研究工程将重点研究"今、古、人、文"四个方面，即围绕浙江当代发展问题研究、浙江历史文化专题研究、浙江名人研究、浙江历史文献整理四大板块，开展系统研究，出版系列丛书。在研究内容上，深入挖掘浙江文化底蕴，系统梳理和分析浙江历史文化的内部结构、变化规律和地域特色，坚持和发展浙江精神；研究浙江文化与其他地域文化的异同，厘清浙江文化在中国文化中的地位和相互影响的关系；围绕浙江生动的当代实践，深入解读浙江现象，总结浙江经验，指导浙江发展。在研究力量上，通过课题组织、出版资助、重点研究基地建设、加强省内外大院名校合作、整合各地各部门力量等途径，形成上下联动、学界互动的整体合力。在成果运用上，注重研究成果的学术价值和应用价值，充分发挥其认识世界、传承文明、创新理论、咨政育人、服务社会的重要作用。

我们希望通过实施浙江文化研究工程，努力用浙江历史教育浙江人民、用浙江文化熏陶浙江人民、用浙江精神鼓舞浙江人民、用浙江经验引领浙江人民，进一步激发浙江人民的无穷智慧和伟大创造能力，推动浙江实现又快又好发展。

今天，我们踏着来自历史的河流，受着一方百姓的期许，理应负起使命，至诚奉献，让我们的文化绵延不绝，让我们的创造生生不息。

2006 年 5 月 30 日于杭州

目
录

刘松年传

夏圭传

李唐传

小 引

当李唐追随着宋高宗的足迹，一路颠沛流离、风尘仆仆地到达杭州时，我们不知道他对杭州周边曲线柔和的连绵丘陵和那一湖温软的西湖水，会有怎样的观感。也许，在他当时的处境里，解决生计问题才是当务之急。但是作为一个职业的宫廷画师，尤其是一个山水画家，无论在怎样的境遇里，他的眼睛和心灵，必定保持着对自然山水的敏感和关注。更何况在李唐这一路的奔波里，自然山川在他的身边历历而过，南方和北方的巨大差异渐次呈现。这种身临其境的感受，无疑是最为印象深刻的。

其实，南北方自然环境的差异，早就十分明显。北方那种适合于以立轴表现的高大挺立、气势雄伟、山体坚实的景象，到了南方以后，变成了宜于以水墨长卷体现的溪山连绵无尽、烟雨朦胧的画面。这种山川所需要的构图和笔墨，似乎正契合了李唐在北宋末年正在形成中的创作风格。因此，用我们今天的眼光来看，李唐经这一路的辛苦劳顿来到南方，就有了天降大任的寓意和暗示："画师白发西湖住，引出半边一角山。"中国绘画史上的一个著名的流派——以"南宋四家"为代表的南宋院体山水画派，就从李唐来到南方开始，展开了它发生、发展的历史行程。

第一章　主要史料汇集

在本书第二部分的《刘松年传》中，读者可以看到，就现有画史资料而言，为一位南宋时代的画家立传、勾勒其一生经历的详细脉络会是多么的困难。但在这一部分的《李唐传》里，情况会有一定程度上的不同。

这个不同是由于画史资料中有关李唐事迹的记载相对略为具体，为后人的探究提供了一些可资考释的线索；更重要的是当代研究者的涉猎颇广与用力颇勤[①]，使李唐生平较其他三位画家有相对较为清晰的浮现。我们可以初步勾勒出李唐生平的几个主要阶段，这些阶段的跨度很大，传记所需的详尽准确的细节尤为缺乏。

有关李唐生平的文字史料，主要见于宋、元、明　些画史、画论著作中的记载。比较集中和重要的有以下数条：

《广川画跋·书〈邢和璞悟房次律图〉》："毕文简公得唐本邢和璞、房琯前世事，和璞神凝示悟，琯沉思如冥有想者，久之则亦若有悟也。璞悟以怡，琯悟以叹，此其异也。乃掊地得永师还师德书，以信其说。此画深观其隐而能得其趣，决非常工所能知也。崇宁二年，其孙完官于潞，子莆田方宙召画人李唐摹为别本以藏，属予书其后。"[②]

---

① 如陈传席、铃木敬、余辉等学者都对李唐生平作过详尽而富有成果的研究，详后。

② 〔北宋〕董逌：《广川画跋》卷二《书〈邢和璞悟房次律图〉》，文渊阁《四库全书》影印本，台湾商务印书馆1983年版（以下引用此版本简称"四库本"），第813册，第457页。

《画继》："李唐，河阳人。乱离后至临安，年已八十。光尧极喜其山水。"①

《画继补遗》："李唐，字晞古，河南人，宋徽宗朝曾补入画院，高宗时在康邸，唐尝获趋事。建炎南渡，中原扰攘，唐遂渡江如杭，夤缘得幸高宗，仍入画院。善作山水人物，最工画牛。予家旧有唐画《胡笳十八拍》，高宗亲书刘商辞，每拍留空绢，俾唐图画。亦尝见高宗称题唐画《晋文公复国图》横卷，有以见高宗雅爱唐画也。"②

《图绘宝鉴》："李唐，字晞古，河阳三城人，徽宗朝曾补入画院。建炎间太尉邵渊荐之，奉旨授成忠郎，画院待诏，赐金带，时年近八十。善画山水人物，笔意不凡，尤工画牛。高宗雅爱之，尝题《长夏江寺卷》，上云：'李唐可比唐李思训。'"③

《续书画题跋记·李唐〈伯夷、叔齐采薇图〉》："宋高宗南渡，创御前甲院，萃天下精艺良工，画师者亦与焉。院画之名，盖始诸此。自时厥后，凡应奉待诏所作，总目为院画，而李唐其首选也。唐，河阳人，在宣、靖间已著名。入院后遂乃尽变前人之学而学焉。世谓东都以上作者为高古，良有以夫。余总角时，见乡里七八十老人犹能道古语，谓唐初至杭，无所知者，货楮画以自给，日甚困。有中使识其笔，曰'待诏作也'。唐因投谒中使奏闻，而唐之画杭人即贵之。唐尝有曰：'雪里烟村雨里滩，看之如易作之难。早知不入时人眼，多买燕脂画牡丹。'可概见矣。至正壬寅，余获此于沈恒氏，爱其虽变于古而不远乎古，似去古详而不弱于繁，且意在箴规，表夷、齐不臣于周者，为南渡降臣发也。呜呼深哉！昔米南宫嗜画，病世无真李成，乃拟《无李论》，以祛其惑。余他日见唐画亦多，率皆抱南宫之憾，而此画者所谓吾无间然者也。因书颠末于左，且以告夫来者云。是岁九月既望，乡贡进士钱塘宋杞授之记。"④

---

① 〔南宋〕邓椿：《画继》卷六，于安澜编《画史丛书》第一册，上海人民美术出版社1962年版，第50页。

② 〔元〕庄肃：《画继补遗》卷下，中国美术论著丛刊本，人民美术出版社1963年版，第8页。

③ 〔元〕夏文彦：《图绘宝鉴》卷四，于安澜编《画史丛书》第二册，上海人民美术出版社1962年版，第100页。

④ 〔明〕郁逢庆：《续书画题跋记》卷一《李唐〈伯夷、叔齐采薇图〉》，四库本，第816册，第779—780页。

《绘事微言》："马醉狂述唐世说云：政和中，徽宗立画博士院，每召名公，必摘唐人诗句试之。尝以'竹锁桥边卖酒家'为题，众皆向酒家上著工夫，惟李唐但于桥头竹外挂一酒帘。上喜其得'锁'字意。"①

此外，南宋以降历代文人的诗文集里，多有对李唐画作以题跋、题诗、评论的方式品评吟咏的文字，我们可以从中分析后人对李唐绘画艺术的认识和评价、李唐画作的流传情况及南宋绘画创作的一些相关信息等等，但与李唐生平的直接关联不大，故此处不予详列，而将其分散在以下相关内容的叙述中。

就图像资料而言，李唐的存世画迹不少，在国内及美国、日本、英国、德国等地的博物馆、美术馆、艺术馆里，有较多幅被称为李唐绘制的画作。就图目文献著录而言，以《中国历代画目大典（战国至宋代卷）》为例，该书收录有《采薇图》《长夏江寺图》《濠濮图》《江山小景图》《清溪渔隐图》《万壑松风图》《烟岚萧寺图》《雪景图》《雪江图》《灸艾图》《乳牛图》《文姬归汉图》《仙岩采药图》《水庄琴棋图》《山水图》《晋文公复国图》《观瀑图》《七子渡关图》《雪夜泛舟图》《扶杖渡桥图》《听泉图》《深山访道图》《驴背秋风图》《炼丹图》《观水图》等作品。②

---

① 〔明〕唐志契：《绘事微言》卷下《名人画图语录》，四库本，第816册，第240页。
② 参见周积寅、王凤珠编著：《中国历代画目大典（战国至宋代卷）》，江苏教育出版社2002年版，第450—469页。此书用力甚勤、涉猎颇广，对来自世界各地600余所博物馆（院）、美术馆、美术研究院（所）、高等院校以及私人收藏的5000余名历代重要画家（包括佚名）的7万多幅存世帛画、纸画、卷轴画作了著录；同时在真赝考辨上广搜博采，汇集诸家之说，凡有歧见均予收录。

〔南宋〕李唐《江山小景图》，绢本设色，49.7厘米×186.7厘米，台北故宫博物院藏

第二章　宋徽宗年间的行迹

北宋徽宗年间，是首先必须关注的一个特殊时期。宋徽宗和他的宣和画院，对李唐生平与艺术创作产生了重要影响。

考入翰林图画院

在亡国之君的历史罪名后面，宋徽宗其实还有他的另一面。清人叶昌炽在《语石》一书中说过："道君虽青衣受辱，艺事之精，冠绝今古。"作为艺术家的赵佶，天姿超迈，风采俊秀，艺术才情及于琴、棋、诗、书、画、金石、鉴赏多个门类，大多造诣高深、技巧精绝、品味雅正。就书法而言，他楷、行、草书皆能，楷书尤其劲挺飘逸，世称"瘦金体"。绘画方面，花鸟、人物、山水兼通，特别擅长以工笔写宫中奇禽异卉，以状物写神的高超技巧和精工典雅的风格代表了院体花鸟画的特色和成就。而宣和画院，则是他尽心投入与苦心经营之所。

中国宫廷绘画历史久远而又绵延不绝，是帝国统治阶层政治与文化生活中不可缺少的组成部分。然而画师的地位与待遇在不同的历史时期里，往往有很大的不同。一般说来，设置画院作为工作机构，是最能从组织体制上保障绘画事业发展和画人权益的。因此，有画院的时代，往往是绘画发展的时代，也往往是画人们的盛世。画史上影响最大、最让后世画人艳羡和津津乐道的，是西蜀孟昶创办的翰林图画院、南唐中主李璟仿效西蜀建立的翰林图画院以及宋代翰林图画院。

宋代翰林图画院建于宋太宗雍熙元年（984），基本承袭五代旧制，但在规模上有所扩大，广集天下画人。当时，五代各国的画院名手有相当一部分集中于此，比如来自西蜀的黄居寀、赵元长、高文进等，以及来自南唐的王齐翰、周文矩、厉昭庆、顾德谦等，可谓人才济济。

画院画家主要为皇帝与宫廷服务，其工作大约有：（1）绘制敕建的宫观壁画。如南宋时西湖显应观、西太乙宫皆有萧照、苏汉臣等绘制的壁画。（2）装饰宫廷。宫廷及高级官署屏风障壁多为院人所绘。（3）绘制表彰贤臣的画作。（4）存有鉴戒意义之图，供皇帝教育臣僚后代。（5）搜访鉴别名画。宋太宗太平兴国二年（977），诏诸州搜访先贤笔迹图书，命院人高文进、黄居寀搜访民间图画。（6）为皇帝代笔。皇帝的御画，有的由画院画师代笔。宋徽宗时，画院中有刘益、富燮两位高手，专供御画，宋徽宗画作有不少出自院人之手。还有一些特殊使命，如宋太宗时命画院祗候牟谷随使往交趾，为安南王黎桓及诸臣画肖像。宣和元年（1119），令陈尧臣带画学生二人使辽，画其主像。[1]

宋徽宗在诗、书、画等方面有天赋和爱好，以帝王之身沉溺于绘事之中。在位期间，宋徽宗于吟诗、作画和书写活动亲力亲为，于是画院就成了他的常在之所。他在那里考试选录画院学生、布置绘画题材、探讨笔墨技巧、品评作品优劣、决定画家职务升降、亲自示范画法，如此种种，忙得不亦乐乎。

> 徽宗皇帝天纵将圣，艺极于神，即位未几，因公宰奉清闲之宴，顾谓之曰：朕万几余暇，别无他好，惟好画耳。故秘府之藏，充牣填溢，百倍先朝。又取古今名人所画，上自曹弗兴，下至黄居寀，集为一百帙，列十四门，总一千五百件，名之曰《宣和睿览集》。盖前世图籍，未有如是之盛者也。于是圣鉴周悉，笔墨天成，妙体众形，兼备六法。独于翎毛尤为注意，多以生漆点睛，隐然豆许，高出纸素，几欲活动，众史莫能也。政和初，尝写仙禽之形凡二十，题曰《筠庄纵鹤图》……《奇峰散绮图》……

---

[1] 参见王伯敏主编：《中国美术通史》第四卷，山东教育出版社1987年版，第72—73页。

乱离后有画院旧史流落于蜀者二三人，尝谓臣言：某在院时，每旬日蒙恩出御府图轴两匣，命中贵押送院以示学人，仍责军令状，以防遗坠渍污，故一时作者，咸竭尽精力，以副上意。……虽训督如此，而众史以人品之限，所作多泥绳墨，未脱卑凡，殊乖圣王教育之意也。①

画史上有关宋徽宗专精于绘事的传闻记载，著名的有以下两则：

一曰月季。"徽宗建龙德宫成，命待诏图画宫中屏壁，皆极一时之选。上来幸，一无所称，独顾壶中殿前柱廊栱眼《斜枝月季花》，问画者为谁，实少年新进。上喜，赐绯，褒锡甚宠，皆莫测其故。近侍尝请于上，上曰：'月季鲜有能画者，盖四时朝暮，花蕊叶皆不同。此作春时日中者，无毫发差，故厚赏之。'"②

二曰孔雀。"宣和殿前植荔枝，既结实，喜动天颜。偶孔雀在其下，函召画院众史令图之，各极其思，华彩烂然，但孔雀欲升藤墩，先举右脚。上曰：'未也。'众史愕然莫测。后数日再呼问之，不知所对，则降旨曰：'孔雀升高，必先举左。'众史骇服。"③

这样一位在艺术上天纵其才的皇帝亲督画院，对画师们必然会有更严格的要求，当时的画师必须迎合皇帝的爱好作画："宋画院众工，必先呈稿，然后上真。"④"其后宝箓宫成，绘事皆出画院，上时时临幸，少不如意，即加漫垩，别令命思。"⑤但宋徽宗既是高手，又是行家，当不至于因其专制而禁锢了绘画艺术的发展。

① 〔南宋〕邓椿：《画继》卷一，于安澜编《画史丛书》第一册，上海人民美术出版社1962年版，第1—4页。邓椿作为同时代人，其所言"众史以人品之限，所作多泥绳墨"之语，应非虚言。但从今天看，流传至今的不少南宋绘画作品，当属精品。

②③ 〔南宋〕邓椿：《画继》卷一〇，于安澜编《画史丛书》第一册，上海人民美术出版社1962年版，第75页。

④ 〔清〕厉鹗：《南宋院画录》卷一，于安澜编《画史丛书》第四册，上海人民美术出版社1962年版，第2页。

⑤ 〔南宋〕邓椿：《画继》卷一，于安澜编《画史丛书》第一册，上海人民美术出版社1962年版，第3—4页。

在创作上，画院重视格法，要求形象描绘得精确。"图画院四方召试者，源源而来，多有不合而去者。盖一时所尚，专以形似，苟有自得，不免放逸，则谓不合法度。"有的则追求精细逼真，如邓椿《画继》记一轴"画一殿廊金碧熀耀，朱门半开，一宫女露半身于户外，以箕贮果皮作弃掷状，如鸭脚、荔枝、胡桃、榧、栗、榛、芡之属，一一可辨，各不相因，笔墨精微，有如此者"。[①]

宋徽宗不仅对作品的要求极高，甚至对画师的外貌、风度也要进行审美观照。当时有画师名刘益者，因其貌不扬，虽一直为皇帝代笔，却不被召见，埋名终身。

严格要求的同时，宋徽宗也为画院画师们创造和提供了极好的创作与生活条件。当时的画院画家不同于工匠，享有较好的工作和生活待遇。"许服绯紫官服"，到宋徽宗政和、宣和年间，并许佩鱼，"又诸待诏每立班，则画院为首，书院次之，如琴院棋玉百工皆在下。……又他局工匠日支钱，谓之食钱，惟两局则谓之俸，直勘旁支给，不以众工待也。睿思殿日命待诏一人能杂画者宿直，以备不测宣唤，他局皆无之也"[②]。画师还可以调宫中藏画临摹欣赏。

特别值得一说的是，宋徽宗的个人修养使得他的识见和谋略大大地超越了时代，具体的表现就是：崇宁三年（1104），设立画学，隶属国子监。大观四年（1110）三月，将画学归并翰林图画院。其时"益兴画学，教育众工，如进士科下题取士，复立博士，考其艺能"[③]。用今天的概念来解释，就是将绘画这种技艺之术，提升到了"画学"的理论高度，也就是进行了艺术教育的学科建设活动。

画院学生的入学考试，都是科举的范式。作品的评判标准是："笔意简全，不摹仿古人而尽物之情态，形色俱若自然，意高韵古为上；模仿前人而能出古意，形色象其物宜，而设色细、运思巧为中；博[④]模图绘，不失其真为下。"[⑤]

---

①② 〔南宋〕邓椿：《画继》卷一〇，于安澜编《画史丛书》第一册，上海人民美术出版社1962年版，第77页。

③ 〔南宋〕邓椿：《画继》卷一〇，于安澜编《画史丛书》第一册，上海人民美术出版社1962年版，第3页。

④ 博，似应为"传"，繁体字形相近所致。

⑤ 〔南宋〕赵彦卫：《云麓漫钞》卷二，四库本，第864册，第278页。

宋徽宗在其特意兴建的五岳观里，铺开宏大的场面，大集天下数百名绘画名手应诏赴试。

可能是因为宋徽宗自己的文学造诣和对"画外之意""以诗入画"的觅求之趣，所以他的试题大多选择意境幽深、韵味悠长的诗句，考查应试者对诗意的理解和绘画语言的表现能力。由于作品今俱无传，所以其时应试画作的笔墨、设色、意韵等皆已无从知晓。从画史的文字记录来看，"运思巧"是一个受到肯定和欣赏的重要标准，这方面画史上流传有几个生动的应考事例，可窥一斑。

试题之一："野水无人渡，孤舟尽日横"。这个试题十分具象，似乎不难表现。一般的构思与画面布局大多是画野郊孤舟空泊于岸边，上或立一鹭鸶，或落一乌鸦，以示无人渡舟之意。因为看似容易，便少了精思，于是画品都成了平庸之作。此次考试的夺魁者，则是与众不同地在船尾画了一个和衣而眠的舟子，其旁置一孤笛，不仅情态更近自然，表明不是没有舟人，而是没有行人，而且画出了舟的"孤泊"之外的"人"的孤独。

试题之二："乱山藏古寺"。通常的画面是山中露出古寺的鸱吻或塔尖，或是可见的一角殿堂，但这终究"藏"得不够深。最受称道的画家是在重山之中画一露出的幡竿，既彻底地表现了一个"藏"字，又能引起人们对那深山之中古幽静谧的寺宇的联想。

试题之三："浓绿万枝红一点，动人春色不须多"。出彩的画卷画了春柳掩映的楼头，有一红衣美女倚栏而望，以此表现那"红一点"的动人春色。此法比起万绿丛中一枝红花的常用手法，自有出人意表的醒目效果。又有一说，称是刘松年画了万顷海水和海中的一轮红日，宋徽宗见之大喜，喜其规模阔大、立意超绝。

试题之四："蝴蝶梦中家万里"。此试题的入选画作记为画家战德淳，他选取汉时苏武牧羊的传统题材，而独取其在牧羊时小睡的构思，将原诗中一般的思乡之情升华为家国之思的廓大意境和民族情怀，因此受到好评。

试题之五："踏花归去马蹄香"。一个无形的"香"字，如何用以线造型的绘画来表现，这是此试题的用意之所在。众多的画面是铺满一地落红，任由马蹄践踏而去，直白的表现破坏了原诗美好的意象。其中有画家跳出窠臼，别出心裁地画了飞舞的蝴蝶追逐着马蹄，以扣"香"字，以视觉的形象表达出了嗅觉的感受，切题而又有灵动之致。

这样的考试让我们联想到了唐人作诗时炼字造句的呕心沥血，李贺的锦囊、贾岛的推敲，杜甫的"语不惊人死不休"，同样都有"二句三年得，一吟双泪流"的精思与投入。

画学生入院后，学习有分科，"画学之业，曰佛道，曰人物，曰山水，曰鸟兽，曰花竹，曰屋木"。学习时"以《说文》《尔雅》《方言》《释名》教授。《说文》则令书篆字，著音训，余书皆设问答，以所解义观其能通画意与否。仍分士流、杂流，别其斋以居之。士流兼习一大经或一小经，杂流则诵小经或读律。考画之等，以不仿前人而物之情态形色俱若自然、笔韵高简为工。三舍试补、升降以及推恩如前法。惟杂流授官，止自三班借职以下三等"。①

就这样，宋徽宗本人成了北宋后期画坛的领袖，宋初建立的翰林图画院，到了宋徽宗的宣和画院时，已然成为中国绘画史上一所著名的皇家绘画机构。它云集了普天之下的绘画名家，在宋徽宗的亲自督导、教授下专精于绘画艺术的创造，宫廷绘画因此获得生机勃勃的繁荣和发展。

李唐就是在如此诗意盎然、笔墨飞扬的浮华盛世里，出现在了画史上。

李唐（生卒年不详②），字晞古，亦作希古，河阳（今河南孟州）人。由于史料简略，详细的生平事迹已难一一查考清楚。据现有资料来看，李唐在宋徽宗时代即已入宣和画院，成为宫廷画帅。尤其对他考入画院的细节，有较为详细和生动的描述。虽然不同史料对此事的说法不同，或许就是托名而为的附会，但这是我们目前可知的较早也较为详细的李唐事迹记载，即便不是李唐的所为，放在宋徽宗朝的宣和画院，应该也可以反映出当时绘画发展的实景。

---

① 《宋史》卷一五七《选举志三》，中华书局1977年版，第3688页。

② 关于李唐的生卒年，研究者众说纷纭，至今未有定论，主要观点有：1.约1050—1130年，这是传统之说，见邵洛羊：《李唐》，上海人民美术出版社1980年版，第4页。2.约1048—1130年，见徐书城：《宋代绘画史》，人民美术出版社2000年版，第77页。3.约1066—约1150年或更晚，见陈传席：《李唐研究》，《陈传席文集》（2），河南美术出版社2001年版，第545页。4.1083—约1161年，见王伯敏：《中国绘画通史》，台湾东大图书出版有限公司1997年版，第427页。5.1085—约1165年，见傅伯星：《李唐生卒年代考》，《中国书画报》1993年4月15日。

宋徽宗政和年间，李唐赴开封参加当时皇家举办的图画院考试。明代唐志契《绘事微言》记载："马醉狂述唐世说云：政和中，徽宗立画博士院，每召名公，必摘唐人诗句试之。尝以'竹锁桥边卖酒家'为题，众皆向酒家上著工夫，惟李唐但于桥头竹外挂一酒帘。上喜其得'锁'字意。"①

"竹锁桥边卖酒家"是李唐的试题，也是他的机遇。在这次考试中，应试者们都在"酒家"上面下功夫，唯独李唐的画幅里，并无世俗的酒家，有的只是茂林修竹，以及掩映其间的古朴小桥，只在竹林丛中，微微地露出了一角酒帘，隐隐透露出酒家的信息。宋徽宗深喜其构思得"锁"字之意，将其补入画院，李唐由此成了宫廷画师。

宣和画院缔造了宫廷绘画的传统，启迪了南宋绘画的路径。虽然从山水画的发展路径来看，"南宋四家"的风格自成一体，但是，正是宣和画院培养了李唐这样的画家。李唐的绘画技法与功底，在这里打下了扎实的基础；他的艺术修养和造诣，在这里得到引领和陶冶。李唐从宣和画院走向南宋，从北方来到了江南的杭州，开创了一个影响深远的绘画流派。这，就是我们前文所说的宋徽宗时期对于李唐的特殊意义之所在。

画院里的创作

李唐进入宣和画院后，并没有成为一个今天可以在北宋画史上见其卓著名声的名画师，具体的经历也基本无从寻觅，只有一些作品或见于元、明时人的记述、著录中，或有真迹流传，可供分析其时的创作情况。

从前引《中国历代画目大典（战国至宋代卷）》著录的李唐存世画迹来看，作品中山水画占大半。即使是人物画，也大多有山水的背景。以李唐为首的"南宋四家"的绘画成就和对后世产生的极大影响，也主要是就山水画而言。

现在相对一致的研究结论是，北宋时期的李唐山水画作品有《万壑松风图》

---

① 〔明〕唐志契：《绘事微言》卷下《名人画图语录》，四库本，第816册，第240页。《画史会要》也有相同记述。在俞成《萤雪丛说》卷上《试画工形容试题》中有类似记载，也有人认为此事是明人托名李唐所为。

《江山小景图》《奇峰万木图》等，也即所谓李唐前期风格的作品。这个分期的标准十分明白，就是以南渡为界，北宋、南宋各为前后期。

李唐这些前期画作的风格，大致属于荆浩、范宽一路，全景式构图，笔墨浓重精练，积墨浓厚。山石作斧劈皴，有时画树石全用焦墨，谓之"点漆"。画面林木茂盛，有葱茏苍郁之气象。画面特重布局，构图严正，裁剪有度，山峦重叠，回环起伏，其间点缀楼阁茅屋，而见远近层次。总体风格古朴苍劲，极见气势，《万壑松风图》是这种特色的典型代表。

《万壑松风图》（绢本，浅设色，188.7厘米×139.8厘米，藏台北故宫博物院），画面居中为一高耸的山峰，其左面之远峰上，有"皇宋宣和甲辰春，河阳李唐笔"之款。画面从山麓画到峰顶，山势险拔，山体坚硬，有森严崇高的气象。山腰间有山岚缭绕、溪涧蜿蜒、瀑布飞流直下。远处有峭峰数座，紧贴主峰，若即若离。全图安排匀称，位置稳妥，形成堂堂正正的大章法。李唐在山石皴法上，融合诸家技巧，达到完整统一的效果。坡石坡面，运用劲峭的小斫笔、长钉皴，坡脚间夹杂刮铁皴与豆瓣皴，颇富变化。石头正面用钉头皴，斫出四面，有纹理结构和石体质感。整个山体多种皴法交互使用，很好地表现出了山石的厚重感。山间松树挺拔，树丛疏密有致，交织穿插，树根多露于石外，树干用鱼鳞皴，节疤浓重。山头皆有或高或低的丛树，主峰树丛尤为浓重。这种变化多端的笔墨，自成一家，

〔南宋〕李唐《万壑松风图》，绢本设色，188.7厘米×139.8厘米，台北故宫博物院藏

成为南宋院体山水画的先声。

《江山小景图》（绢本，设色，49.7厘米×186.7厘米，藏台北故宫博物院），为长卷形式，画幅窄长。画的下半部是连绵的山峦，山径蜿蜒，树木葱郁；画的上半部，右上角画有坡岸及远处隐约的淡山，其余大都是空旷的水面。构图已向半山、一角的局部取景方向发展，笔墨更为率意。画面格局开始变得简率起来，与《万壑松风图》的构图、用笔都有较大不同，而与其后马远、夏圭的特点相近。所谓"刘、李、马、夏又一变"的"变"，在这幅画中是可以看得很明白的。

琐事杂记

从《画继补遗》和《广川画跋》的记述中，还可以列出李唐在北宋时做过的两件事。因为记述简略，具体的时间和经过不得详知，现一起记录于此。

一是为毕文简公的藏画绘制摹本。《广川画跋》记载，当时有一位毕文简公，得过一本唐代名画《邢和璞悟房次律图》，很有历史、艺术价值。崇宁二年（1103），毕文简公的后人要把此图复制为别本用于收藏，就请李唐作了临摹。

二是在画院期间，李唐曾经去过宋徽宗第九子赵构的官府——康邸，具体的事宜《画继补遗》记作"趋事"，太过笼统，以致今日对其事由已不可详知。但此事对李唐后来的命运，应该有很大的影响。因为这里的赵构，正是南渡以后建立南宋政权的皇帝宋高宗。而李唐的艺术成就和地位，均在相当程度上来自南宋高宗朝的创作。

第三章　国破时分

覆巢之下

北宋靖康元年（1126）八月，金军由东西两路南下，给北宋政权施加强大的军事压力。十一月，两路金军渡过黄河，直抵汴京城下，遣兵四面攻城不已。闰十一月下旬，汴京城破。金人扣押了徽、钦二帝，并按玉牒尽索诸王、帝姬、驸马等皇亲国戚。靖康二年三月，立张邦昌为傀儡皇帝，建立了大楚伪政权。

> 夏四月庚申朔，大风吹石折木。金人以帝及皇后、皇太子北归。凡法驾、卤簿，皇后以下车辂、卤簿，冠服、礼器、法物，大乐、教坊乐器，祭器、八宝、九鼎、圭璧，浑天仪、铜人、刻漏，古器、景灵宫供器，太清楼秘阁三馆书、天下州府图及官吏、内人、内侍、技艺、工匠、娼优，府库畜积，为之一空。辛酉，北风大起，苦寒。①

天寒地冻，徽、钦二帝乃至整个北宋朝廷都在摧石折木的大风之中被拘北去。金兵沿途又"纵兵四掠……杀人如刈麻，臭闻数百里。淮泗之间亦荡然

---

① 《宋史》卷二三《钦宗本纪》，中华书局1977年版，第436页。

矣"。北宋的政治统治到此结束，此事件史称"靖康之变"或"靖康之难"。

覆巢之下，安有完卵？与本书所述李唐有关的绘画等百伎工艺匠人，也遭到金人的大肆查索掠取。

《三朝北盟会编》卷七七记载：

二十五日乙卯……金人求索诸色人……要御前后苑作、文思院上下界、明堂所、修内司、军器监工匠、广固搭材兵三千余人，做腰带帽子、打造金银、系笔、和墨、雕刻、图画工匠三百余家，杂剧、说话、弄影戏、小说、嘌唱、弄傀儡、打金斗、弹筝、琵琶、吹笙等艺人一百五十余家，令开封府押赴军前。开封府军前争持文牒，乱取人口，攘夺财物，自城中赴军前者，皆先破碎其家计，然后扶老携幼，竭室以行。亲戚故旧泣涕叙别离，相送而去。哭泣之声，遍于里巷，如此者日日不绝。①

卷七八记载：

二十九日己未……又取应拜郊合用仪仗、祭器、朝服、法物，并应于御前大辇、内臣，诸局待诏，手艺染行户，少府监、文思院等处人匠，秘书省车辂院官。自二十五日搜索夫人、倡优等选择，又征求及戚里家女使等不可计数。车辙运送者已尽，肩舆以充，货轿之家尽取无遗。被选出城者号恸而去，亲戚有泣别于门者。又押内官二十八人、百伎工艺等千余人赴军中。哀号之声，震动天地。

三十日庚申，驾在青城，官吏士庶云集候驾，金人又索诸人物。是日，又取画匠百人，医官二百，诸般百戏一百人，教坊四百人，木匠五十人，竹瓦泥匠石匠各三十人，打毬弟子七人，鞍作十人，玉匠一百人，内臣五十人，街市弟子五十人，学士院待诏五人，筑毬供奉五人，金银匠八十人，吏人五十人，八作务五十人，后苑作五十人，司天台官吏五十人，弟子帘

① 〔南宋〕徐梦莘：《三朝北盟会编》卷七七，四库本，第350册，第614页。

前小唱二十人，杂戏一百五十人，舞旋弟子五十人。[①]

这样的情景，很容易让人联想起宋太祖赵匡胤灭南唐拘后主李煜北上的往事。

北宋失国的原因自是很多，错综而复杂。王朝内部不同利益集团之间的党争，蔡京、童贯、王黼、梁师成、李彦与朱勔"六贼"的专权，政治的腐败与软弱，文人治国导致的军事力量的虚弱，用人不当，决策失误，国势日复一日地颓败，人心的涣散，女真族的强大与入侵，等等。但最终，宋徽宗都脱不了干系。

宋徽宗的人生经历和最后命运，也许是无穷造化的肆意弄人，也许只是个人选择的不自量力，或者根本就是一个注定的历史命运中的劫数。元符三年（1100），宋哲宗去世，其弟，也即神宗第十一子赵佶，在老臣章惇"以年则申王长，以礼律则同母之弟简王当立"的反对和认为赵佶"轻佻不可以君天下"的担忧中，[②]登上了帝座。二十五年之后，宋徽宗果然失去他的天下，以万乘人君之尊被拘，远羁北国敌乡，万里江山自此俱成梦中忆想，这给他的帝国和臣民带来切齿的遗恨、屈辱和一片痛彻心扉的哀伤。

《宋史》卷二二《徽宗本纪》言："迹徽宗失国之由，非若晋惠之愚、孙皓之暴，亦非有曹、马之篡夺，特恃其私智小慧，用心一偏，疏斥正士，狎近奸谀。于是蔡京以狷薄巧佞之资，济其骄奢淫佚之志。溺信虚无，崇饰游观，困竭民力。君臣逸豫，相为诞谩，怠弃国政，日行无稽。……自古人君玩物而丧志，纵欲而败度，鲜不亡者，徽宗甚焉，故特著以为戒。"[③]

宋徽宗丧国致辱，遗祸及子。宋钦宗于国势危殆之时受禅为帝，"帝在东宫，不见失德。及其践阼，声技音乐一无所好。靖康初政，能正王黼、朱勔等罪而窜殛之，故金人闻帝内禅，将有卷甲北旆之意矣。惜其乱势已成，不可救药；君臣相视，又不能同力协谋，以济斯难，惴惴然讲和之不暇。卒致父子沦胥，社稷芜茀。帝至于是，盖亦巽懦而不知义者欤！享国日浅，而受祸至深，

① 〔南宋〕徐梦莘：《三朝北盟会编》卷七八，四库本，第350册，第618页。
② 《宋史》卷二二《徽宗本纪》，中华书局1977年版，第357、417—418页。
③ 《宋史》卷二二《徽宗本纪》，中华书局1977年版，第418页。

考其所自，真可悼也夫！真可悼也夫！"①

这个"享国日浅，而受祸至深"的宋钦宗，在做了一年多的皇帝之后，被金兵拘押北去，一直屈辱地生活至绍兴三十一年（1161）驾崩。其间，多次向其弟宋高宗哀求回国，未得理会。

天不灭大宋。国破时分，正当金人在汴梁（今河南开封）按玉牒搜索皇亲国戚时，赵构因以"河北兵马大元帅"的名义经营河北，拥兵万人在外，免遭搜捕。正是皇室的这一颗漏网的种子，渡江而南，在南方的半壁江山里苟延残喘、休养生息、经营发展，以"南宋"的名义延续了大宋的宗庙社稷。

赵构（1107—1187），字德基，宋徽宗第九子，宋钦宗赵桓之弟。15岁封为康王。靖康二年（1127）五月初一日，21岁的赵构在宗泽等北宋旧臣的拥戴下于应天府（治今河南商丘市南，当时称南京）正式即帝位，改元建炎，史称南宋。赵构以此特殊的历史机遇而得登上龙辇，成为宋高宗。他因此而与夏之少康、周之宣王、汉之光武、晋之元帝、唐之肃宗一起被称为中兴之帝，但更多的是背负了"偷安忍耻，匿怨忘亲，卒不免于来世之诮"的历史骂名。

南渡路上

宋高宗的南渡，是一段长达数年、心胆俱寒、颠沛流离、颇受霜露之苦的亡命之旅。其间对于作为目的地的都城的选择，也是众说纷纭、反复变更，经历了几次周折的过程。宋高宗南渡的历史，与李唐南渡以及至杭这一段生活关联甚是密切，故将之简述如下，以彰明背景。

赵构登基后，建炎元年（1127）十月初，南宋朝廷从应天府出发，月底至扬州。建炎二年七月，宗泽死，南宋军心不稳，金兵东西并进，以扬州为主要进攻目标，南下攻宋。南宋风闻金军将再次南侵，急忙部署江淮防务，宋高宗派人先护送隆祐太后去杭州，作了继续南逃的准备。八月，金西路军首先发起进攻，攻入陕西。十月，东路军也开始行动，次年正月攻占徐州。紧接着，金军以一万轻

---

① 《宋史》卷二三《钦宗本纪》，中华书局1977年版，第436页。

骑从泗州渡淮河，直扑扬州，主力则进击屯据于淮阳的韩世忠军。建炎三年一月，退守宿迁的韩世忠军被金军追击，部众溃散。南宋朝廷对整个战局情况不明，主和派代表黄潜善、汪伯彦又都是没有远略之辈，军队士气低落。金军轻骑很快占领楚州、天长军等处，速度之快是宋高宗预想不到的。二月，宋高宗闻数十里之外的天长军失守，急忙乘小船从瓜洲渡江逃往镇江。到镇江后，他又感到镇江濒临长江，离金军仍太近，不安全，即于次日清晨召集文武近臣再度商讨下一步的驻跸之地。此时，宋高宗对己方的军事实力已完全丧失信心，对长江天堑能否阻挡金军铁骑也心存顾虑，所以试探性地提出"姑留此，或径趋浙中"的意见。经过朝廷重臣的一番争议，最后宋高宗作出了当夜即赴杭州的决定。

金军的先头部队在宋高宗逃出扬州的当天就进抵扬州，听说宋高宗南逃，立即追到瓜洲渡口，因无舟船，只好停止追击。此时金军已人困马乏，加上沿途不断受到义军的袭击，遂在大肆掳掠之后，向北撤军。金军转战近半年，尽管取得了一些战役上的胜利，但灭宋的战略目的并未实现。

建炎三年（1129）二月壬戌（十三日），南宋朝廷迁至杭州。宋高宗下诏改州治为行宫，下罪己诏，求直言，赦死罪以下，放还窜逐诸臣。在这一系列表面文章之下，则是决定放弃淮河，退守长江，遣使同金议和，打算偏安江南。不料三月初，南宋内部发生了扈从统制苗傅、刘正彦的兵变，强迫宋高宗逊位于皇子赵旉，让隆祐太后垂帘听政。这次兵变，带给宋高宗极大冲击。经过一番周折，在张浚、韩世忠等人的努力下，兵变被平息，宋高宗复位。七月，杭州升为临安府（治今浙江杭州）。

建炎三年（1129）十月，金军乘南宋长江防务尚未巩固之机，在兀术的统率下，分东西两路渡江南下。西路由黄州附近渡江入江西，东路主力由和州渡江攻江浙。宋高宗在越州闻金军渡江，决意下海逃跑，从越州奔明州。十二月，金军攻克临安，宋高宗从明州奔舟山定海。金军占领临安后跟踪而至，迫使宋高宗逃往海上，漂泊于温州、台州濒陆海域达三四个月之久。金军搜寻不得，只好宣称"搜山检海已毕"，退据明州。不过，金军深入江南，后方空虚。南方气候潮湿，将士水土不服，难以继续进军。加上岳飞屯驻宜兴，韩世忠据守江阴，归路有被截断的危险，兀术只得决定早日撤军。

金人引兵北去，南宋朝廷于建炎四年（1130）四月北返越州，以其地为行在，改次年年号为"绍兴"。

绍兴元年（1131）以后，南宋政治局面逐渐得以稳定。绍兴六年二月，张浚以宰相兼都督诸路军马事的身份，巡察各地，与各路将领商议北伐，宋高宗也在群臣的促助下，进驻建康（今江苏南京），以表示一种踔厉有为的态度。

这年秋天，金人策立的伪齐政权入侵南宋，但被打退。女真军事贵族集团内部因连年用兵，师劳无功，导致了因政见不同而诱发的相互残杀。掌握金国实权的挞懒集团，于绍兴七年（1137）废黜了伪齐政权，对南宋展开"以和协佐攻战"的策略。宋金东起淮水、西迄秦岭的边境开始稳定，双方形成对峙局面。宋高宗在平息钟相、杨么起义后，统治地位也渐趋稳固。

绍兴八年（1138）正月，宋高宗不顾臣僚的反对，从建康返回临安。这是他第三次驾临临安。就在这一年，他正式宣布以临安为"行在所"，最后定都临安。[①]

现在来看李唐。

李唐这一时期的生活经历，主要的史料见于夏文彦《图绘宝鉴》中有关南宋画家萧照的记载：

> 萧照，濩泽人。颇知书，亦善画。靖康中流入太行为盗。一日掠至李唐，检其行囊，不过粉奁画笔而已。叩知其姓氏，照雅闻唐名，即辞贼随唐南渡，得以亲炙。[②]

研究者从流入太行山为盗的萧照等人掠夺李唐之事着手，对李唐的南渡展开研究。焦点问题在于其出发的起点究竟在何，主要的观点有三种：

一是传统之见。传统的美术史、绘画史大都对此未作深究，或略去不论，

---

① 以上有关宋高宗南渡的记述，参见沈冬梅、范立舟：《浙江通史·宋代卷》，浙江人民出版社2005年版，第133—139页，文字有删改。

② 〔元〕夏文彦：《图绘宝鉴》卷四，于安澜编《画史丛书》第二册，上海人民美术出版社1962年版，第103页。

或简单地记述为汴梁被金兵攻陷，李唐仓皇南奔，行经太行山时为萧照所劫。[①]

二是陈传席之见。陈传席是最早对此问题展开深入研究的学者，他就汴梁、太行山、杭州的地理位置提出疑义，作出探讨。认为李唐不忘旧主，南渡寻随宋高宗，方向在南，何苦北绕太行山，而且绕得那么远、那么艰苦呢？结论只有一个：李唐南渡起点不是皇都汴梁，而是太行山之北更远的地方——金人的根据地，今黑龙江流域（宋徽宗死于五国城，即今黑龙江依兰）。或者，最近也是从燕地出发的。

故此，陈传席认为，李唐南渡不是自汴梁向南，而是途经太行山向南，这就清楚地说明，他是被金人掳往北国之后，又从北国金营中逃回，而太行山是必经之途。到了太行山，遇到了萧照，萧照即辞别队伍，跟随李唐南渡，向李唐学习绘画。至于两人如何走法，经过哪些地方，尚无史料可证。但萧照是建康人，估计他们要经过建康，而后投奔临安。[②]

《中国美术史》（宋代卷）上册也持此说："靖康二年（公元1127年），汴京沦陷，掳走徽钦二帝并宫中随从，李唐也在其列。不久，赵构在临安即位为高宗，被掳往北国的官员听到消息，多设法从金营中逃跑，李唐随之辗转南下，经过种种颠沛险阻，在太行山为萧照所掠，反得其助，相偕跋涉至临安。"[③]

三是彭亚之见。彭亚认为陈说的上述推论，"对李唐南下'途经太行山'是一个比较合理的臆想"。但认为李唐途经太行山不一定是从东北逃回，而是另有原因：

太行山在山西境内，也在河南境内。太行山东南部自古就归属河南管辖，《汉书》、《后汉书》和《晋书》都有记载。宋代王存等人编著的《元丰九域志》也记载了当时的河南孟州管辖六个县，政府所在地是李唐的家乡河阳。……河阳距离太行、王屋很近，河阳西北30公里的济源境内就有太

① 如《李唐》《宋代绘画史》《中国绘画通史》等。

② 参见陈传席：《李唐研究》，《陈传席文集》（2），河南美术出版社2001年版，第553页。

③ 王朝闻总主编：《中国美术史》（宋代卷）上册，齐鲁书社、明天出版社2000年版，第208页。按：此处记述有误，赵构并非在临安即位为高宗，而是于靖康二年（1127）五月初一，在宗泽等北宋旧臣的拥戴下，于应天府登基，改年号为"建炎"。

行山卞峰，岭山、孔山、王屋山也属于太行山系。

所以，笔者认为，李唐如果被掳到了黑龙江或燕京，别说那时近八十岁，就是按陈传席先生推论的，再年轻十几岁，也不可能徒步到临安。我的结论是，李唐在靖康之变时，跑回老家的太行山避难了！正如洪再新先生说："1127年汴梁被金兵攻占，在徽、钦二帝被掳的'靖康之难'中，宫廷画家作鸟兽散。"

靖康间，不论是李唐在汴梁（开封），还是在南京（商丘），都是无依靠的。汴梁被困时，与李唐关系密切的康王赵构，先是被派往金营为人质，后又被派往河北任兵马大元帅，招兵买马解救都城，接下来又是徽、钦二帝被掳。作为臣民，这时期是无所适从的，因此，七十多岁的李唐逃回老家，是一个极好的选择。但老家河阳三城是个军事要冲，金人又搜寻那些从宫中散入民间的人才，若再追杀回来，必又遭难，到家乡附近的太行山躲避便是顺理成章的事情。因此，笔者推断，李唐没有去北方，只是在太行山暂时避难。正是在家乡附近的太行山区盘桓时遇到了萧照。

…………

李唐到山上不久，就得到了高宗即位并召回朝廷旧部的消息。《宋史》卷二十四《高宗本纪一》，记载：

"五月庚寅朔，帝登坛受命，礼毕恸哭，遥谢二帝，即位于府治。改元建炎。……臣僚因乱去官者，限一月还任。"

金人乃游牧、狩猎民族，初寇中原，也如围猎，掠夺之后，立一伪政府，扬长而去。所以"臣僚因乱去官者"，都要趁金人北还时复职还任。李唐就是在此时和萧照一起出太行南下。古人远行，首选水路，由河阳到汴水，水路入淮，沿运河即可追随高宗到达南方，并不需要多少体力。此时的汴梁是由南宋任命的老将宗泽驻守，沿途不会有多大困难。①

---

① 彭亚：《论影响李唐绘画风格的潜在因素——兼与陈传席先生商榷关于李唐研究的几个问题》，《南京艺术学院学报》2003年第2期。

由上可见，对李唐南渡的起点、路线、行走方式的研究，在学者们的潜心努力之下，正愈益走向深入和细致。金兵攻入汴梁、掳走二帝之时，北宋画院和画师们的去向与命运，只有如上《宋史》《宋史纪事本末》《三朝北盟会编》等书的简略涉及，难知其详。以常理推之，被掳北去、留在汴梁、回到家乡或避居他处几种情况，都有可能。就李唐而言，从其七十余岁（已至八十也是有可能的）高龄而又南渡至杭的情形分析，后三种去向的可能性相对较大，笔者同意彭亚先生所言，如此高龄者要从东北徒步到达临安，实在是困难的。另从当时汴梁城中金人尽索百伎工艺匠人掳而北去的情形，以及途经太行山的行走路线来看，留在城中的可能性也极小。加上李唐家乡河阳与汴梁相距不远，"当时流经汴梁的是一条人工渠，即隋大运河中段的'通济渠'，也就是宋代的'汴水'，乘舟逆汴水向西，可在荥阳北的'汴口'入黄河，河阳三城已隐约可见"①。因此，李唐回到家乡或是避居太行山，然后又由此出发南渡的推论，相对更为合理。

需要补充的是，李唐出发的具体时间，彭亚先生将其定在建炎元年（1127），尚无史料可证。与此相关的是，"由河阳到汴水，水路入淮，沿运河即可追随高宗到达南方"的行走路线，前提是"此时的汴梁是由南宋任命的老将宗泽驻守，沿途不会有多大困难"。②宗泽亡故于建炎二年七月，此后金兵东西并进，以扬州为主要进攻目标，南侵攻宋。故李唐的南渡若是在此之后，则其行走路线也将有异于彭业之说了。

初至临安

李唐南渡来到杭州，是他个人生涯中的一件大事，他在杭州成为一代绘画宗师；也是中国绘画史上的一件大事，"画师白发西湖住，引出半边一角山"，开创了一个影响深远的绘画流派。对于李唐到达杭州的时间和年纪，画史上的

①② 彭亚：《论影响李唐绘画风格的潜在因素——兼与陈传席先生商榷关于李唐研究的几个问题》，《南京艺术学院学报》2003年第2期。

记载不仅简略而且语焉不详，致使难考其实，因此众说纷纭，至今未有定论。

归纳起来，影响较大的有以下几种：

一、传统之说

传统的说法即上引史料中《画继》《画继补遗》《图绘宝鉴》等书中的记载，以及引用这些史料对李唐生卒年作出具体推算的当代研究。认为李唐于建炎年间到达杭州，时已年近八十。①

二、日本学者铃木敬之说

日本东京大学东洋文化研究所的铃木敬经过大量考证认为，李唐于绍兴二十六年（1156）进入画院更为合理，时年近八十。就是说李唐约生于1076年，卒于1156年之后。

铃木敬认为："《图绘宝鉴》所说'建炎间（1127—1130），太尉邵宏渊荐之云云'，可能是出之于夏文彦独有的胡言乱语。因为此时绝无暇也无钱设立太平逸乐期间才能产生的画院之类的制度。当时的局势所最需要的是制造更多的兵器甲胄，制造兵器还待增加税收。国难时期首要在节约、裁冗费。"②

在《图绘宝鉴》关于李唐的记述中，对其中的一个关键人物即李唐的推荐者"邵宏渊"，不同的版本说法不同。《画史丛书》版及光绪十年（1884）钱唐丁氏竹书堂刊本的《南宋院画录》均作"邵宏渊"，国学基本丛书、津逮秘书本所收之《图绘宝鉴》则作"邵渊"。

铃木敬认为："可能是厉鹗编《南宋院画录》时，因无法从诸书找出太尉邵渊之名，才改为邵宏渊的。那么究竟这一个连《宋史》列传中都找不出传说的邵宏渊何以能成为李唐的推荐者呢。想必是元末夏文彦的时代另有所据。"③

因此，铃木敬围绕这个问题展开了详尽的探讨研究，其结论是："如果说李唐因邵宏渊的推荐得进入画院的话，按推测最早当在绍兴二十六年（1156）前后，最迟在孝宗隆兴元年（1163）。如果因其它画院画家的记载而认为在金主亮

---

① 如《李唐》。《宋代绘画史》记为"据说李唐供职于高宗赵构的绍兴画院时，已年届八十，奉旨授成忠郎、画院待诏，并赐金带"，未作定论。《中国美术史》对此记述未作评论。

②③〔日〕铃木敬：《试论李唐南渡后重入画院及其画风之演变》，原文连载于日文版《国华》杂志1982年3月及4月号，中文版见《新美术》1989年第4期，魏美月译。

（海陵王）的南征开始后的南宋政治状况中，根本不可能采用画院画家的话，那么邵宏渊之推荐李唐的下限时间当在绍兴三十一年（1161）。但是这样的推测，必须以《宝鉴》的记载具有某些真实性为前提。"①

三、陈传席之说

陈说也是针对夏文彦"建炎间"的说法而发：

> 建炎年间，宋高宗一伙正被部分武将保护着，在河南、江苏一带逃难。……直到绍兴二年（1132年），他才到了临安。这时已不是建炎年号了。……至"绍兴二年春正月癸巳朔，帝在绍兴府……丙午，帝至临安府……己未，修临安城"（《宋史》卷二十七《高宗四》）。把临安正式定为国都，乃是绍兴八年的事了……。试问，皇帝不在临安，岂会有人去临安投奔他？进而在临安"授成忠郎、待诏，赐金带"的说法，又如何成立呢？可见，李唐在建炎初复入画院之说不可信，而且建炎乃至绍兴初，南宋朝廷还根本没有画院。②

陈传席认为绍兴十六年（1146）南宋朝廷复置书院后，才复置画院，李唐于此时得以复职画院，时年约八十岁。就是说李唐生年在1066年左右，卒年在1150年左右或略后：

> 据《宋会要辑稿》记载：南宋的御书院复置于绍兴十六年。如前所述，书院历来都比画院处于更重要的地位，实际上，书院的作用也较画院为大，古人修书、修史、实录、奏章等等皆需笔写，而且需要特别工整、有工力的书法，翻开《宋史》，从卷一百一十四至卷一百二十五《职官》部分，御史台、秘书省、秘阁、会要所等等，几乎每有一个机构，都有法定的书写家定员名额，所谓"楷书五人"、"楷书四人"、"楷书三人"……尤其是

---

① ［日］铃木敬：《试论李唐南渡后重入画院及其画风之演变》，原文连载于日文版《国华》杂志1982年3月及4月号，中文版见《新美术》1989年第4期，魏美月译。

② 陈传席：《李唐研究》，《陈传席文集》（2），河南美术出版社2001年版，第540—541页。

"国史实录院"、"日历所"、"会要所"、"集贤院"、"太史局"、"宗正寺"（修纂牒、谱、图籍）等等机构，所需书家更多。这些书家书写的内容，有的要存留后代百世，有的要供皇帝审阅，所以不但要有相当的书法基础，还要有相当的文化修养，所以这些专职书家有的属于吏，有的则属于官。又《宋史》等书中，凡是书、画并提者，皆把书列于画前面。书院既优遇于画院，则画院不会早建于书院，最多是同时建立。

由上述可知，绍兴十三年建太学，十四年建教坊，十六年置书院，则画院最早也只能建于书院设置的同年，即绍兴十六年（1146年）。

也就是说李唐进入南宋画院最早时间是绍兴十六年。这一年李唐年八十岁左右。从李唐在画院中又创作了大量作品看来，他在画院不会是很短时间便去世的，所以李唐的生年应为1066年左右，卒年应为1150年左右乃至于更晚。

可以肯定，以前论者谓李唐卒于建炎年末是错误的。日人铃木敬谓李唐于绍兴二十六年始入南宋画院，是有值得思考的一面。而李唐于绍兴十六年之后入南宋画院的推算，则不会有什么大问题。问题是绍兴十六年之后的具体哪一年，尚不得确数。故以绍兴十六年计。[1]

四、余辉之说

余辉认为对于判定李唐生平的主要史料《图绘宝鉴》，今人所据之《画史丛刊》本的标点有误，故结论也就有误。根据新的标点并结合相关史料，认为李唐的"奉旨授成忠郎、画院待诏"与被"赐金带"并非同时，李唐应是建炎年间奉旨授成忠郎、画院待诏，而"赐金带时，年近八十"，此时则已是绍兴初年了：

> 涉及李唐年龄的史料主要有两处：邓椿《画继》卷六《山水林石》曰："李唐，河阳人。离乱后至临安，年已八十。光尧极爱其山水。"李唐是在临安时度过八十岁，具体何年，十分含糊。夏文彦《图绘宝鉴》卷四

---

[1] 陈传席：《李唐研究》，《陈传席文集》（2），河南美术出版社2001年版，第544—545页。

《宋·南渡后》说的明确些："建炎间太尉邵渊荐之，奉旨授成忠郎、画院待诏，赐金带，时年近八十。……"需要认真注意的是，今人通常用的是《画史丛刊》本，这里有一个断句的问题：在"画院待诏"之后应是句号，下一段是"赐金带时，年近八十"。也就是说，授成忠郎、画院待诏与赐金带不是同时发生的事，在李唐为高宗朝建立画业之前，不太可能在恢复画院伊始就享受赐金带的殊荣，若直接查阅光绪年借绿草堂刊本（诏堂藏版）《图绘宝鉴》就不难发现这一偶然出现的疏漏。夏文彦的《图绘宝鉴》是一部错误较多，但十分难得的通史性绘画史籍，某些史料若能上下呼应、无自相矛盾之处，当可取用。"李唐年近八十赐金带"与下一段关于萧照的史料相吻合，详见下文。

同是上书云：萧照于"绍兴中，补迪功郎、画院待诏，赐金带。……"萧照是在绍兴年间中期即绍兴十六年（1146）左右获此荣耀，如果说，李唐在是年（一说即南宋画院恢复之年）被授成忠郎、画院待诏、赐金带的话，那么，萧照作为李唐的门人，并且曾在太行山为"盗"，高宗不可能不知，更不可能以同等的官职、俸禄赐予师徒二人。在宋画史上，没有师徒同时获得同等的惠赐事例。萧照应是在李唐于绍兴初获誉的十余年后才成为画院待诏的，萧照为此付出了为赵构倾心作画十多年的代价，在萧照补任待诏之前，年近八旬的李唐被赐金带，不久去世。①

五、彭亚之说

彭亚并没有对此问题提出新见，只是认为铃木敬与陈传席的说法均缺乏令人信服的根据，缺乏说服力："铃木敬的这个说法，是以推荐李唐复职画院的邵宏渊为突破口进行论证的，认为夏文彦在《图绘宝鉴》中提到的太尉邵渊，有可能是那个没有做过太尉的邵宏渊，故缺乏说服力。"②

针对陈传席以书院复置时间推论画院复置及李唐复职时间的论证，彭亚认

① 余辉：《南宋画院佚史杂考二题》，《美术观察》1996年第9期。
② 彭亚：《论影响李唐绘画风格的潜在因素——兼与陈传席先生商榷关于李唐研究的几个问题》，《南京艺术学院学报》2003年第2期。

为："宋代书院乃教育机构。陈传席先生旁征博引，却很清楚地说明了他不知书院为何物。而他所说的那个书（写）院也不知是什么时候复置的。所以，绍兴十六年李唐复职画院，时年李唐近八十岁的说法，也不足取。"①

彭亚的结论，是"支持邓椿和夏文彦的说法"，并为之补充了新的证据：

其一，邓和夏的说法，是目前能见到的关于李唐复职画院最早的记载，而铃木敬和陈传席的推论都不足以推翻他们的说法。如按铃木敬和陈传席的推论，李唐绍兴中或晚期复职画院，那么，夏文彦《图绘宝鉴》中详细地记载了那么多绍兴中期复职画院的画家，为什么唯独记载李唐是建炎年复职？

其二，宋杞在李唐《采薇图》的题跋值得注意："宋高宗南渡，创御前甲院，萃天下精艺良工，画师者也预焉，院画之名盖始诸此。"史料虽无画院复置的记载，从宋杞跋中谈御前甲院的职能为"萃天下精艺良工，画师者也预焉"来看，南宋初期确实有这个综合管理精艺良工的机构。虽无画院的招牌，却极有可能是后来画院等机构的预备。

其三，陈传席和铃木敬先生质疑的，李唐在建炎末"近八十"，余下的时间不足以完成从《万壑松风图》到《清溪渔隐图》等作品的风格变化问题。笔者认为首先可以设想李唐活到了绍兴中期，即九十多岁，因为没有证据证明李唐死于建炎年末，这样，李唐就有时间变化风格了。何况，陈传席先生也说："一个大画家在同一时期画出截然不同的风格，这在画史上是常见的。"②

以上诸家各执其词，见仁见智。尤其是后面"南宋四家"走出以往画史研究的传统领域，深入当时更为广阔的社会、历史背景之中，发掘了许多新资料，拓宽了新的视野，开辟了新的途径，在思想方法和资料发现上都给我们许多有益的启示和借鉴。故转录于此，以备研讨。

---

①② 彭亚：《论影响李唐绘画风格的潜在因素——兼与陈传席先生商榷关于李唐研究的几个问题》，《南京艺术学院学报》2003年第2期。

笔者的观点是尊重邓椿、庄肃、夏文彦、宋杞的历史记载。①因为这些资料毕竟是最早的记载，作者中有的（如邓椿）是李唐的同时代人，有的（如宋杞）是杭州本地人，时近易明、地近易核，当是至理。何况这些作者或是严谨的学者，或是家富书画收藏的鉴赏世家，他们的著述当自有来历和出处，一般不会附会没有根据的虚言妄语。我们今天找不到他们的依据，并不能确定他们一定是没有依据的。时过境迁，有无数的史实都在岁月的流逝里消散。

当然，我们也不能保证这些资料一定就是完全真实可靠的，加之千余年的流传，辗转传抄带来的讹误更是难以避免，古今文字表述与阅读习惯的变化也必然会带来理解上的歧义。因此，对之考证稽核，实为必要。但是以新见推翻陈说，诚非易事，论证的各个环节都必须要有充分的、足以令人信服的史料依据。如果辅有推测与假说，即使有道理，也只能质疑或存疑，尚不能作为定论。其实能够发现问题并质疑，就已经比因循守旧、盲目照搬史料上了层楼，如果在论据尚不充分的基础上强作定论，倒反而不是客观严谨的态度了。因为历史具有无限多样的可能性，而每一个人作为个体又有更多的思维差异。今天我们可以视为常理、必定如此的事例，放在宋代就有可能是另外的情形。宋高宗考虑国家事务的角度，就远不同于宋钦宗。尤其在那样一个国破家亡的非常时刻，发生一些常理之外的事件，也是情理之中的事情。

在尊重邓椿、庄肃、夏文彦、宋杞的历史资料的前提下，笔者对其作以下分析：

一、关于邓椿及其《画继》

《画继》："李唐，河阳人。乱离后至临安，年已八十。光尧极喜其山水。"

邓椿《画继》中的记载很简单，也很清楚，一般不会使人产生歧解。邓椿，字公寿，四川成都双流人，生卒年不详，大约活动于北宋末年至南宋上半期。其祖邓洵武，政和中知枢密院事，时最重画学。靖康之变，邓椿回到家乡。在安定的环境里，多方接触历代名画，以家世闻见缀成《画继》，收录的画家起自

---

① 需要说明的是，笔者尊重邓椿、庄肃、夏文彦、宋杞的历史记载，并不等于认可前人将李唐生卒年定为1050—1130年的观点。详见下文。

熙宁七年（1074）止于乾道三年（1167），以续唐张彦远作《历代名画记》[起轩辕止唐会昌元年（841）]、宋郭若虚作《图画见闻志》（起会昌元年止宋熙宁七年）两家之书，故曰"继"。所录上自帝王下至工技，94年之中凡得219人。作为李唐的同时代人，所记更具可信性。

这里的问题是："乱离后至临安，年已八十"，这个"乱离后"的具体所指不明，这是导致后续史料各自为说的一个根源。作为最为原始和最为直接的记述者，邓椿如果对此有明确的说法，可能也就不会有今天的聚讼不已了。

可以对此作进一步探究的线索，是李唐的"至临安"。这里可以确定的是，李唐至临安的目的，是追随宋高宗及其南宋朝廷。因此只有在得知宋高宗到达临安的情况下，他才有可能踵其迹而至。

查考《宋史·高宗本纪》，在绍兴八年（1138）正式定都杭州之前，宋高宗、皇室和南宋朝廷多次到过杭州，举例言之：建炎二年（1128）十二月，"隆祐太后至杭州"；建炎三年二月，"命刘正彦部兵卫皇子，六宫如杭州"；建炎三年二月，"驻跸杭州"；建炎三年十月，"帝至杭州"；绍兴二年正月，"帝至临安府"；绍兴三年正月，"帝在临安"；绍兴四年正月，"帝在临安"；绍兴五年二月，"帝至临安"。

其中，建炎三年（1129）二月壬戌（十三日），宋高宗驻跸杭州，下罪己诏，求直言，赦死罪以下，放还被窜斥的士大夫，具寓居京朝官以上姓名以备简拔。绍兴元年（1130）十月，升越州为绍兴府，以示"绍继中兴"，驻跸绍兴。次年正月，移跸临安。这两次都是正式驻跸杭州的行动，均因为军事形势的变化而有变动。直到绍兴八年，才正式定都临安。

在这样的历史背景下，追随宋高宗而在"乱离后"至临安的李唐，在时间上就有多种可能性。李唐可能是在建炎元年（1127）听闻宋高宗"臣僚因乱去官者，限一月还任"的诏告后南渡，追随宋高宗在各地几经辗转后，于某一时间来到杭州；可能是在建炎三年二月确知杭州将被定为京都后的某一时间，来到杭州[①]；

① 据宋史学者的研究，早在建炎三年（1129）二月，迁都杭州的事在实际上已经定了下来。见《浙江通史·宋代卷》，浙江人民出版社2005年版，第135页。

也可能是在建炎三年或绍兴二年（1132）宋高宗驻跸期间，来到杭州；同样有可能在绍兴八年局势稳定、形势明朗、正式定都之后来到临安。至于确切的时间，在邓椿的记载里是找不到答案的。

二、关于庄肃及其《画继补遗》

《画继补遗》卷下："李唐，字晞古，河南人，宋徽宗朝曾补入画院，高宗时在康邸，唐尝获趋事。建炎南渡，中原扰攘，唐遂渡江如杭，夤缘得幸高宗，仍入画院。"①

庄肃，宋末元初人。在这个记载里，以前一般都把"建炎南渡，中原扰攘，唐遂渡江如杭"句中的"建炎"，理解为是指李唐渡江的时间。其实不然。这里，"建炎南渡，中原扰攘"是交代当时的背景，也即李唐渡江的原因。这个"建炎南渡"指的是建炎年间赵构朝廷的南渡，这个重大的变故带来了中原地区的"扰攘"，使人不得安生，致使李唐决意渡江入杭，追随宋高宗而来。因此，在庄肃的记载里，我们同样找不到李唐到杭的确切时间。

三、关于夏文彦及其《图绘宝鉴》

《图绘宝鉴》载："李唐，字晞古，河阳三城人，徽宗朝曾补入画院。建炎间太尉邵渊荐之，奉旨授成忠郎，画院待诏，赐金带，时年近八十。"②

这是画史上关于李唐的相对最为详尽的记载，也是最不清楚的记载，今人的分歧大都因此而来，作者夏文彦的治学态度和著述水平，也因此受到人们的质疑。③夏文彦，字士良，号兰渚生，吴兴（今浙江湖州）人，后迁居江苏之松江，生卒年不详，活动时间可能在元后期。其精于绘画，嗜古好学善鉴赏，有家传。其父爱闲处士以来，大量收藏法书名画，使之获得朝夕披览之机。④从这样的经历来看，其著述言之有据，应该是有可信度的。仔细分析一下，有些问

---

① 〔元〕庄肃：《画继补遗》卷下，中国美术论著丛刊本，人民美术出版社1963年版，第18页。

② 〔元〕夏文彦：《图绘宝鉴》卷四，于安澜编《画史丛书》第二册，上海人民美术出版社1962年版，第100页。

③ 如陈传席云："实际上，在李唐研究中所出现的错误，主要应由夏文彦来负。""一般论者多以夏说为基准，我在上面已作考证，夏说是无法成立的。至少是不可全信的。"参见陈传席：《李唐研究》，《陈传席文集》（2），河南美术出版社2001年版，第542页。

④ 参见温肇桐编著：《中国古代画论要籍简介》，天津人民美术出版社1980年版，第40页。

题可能还是在于我们今天的理解歧误或求之过深的急切所致。

在这个记载里，有这样一些问题值得关注：

一是"建炎间太尉邵渊荐之"之语，这是今人认为李唐于建炎间至杭的史料来源，也是受到质疑、辩驳的要点。但是值得注意的是，夏文彦此处只是说"邵渊荐之"，而并未说是邵渊"在杭"荐之，如果我们将此事理解成发生在杭州的话，同样可以将之理解成发生在扬州、金陵、越州等其他宋高宗南渡时到过的任何地方。因此据此认定夏文彦称李唐于建炎间到杭的说法不论支持者还是反对者，都有先入为主的主观臆断之嫌。是我们将邓椿、庄肃与夏文彦的记载合在一起作了通读通解，然后得出一个"李唐于建炎间至杭"的说法按在夏文彦的头上，接着或支持或反驳。殊不知这个说法却是并不存在的空穴来风，我们辩了半天只是在跟风车作战。

二是"建炎间太尉邵渊荐之，奉旨授成忠郎，画院待诏，赐金带，时年近八十"之语，这里的信息量极大，而语气之间又多不连贯，不同的句读可以带来诸多不同的理解，此正如余辉先生所言。例如，如果在"邵渊荐之"后以句号点断，则后面所有的事情都可以理解成与建炎年间毫无关联，可以发生在合理的、可能发生的任何时间里，比如绍兴年间。如果在这个句号之后，接着在"画院待诏"之后也以句号点断，然后是"赐金带时，年近八十"，也就是余辉先生的句读法，则更分出了三个时间段，就更与建炎年间无关了。夏文彦在此只是陈述李唐晚年的种种事迹和荣誉，而并无意于说明这些事实的发生时间。

综上所述，可以看到邓椿、庄肃、夏文彦在他们各自的记述里，都没有说过李唐是在建炎年间到达杭州的，他们只是各自叙述了一下自己掌握的有关李唐生平事迹的情况。汇总起来，我们可以得知李唐晚年南渡以后的一些生活片段，却不能确知其中的详情，比如确切的时间、地点和年纪。在新资料的发现尚不足以充分推翻旧资料、得出新结论的情况下，强为新说不如重新仔细研读原有史料、尊重原有史料。

第四章 都城临安的艺术生活

都城临安

南宋朝廷于绍兴八年（1138）定都杭州。当时对于都城的选择，大臣中有建康、武昌、巴蜀和浙地等多种意见。最后选定杭州，是从时局以及杭州在地理、经济、交通、文化、湖山等客观条件综合考虑的结果。

从当时宋金战争的局势来看，金兵始终掌握着进攻的主动权，宋军则一直处于被动防守的劣势。虽以长江为天堑勉力抵挡，却时常被金兵攻破防线，一路向着东南沿海逃难。在当时局势下，建康靠近前线，而杭州地处后方，更为安全。

此外，金军的精悍力量是骑兵，在软弱涣散的宋军阵前可谓势如破竹、所向披靡。宋高宗在人力不可恃的情况下只能求助于天，他说："朕以为金人所恃者骑众耳。浙西水多，骑虽众不能骋也。"浙西一带水网交错，犹如给骑兵下好了绊马索。这一道天然的屏障，是杭州胜出的地理优势。

更主要的原因，在于杭州自身在经济、交通、文化与湖山等诸多方面占有优势。

杭州历史悠久。临安府的前身是地处武林山麓的钱唐县，仅有数千户人家散居其中。南朝陈时改称钱唐郡，隋代，废钱唐郡，设置杭州，钱唐成为杭州的属县，杭州之名从此出现于史书中。隋朝立国时间虽短，但对杭州正式成为一个城市，起了奠基作用。开皇十一年（591），大臣杨素调发民工依凤凰山筑州城，周围30里。城垣的兴建，有利于都市的安全与经济发展。大业六年（610），以杭州为南端终点的大运河竣工通航，显示了太湖流域与北方政治军事核心地区经济联系的重要性，也使得杭州的经济地位和知名度直线上升。《隋书》卷三一《地理志》即称杭州"川泽沃衍，有海陆之饶，珍异所聚，故商贾并凑"。到唐代，杭州等江南广大地区更是粮食供应的主要地区，太湖流域遂成为维持统治集团及其政权稳定的经济命脉所在。同时，以江河水道为主要交通线的太湖流域又成为商业与运输的要冲之地，借此促进该地区的繁荣，所以它成为南宋的关中并不是偶然的。唐开元年间，杭州商税年收入为50万缗，占全国财政收入的1/24。五代十国时期，杭州成为吴越国的首府，吴越国主钱镠曾兴筑城东捍海塘，拓广平陆，并两次扩建城墙，使城区面积由原来的方圆30里扩大到方圆70里。杭州经长期努力建设，在安定中发展，不经血刃而归宋，是当时全国范围内罕见的未经破坏的大都市。因此"钱塘富庶，由是盛于东南"，渐成东南的中心。

杭州人口繁盛。唐开元年间，杭州的人口已达8.6万户，号称"骈樯二十里，开肆三万室"。《咸淳临安志》卷三一引庆历年间丁宝臣《石堤记》曰："江介吴越间，杭据其右，而地势下。生聚数十万，庐舍隐鄰，号天下最盛。"[1]以户口论，据宋初《太平寰宇记》，东南最重要的三大都市，昇州61679户、苏州35195户、杭州70457户。真宗时，张咏守杭州，即已称杭州有10万家。《元丰九域志》载江宁府为168462户，苏州173969户，杭州202803户。可见北宋时期，东南诸城中杭州始终是占据第一位的。苏轼守杭州，上《乞开西湖状》称："自唐李泌始引湖水作六井，然后民足于水，井邑日富，百万生聚，待此而后食。"[2]《文献通考·国用考》说："元祐六年，翰林学士承旨、知杭州苏轼言：'浙西诸郡二年灾伤，今岁大水，苏、湖、常三州水通为一，杭州死者五十余

① 〔南宋〕潜说友：《咸淳临安志》卷三一《山川十》，清道光十年（1830）钱塘振绮堂汪氏仿宋本。

② 〔北宋〕苏轼撰，〔明〕茅维编：《苏轼文集》卷三十《奏议》，中华书局1986年版，第864页。

万，苏州三十万……'"①两文中说的百万和五十余万虽是概数，但也反映出此时此地人口之繁盛。总之，终北宋之世，杭州是江南人口最多的州郡是毋庸置疑的。

杭州城市经济发达。中唐以来，杭州逐渐成为江南丝织业的中心。据《咸淳临安志》的记载，熙宁十年（1077）杭州及其所属九县的夏税是：纳绢95813匹、绸4486匹、绫5234匹、绵54104两。杭州的雕版印刷也居全国之首，酿酒、造船、制扇等行业都很发达。

杭州贸易兴旺。海外贸易在北宋时期蓬勃兴起，丝织品等大量输出。端拱二年（989）在杭州设市舶司，杭州成为当时对外贸易港口之一。

杭州商业繁荣。《宋会要辑稿》有统计资料表明，熙宁十年杭州每年上缴的商税高达173813贯，远远超过了作为江南大都会的江宁府（57283贯）和东南名郡的苏州（77078贯），甚至高于汴京，居全国第一。另据《文献通考·征榷考》载，熙宁十年（1077）以前诸州酒课税额，杭州在30万贯以上，比商税多出近1倍，表明了市场的繁荣。实际上，早在北宋真宗、仁宗之际，杭州已成为中国第一流的大都会。嘉祐二年（1057），梅挚出知杭州，仁宗赐诗云："地有湖山美，东南第一州。"人们赞誉杭州是"富兼华夷""百事繁庶"的"地上天宫"。

杭州交通便捷。北宋嘉祐四年（1059），著名文学家欧阳修在《有美堂记》中说到杭州："今其民幸富完安乐。又其俗习工巧，邑屋华丽，盖十余万家。环以湖山，左右映带。而闽商海贾，风帆浪舶，出入于江涛浩渺、烟云杳霭之间，可谓盛矣。"②欧阳修在这里已经注意到了杭州便捷的交通条件。杭州位于太湖流域的边缘，南掣浙东，北控浙西。凭借运河，不但可以与整个太湖流域的各大小城市沟通，而且出镇江以后便可北通淮泗，西南与长江沿岸城市取得联系也并不困难，甚至可远至成都、广州。杭州在钱塘江两岸、运河两边，还形成了南场、北关、安溪、西溪、范浦、江涨桥、汤村、临平等城郊市镇。北宋时，

---

① 〔元〕马端临：《文献通考》卷二六《国用考四》，中华书局2011年版，第774页。

② 〔北宋〕欧阳修：《欧阳修全集》卷四〇，中华书局2001年版，第585页。

浙江的内河航运已占重要地位，它不仅联络浙东各州县，而且是接连闽、广、温、台海运的要道，其中明、杭诸州又是对外贸易的大门，从中唐以后历五代至宋，贸易日盛。

杭州湖山秀美。宋仁宗的"地有湖山美"之句，诚非虚言。杭州西湖清妙佳秀，在唐与北宋白居易、潘阆、苏轼、林和靖、柳咏等诗人骚客的吟咏之下，名闻天下。柳咏的《望海潮》一词写道："东南形胜，三吴都会，钱塘自古繁华。烟柳画桥，风帘翠幕，参差十万人家。云树绕堤沙。怒涛卷霜雪，天堑无涯。市列珠玑，户盈罗绮，竞豪奢。　　重湖叠巘清嘉。有三秋桂子，十里荷花。羌管弄晴，菱歌泛夜，嬉嬉钓叟莲娃。千骑拥高牙。乘醉听箫鼓，吟赏烟霞。异日图将好景，归去凤池夸。"以至于金主完颜亮起"提兵百万西湖上，立马吴山第一峰"之心。①

综上所述，可见临安与建康相比，在军事、地理、经济、文化、交通等方面都有胜出的优势。故宋高宗定都临安，是在当时局势中综合考虑了杭州的基本条件后作出的抉择，于其时的朝廷安危、江山稳固、社稷承续都有直接关联。其初择都时，尚书考功员外郎楼炤曾上书宋高宗："今日之计，当思古人量力之言，察兵家知己之计。力可以保淮南，则以淮南为屏蔽，权都建康，渐图恢复。力未可以保淮南，则因长江为险阻，权都吴会，以养国力。"②确是实言。宋高宗在定都之时，有诏称："昔在光武之兴，虽定都于洛，而车驾往返，见于前史者非一，用能奋扬央威，递行天讨，上继隆汉。朕甚慕之。朕荷祖宗之休，克绍大统，夙夜危惧，不常厥居。比者巡幸建康，抚绥淮甸，既已中固边围，奖率六军，是故复还临安，内修政事，缮治甲兵，以定基业，非厌霜露之苦而图宫室之安也。"③这倒也不是饰词。以彼时之局势论之，量力而行、立定脚跟，也是无奈之中的选择了。

---

① 以上南宋定都临安的原因据林正秋《吾舍此何适——南宋定都杭州的经过》[载《南宋京城杭州》(修订版)，浙江人民出版社1997年版，第21—23页]、《浙江通史·宋代卷》(浙江人民出版社2005年版，第139—142页)等资料综合而成。

② 《宋史》卷三八〇《楼炤列传》，中华书局1977年版，第11715页。

③〔南宋〕潜说友：《咸淳临安志》卷一《驻跸次第》，清道光十年（1830）钱塘振绮堂汪氏仿宋本。

宋高宗与皇室的艺术修养

宋徽宗以耽于艺事而成亡国之君、历史罪人，但也因此在历史上高扬了其艺术的才情与成就，至今受到称道。相比之下，宋高宗在艺术方面的声誉和影响就要小得多。其实，从古代文献史料来看，宋高宗不论在艺术天赋，还是在精力的投入与作为上，都有不凡的表现：

> 高宗，讳构，徽宗第九子。善真、行、草书，天纵其能，无不造妙。尝言："学书惟视笔法精神，朕得王献之《洛神赋》六行，置之几间，日阅数十过，觉于书有所得。"又言："学书必以钟、王为法，然后出入变化。"李心传以谓思陵本学黄庭坚书，后以伪豫亦能庭坚书，老年间改从右军。或云初学米芾，又辅以六朝风骨，自成一家。①

> 高宗，书画皆妙，作人物山水竹石，自有天成之趣。②

宋高宗于绍兴三十二年（1162）退位，这段时期所作的楷书，多典雅圆融，端正停匀。以所书《暮春三月诗帖》为例，作品以楷书书写杜甫的七言律诗《即事》，中锋书写，章法疏朗有致，字体匀称圆润，墨色润泽统一，有一种飘逸潇洒的趣味。

不过，在书法创作上，宋高宗倒也不是一个专制的君王。据《咸淳临安志》记载："或问予曰：今九里松一字门扁，吴说所书也，字何以用金？予谓之曰：高宗圣驾幸天竺，由九里松以入。顾詹有扁，翊日取入，欲自为御书，黼黻湖山。命笔研书数十番，叹息曰：'无以易说所书也。'止命匠就以金填其字，复

---

① 〔明〕陶宗仪：《书史会要》卷六，四库本，第814册，第743—744页。
② 〔元〕夏文彦：《图绘宝鉴》卷四，于安澜编《画史丛书》第二册，上海人民美术出版社1962年版，第91页。

揭之于一字门云。"①

宋高宗的传世墨迹有《草书洛神赋》《正草千字文》《光明塔碑》等。其书法影响和左右了南宋书坛，后人多效法其书迹。宋高宗书学造诣深厚，著有《翰墨志》一卷。

书法之外，宋高宗也善绘画，他"于万机之暇，时作小笔山水，专写烟岚昏雨难状之景，非群庶所可企及也"②。

宋高宗对书画艺术的重要贡献，还在于访求、鉴藏法书名画。他"驻跸钱唐，每获名踪卷轴，多令辨验"③。周密说："思陵妙悟八法，留神古雅。当干戈俶扰之际，访求法书名画，不遗余力。清闲之燕，展玩摹拓不少怠。盖睿好之笃，不惮劳费，故四方争以奉上无虚日。后又于榷场购北方遗失之物，故绍兴内府所藏，不减宣、政。"④《南宋馆阁续录》卷三中，著录有一千余件历代名画，这应该就是宋高宗百般搜罗的结果了。这在两宋交替间，战火纷飞、生灵涂炭、文献遭劫之时，实为保护艺迹文脉、维系传统的善举益行。

宋代瑰丽多姿的绘画成就，实建基于赵氏皇族传续不辍的艺术天赋、爱好和亲力亲为的实践与提倡。

早在北宋初年，皇家即重绘事，承五代旧制于太宗雍熙元年（984），正式建立翰林图画院，广集天下画人，根据才艺高低授以待诏、祗候、艺学、画学正、画学生、供奉等官职。荟萃五代各国画院名手如西蜀黄居寀、高文进和南唐董羽等于院中，人才济济。宋徽宗时更是艺坛的盛世，详情已见前文，此处不复赘述。

南宋时，皇室之中的绘画好手如云，如《书史会要》卷六载："宪圣慈烈皇后吴氏，开封人，吴宣靖王近之女，高宗后。博习书史，妙于翰墨。帝尝书六

① 〔南宋〕潜说友：《咸淳临安志》卷九三《纪遗五》，清道光十年（1830）钱塘振绮堂汪氏仿宋本。

② 〔元〕庄肃：《画继补遗》卷上，中国美术论著丛刊本，人民美术出版社1963年版，第1页。

③ 〔元〕庄肃：《画继补遗》卷下，中国美术论著丛刊本，人民美术出版社1963年版，第10页。

④ 〔南宋〕周密：《齐东野语》卷六《绍兴御府书画式》，《宋元笔记小说大观（五）》，上海古籍出版社2001年版，第5494页。

经赐国子监刊石，稍倦，即命后续书，人莫能辨。"①

现据《图绘宝鉴》的记载，将善画者列于下：

赵士遵，宋高宗之叔，封汉王。善人物山水，着色景颇似李昭道。绍兴间，一时妇女服饰及琵琶、阮面，所作多以小景山水，实始于士遵。

赵子澄，字处廉，宋宗室。曾作溅瀑，欲动屋，笔力极遒壮。

景献太子讳询，燕王德昭九世孙，希怿之子，善画竹石。其子乃裕，孝宗之弟也。官至保宁军节度使、临川郡王。谥庄靖。书学高、孝两朝笔法。尤工墨竹，喜作挂屏，长竿枝梢，傍出如檐底。乍见浓墨猎猎，颇具掀舞之态。题诗其上，用"善雅堂"印。

赵师宰，字牧之，号随庵。居天台临海，登真西山门。学墨竹，得徐熙之妙，见称于人。

赵与懃，号兰坡。居处州青田，正惠公希晖之子。嘉熙间知临安府。临摹古画莫能辨，善作墨竹。

赵伯驹，字千里，善画山水、花禽、竹石，尤长于人物，精神清润，能别状貌，使人望而知其详也。宋高宗极爱重之，仕至浙东兵马钤辖。

赵伯骕，字希远，千里弟。善画山水、人物，尤长于花禽。傅染轻盈，顿有生意。曾画姑苏天庆观样进呈，孝宗书其上，令依原样建造。今玄妙观是也。仕至观察使。

赵孟坚，字子固，居海盐广陈镇，宝庆二年（1226）进士。修雅博识，时人比之为米南宫。善水墨，白描水仙、梅、兰、山矾、竹石，清而不凡，秀而雅淡。有《梅谱》传世。官至朝散大夫、严州守。

赵孟淳，字子真，子固之弟，继秀安僖王后，自号竹所。墨竹可观。

赵孟奎，字文耀，太师忠惠公之子，号春谷。画竹石、兰蕙，官至秘阁修撰。

吴琚，字居父，宪圣皇后侄，太宁郡王益之子，自号云壑。每日以临古帖为娱，字类米南宫。以词翰受孝宗宠遇。作墨竹、坡石，品位不俗。

---

① 〔明〕陶宗仪：《书史会要》卷六，四库本，第814册，第744页。

杨瓒，字继翁，恭仁皇后侄孙，太师次山之孙。度宗朝时，其女为淑妃，官列卿。好古博雅，善琴，倚调制曲，有《紫霞洞谱》传世。时作墨竹，自号守斋。

杨镇，字子仁，严陵人，自号中斋。节度使蕃孙之子，尚宋理宗周汉国公主。平居少饮，喜观图史，书学张即之。工丹青墨竹，在郓王员大夫间，蕴藉可观。凡画，赋诗其上，卷轴印记，清致异常，用"驸马都尉"印。[①]

帝王与皇室的热爱与推崇，造就了宋代的艺术氛围与传统。在这一氛围与传统里，南宋画家们纷纷登场，画出了一幅幅精妙谨严的浮世绘。

南宋画院

南宋建炎、绍兴年间宫廷绘画研究中的一个重要问题，就是南宋画院。同样由于史料的简略和语焉不详，有关南宋画院复置的时间、院址、组织机构，画师的入院途径、职衔品阶、活动方式等等，都没有确切的记载。一般都以北宋画院的形制作为参照，附会比拟。其中研究者较为关注、予以详细考证的，是画院复置的时间和院址之所在。

一、南宋画院的设置时间

关于画院复置时间的研究，在很大程度上与李唐到杭的时间和年纪问题的研究密切相关。对此，当今绘画史论界的研究者甚众，提出的主要观点大致如下：

一是传统之观点。正如前述李唐如杭及年纪研究时的做法，对史料不作深究，依《图绘宝鉴》中的"建炎间"三字，径直称为建炎间宋高宗复置画院。

二是铃木敬之观点：

> 建炎年间不得不大行裁官（《玉海》卷127）。初期甚至连教坊（教乐

---

① 参见〔元〕夏文彦：《图绘宝鉴》卷四，于安澜编《画史丛书》第二册，上海人民美术出版社1962年版，第91—93页。

舞的机构）也废了（南宋李心传撰《建炎以来朝野杂记》甲集卷三——《学津讨原》收，以下简称《杂记》）。所谓教坊的工作包含公家宴会、祭祀所需舞乐等，是国家的重要机构之一。自孔子以来，历代对音乐一向郑重其事，如今连此教坊也不得不裁去，直到绍兴十四年才能复设。在建炎三年四月庚申，更将少府、将作、军器监改隶工部（李心传撰《建炎以来系年要录》卷二二，《国学基本丛书》改排印本，以下简称《要录》）。其中将作军器工监在绍兴三年十一月复置，少府监则始终并在工部之下。

综观上述史实，南宋之能够设置画院，最早也当在绍兴二年，以临安为行在以后的事。如果我们考虑到靖康中，几乎所有画院画工都被送往北方，及南宋对金政策的演变，从常识上看，最早也只能说是在绍兴十年代中的某一年。且绍兴十二年到绍兴十九年间，为增税所采行的各种措施，例如经界法施行期间，想必无暇建立画院。当然这种观念也许只是日本式的看法。对于传统文化最高保护者的皇帝来说，说不定认为这是必须尽速设立而早已付之于实现。[1]

三是陈传席之观点：

建炎、绍兴初，不但被金人驱散、掠夺光了的教坊、书院、画院等机构不可能重建（恐怕还来不及考虑这些事），就连跟随皇帝逃难的官员还要减……财力不足，不要说恢复画院等机构不可能，乃至于连跟随皇帝逃难的几个大臣的"俸钱"都发不起。《宋史·职官·奉禄》（卷一百七十二）记载清楚："建炎南渡后，奉禄之制……宰执请受权支三分之一，或支三分之二，或支赐一半。""料钱、职钱"，不仅一般官员只发三分之一或一半，连"宰相、枢密使"也"支三分之二，或支赐一半"。……穷到如此程度，不要说再去招募画家重建画院，就连比画院更为重要的太学、教坊、书院

---

① ［日］铃木敬：《试论李唐南渡后重入画院及其画风之演变》，原文连载于日文版《国华》杂志1982年3月及4月号，中文版见《新美术》1989年第4期，魏美月译。

皆无人问津，直到绍兴十三年之后，"兵事稍宁"，南宋的经济开始发达起来，这些机构才一一复置起来。

　　国家稍有财力，太学是不能没有的，"（绍兴）十三年，兵事稍宁，始建太学"（《宋史》卷一百五十七《选举》）。……一般说来，太学比教坊重要，教坊比书院重要，书院比画院重要（虽然它们的性质不完全一样）。太学建置后，其他一些机构才陆续增置。……绍兴十三年建太学，十四年建教坊，十六年置书院，则画院最早也只能建于书院设置的同年，即绍兴十六年（1146年）。①

　　这里需要多说几句的是，前引彭亚提到的有关"宋代书院乃教育机构"的问题，尚可进一步探讨。

　　首先，在中国历史上，书院确为教育机构，仅北宋就有嵩阳、应天府、岳麓、白鹿洞四大著名书院，在培养人才、传承文明方面贡献卓著。具体到宋高宗朝的机构设置，"御书院"则是皇家内部的教育机构："孝宗皇帝育宫中，遂造书院于行宫门内，曰'资善堂'，以为就学之地。亦无定处。"②

　　但是，书院是教育机构并不影响陈传席对画院设置时间的判断。因为陈传席的本意，是以书院的重要来证明画院的设置不会早于书院。现在作为教育机构的书院，其重要性更胜于陈传席理解的作为书法机构的"书院"，故从这个角度而言，陈传席的这个证明仍旧是可以成立的。

　　其次，"书院"一词，当与画院一起使用时，在宋代确有指书法而言的例子，如："诸待诏每立班，则画院为首，书院次之，如琴院棋玉百工皆在下。"③不过从此记载，又可以见到，画院并不都是排在书院之后的。

　　这里的"书院"之"书"，明显是指书写、书法而言。

① 陈传席：《李唐研究》，《陈传席文集》（2），河南美术出版社2001年版，第543—545页。
② 〔南宋〕潜说友：《咸淳临安志》卷二《行在所录宫阙二》，清道光十年（1830）钱塘振绮堂汪氏仿宋本。
③ 〔南宋〕邓椿：《画继》卷一○，于安澜编《画史丛书》第一册，上海人民美术出版社1962年版，第77页。

四是余辉之观点:

高宗热衷于绘事可谓是赵宋先祖之遗风,早在狼烟未散、国库尚空的宋太祖朝(公元960—975)就依仿西蜀之制设立了供御用的翰林图画院,罗致了西蜀、南唐的宫廷画家并造就了一大批中原画家。高宗亦是如此,就在他驻跸钱塘的这一年(1129)的四月,高宗继位后并官署、减吏员,初建了一套最基本的国家机器,可以推断,南宋画院大约是在此之后不久(至迟是在绍兴初年)以较小的规模出现的,绍兴二年(1132),高宗重回临安,这里成为稳定的南宋都城,画院重新开启了宫廷的创作和召取前朝和当朝画人的活动。

⋯⋯⋯⋯⋯

高宗朝画院的历史画之多、之精为画史罕见,当时,出现了大批与南宋初年时政相关的人物画,如借画《诗经》暗寓抗金北还的马和之《小雅鹿鸣之什图》卷(北京故宫博物院藏)、佚名《泥马渡康王图》卷(天津艺术博物馆藏)、李唐(传)《晋文公复国图》卷(美国纽约大都会博物馆藏)、《采薇图》卷(北京故宫博物院藏)、《雪天运粮图》(佚)、佚名《望贤迎驾图》轴(上海博物馆藏)、佚名《迎銮图》卷(上海博物馆藏)和颂扬高宗应祯继位的萧照(传)《中兴瑞应图》卷(天津艺术博物馆藏)、《中兴祯应图》卷等,如果南宋画院是和教坊一并建于或晚于绍兴十六年(1146)的话,高宗也不可能降旨作斯图,此后已失去了绘制上述诸寓意和叙事性人物画的创作激情和特殊背景,如佚名的《泥马渡康王图》卷、传为萧照的《中兴瑞应图》卷和《中兴祯应图》卷只能出现在赵构登基后不久的绍兴初年,佚名的《望贤迎驾图》轴必定绘在徽宗病故于绍兴十年(1140)之前,佚名的《迎銮图》卷则应绘制在宋臣在绍兴十二年(1142)迎护徽宗及郑皇后、韦太后灵柩之后不久(该图内容从徐邦达先生说)。在没有宫廷专职绘画机构的情况下,很难想象会有如此之多的院体人物画应时而生。

⋯⋯李唐与萧照任待诏的时间差,取其上限,不正是南宋恢复画院的时间吗？①

二、南宋画院的院址

关于南宋画院的院址，史料未有确载。至今为止，主要有以下几种说法：

一说在"南山万松岭麓"，此仅见明张执之为周密《武林旧事》所作夹注中，他书中未见，姑且存疑。②

一说见《南宋院画录》引明陈继儒《宝颜堂笔记》："武林地有号园前者，宋画院故址。"关于此"园前"之"园"，又有两种理解：

一种是将其理解为"武林园"，并据《乾道临安志》卷二所载，认为"武林园，在灞头市南"。近人著《南宋都城临安》，即称院址约在坝头之南的闹市区。

一种是将其理解为"富景园"，这是现今影响最大、引用最多的说法：

> 关于"园前"的"园"，《武林旧事》卷四谓此即"富景园"，在"新门外，孝宗奉太后临幸不一，俗呼'东花园'"。又据《都城纪胜》："城东新开门外，则有东御园，今名富景园。"所谓"新门"，《南宋古迹考》卷上云："新门，在东，俗呼草桥。"《都城纪胜》云："城东新开门外有富景园、五柳园。"按五柳园旧址即今之五柳巷，与板儿巷相距不远。钟毓龙《说杭州》中提道："郭通园巷，东出羊市街（今江城路），西出中板儿巷（今建国南路）。郭通园系郭东园之讹，其地为南宋之富景园，亦名东花园板儿巷，……南宋时画院在此，名园前。"据上所述，南宋画院址，当在望江门内，与五柳巷、板儿巷相去不远。具体说来，就在今之建国南路之西，东河之东岸，三味庵巷与柴弄之南，斗富二桥之北。③

---

① 余辉：《南宋画院佚史杂考二题》，《美术观察》1996年第9期。

② 据王伯敏记述，这条资料仅见于张宗祥先生手抄之《武林旧事》张执之注本。

③ 王伯敏：《南宋画院故址考》，《王伯敏美术文选》，中国美术学院出版社1993年版，第272页。另可见其《名家辈出　引导潮流——南宋画院》[载《南宋京城杭州》（修订版），浙江人民出版社1997年版，第219页]、《中国绘画通史》等著作。徐书城《宋代绘画史》持论与此相同。

由上引可见，学者们在此做的工作，大都是在以《南宋院画录》所引陈继儒《宝颜堂笔记》之说为依据的前提下，对"园前"的具体所指和它在今天的具体位置作探究。以"富景园"之说为例："富景园"即画院旧址的说法，是通过两个关联建立的：一是依据《南宋院画录》所引陈继儒《宝颜堂笔记》的说法，将南宋画院的旧址认定为武林地的"园前"，此为第一关联；二是考证此"园前"即"富景园"，故此，富景园即为南宋画院旧址，此为第二关联。

现在，我们循此关联倒推而上追根溯源。

先看第二个关联。富景园是南宋皇室的御园，周密《武林旧事》卷四称："富景园，新门外，孝宗奉太后临幸不一，俗呼东花园。"关于"园前"与"富景园"的关系，据笔者的查阅，未查到周密《武林旧事》关于"园前"的"园"即"富景园"的说法。两者的关系，是在厉鹗的《东城杂记》里说到的：

> 富景园：武林城东曰东园者，宋御园也。元张氏展城后，迤东十里许，民居甚鲜，多为池塘畦棱，因概以东园名。乡先辈或云宋东苑，似未得其详。按《宋史·孝宗纪》："乾道七年秋九月甲午，从太上皇帝、太上皇后幸东园。"《光宗纪》："绍熙五年夏四月，寿圣皇帝幸东园。"叶绍翁《四朝闻见录》："孝宗内禅光皇，实宪圣所命。孝宗遂得日奉长乐，极天下之养。北宫去东园最近，旬浃间即请宪圣临幸……"潜说友《咸淳临安志》："富景园在新门之东，孝宗奉宪圣太后，尝请游幸……"吴自牧《梦粱录》："城东新门外东御园，即富景园。"四水潜夫《武林旧事》："富景园，新门外，俗呼东花园。"灌圃耐得翁《都城纪胜》："城东新开门外东御园，今名富景园。"……所云新门，明代名永昌。本朝以其同闯贼伪年号，改曰望江，俗称草桥。门内地，里人尚呼园前街者是已。郎瑛《七修类稿》云："东花园，宋之富景园也，内有百花池。今园前民家尚存大池，相传旧矣。"[1]

---

[1] 〔清〕厉鹗：《东城杂记》卷上，四库本，第592册，第987页。

由此可知，厉鹗这个考证的目的，是探寻富景园与城东新门外的那个东御园和东花园的关系，他认为富景园即城东新门外的东御园和东花园。就"园前"而言，只是在这个论证过程中被顺带涉及而提到的。故此，"园前"与"富景园"的关系，并非厉鹗探究的主攻目标，因此他并未对此目标作详尽的论证。

上引厉鹗文中论及"园前"的，有两处：

> 所云新门，明代名永昌。本朝以其同闯贼伪年号，改曰望江，俗称草桥。门内地，里人尚呼园前街者是已。

> 郎瑛《七修类稿》云："东花园，宋之富景园也，内有百花池。今园前民家尚存大池，相传旧矣。"

后一处里，郎瑛意在证明他那时的东花园即宋时的富景园，证据就是当时东花园前尚可见的大池即原富景园内的百花池。因此其所说的"园前"，显然只是一个表示方位的用法，为"东花园的前面"之意，不是一个专用的地名。

前一处"里人尚呼园前街者"之"园前"，确实可以视为地名，厉鹗的记载来自他的亲见亲闻，应该可信。但也并不可以直接将此"园前"视作是"富景园"。此"园前"之"园"，可以理解作"富景园"，而"园前"一词，揣摩语意，则当以理解为泛指新门一带原"富景园前"之地为宜。

至此，上述"园前"即"富景园"的第二关联，虽然尚不确切，但大致方向还是明确的，基本可以成立。

现在来看第一关联能否成立。"园前"即南宋画院的说法，现在学者们一般是以《南宋院画录》所引陈继儒《宝颜堂笔记》之说作为依据。其实，厉鹗在《东城杂记》中还说过："宋画院：陈仲醇《泥古录》云，武林地有号园前街者，宋画院故址也。"[1]另外，钟毓龙《说杭州》中也提道："南宋时画院在此，名园

---

[1] 〔清〕厉鹗：《东城杂记》卷上，四库本，第592册，第988页。"泥"应为"妮"之误。笔者检视《丛书集成初编》本《妮古录》，未见有此记载。

前街。"①

厉鹗的记载或称见载于《宝颜堂笔记》，或称见载于《妮古录》，其说先已自有不同。但这还不是问题的关键。问题的关键在于，不论是陈继儒还是钟毓龙，他们全都没有进一步提供其说所依凭的根据，所以我们今天尚不能以确论视之，也难以此为依据来考论南宋画院在今天的位置。

三、南宋画院是否存在

正当人们潜心于上述问题的研究时，又有学者对南宋画院的研究提出了具有颠覆性的新见。这就是：南宋时期并无画院的设置，所谓的南宋画院，只是厉鹗等元明以后人篡改历史文献、虚拟的画史想象。

北宋翰林图画院系一省舍独立、职制完整之机构实体，这是作为"机构"的画院。作为一个实质机构，北宋画院于官制体系中于法有据：有明确固定的画院院址，有机构存废的历史记录，有职制鲜明的上下层机构，有诏书敕令之调整轨迹，所有画师编制于画院，有房舍让画师集中住宿，有阶秩分明之层级制度，凡此七项作为机构之规格条件，南渡后无任一条件能够成立。

没有任何蛛丝马迹，显示南宋官制体系中"画院"究竟复置于何处，古临安地图亦未见踪影。万历、清代至晚近画史生成的"中瓦子""武林园前""万松岭"三种南宋"画院院址"其实均非画院院址。翰林四艺局入南宋后，"御书院""天文局""医官局"三艺局均载录详备，唯独"画院"却未见复置。南宋史籍多次载录翰林三艺局之历史沿革，无论复置、罢废均有记录。北宋画院承担之五项职事（绘画、装画、制造神御、合香、捏塑）南渡后各自肢解崩离，后四项南渡后变换跑道，"绘画"则解体为"画家十三科"。当所有南宋画史、历史等史籍文献缴回的均是一张无地理位置、无历史文献、无迹可寻的空白履历，当所谓的画院无法寻觅赖以隶属、赖以系挂的上、下层机构，当所谓"宣和南渡、绍兴间复官"画师之复职地点

---

① 钟毓龙：《说杭州》（增订本），浙江人民出版社1983年版，第228页。

均非画院，所有证据率均指涉唯一的解答：南渡后没有实体画院。[①]

通阅全文，可知作者彭慧萍治学用力极勤，史料功底扎实，论述中多有发前人之所未发、论据有力不容辩驳者。但综合文中排列的论据和整个论证过程来看，对其南渡后没有实体画院、现有画院之说乃明清人凭想象臆造的结论，尚有持论与论述均欠允当之处。笔者尚难苟同，故此处仍取传统之说。

对此问题的辨析，不是本书的主题，此外限于时间和篇幅，不便充分展开。同时笔者限于功力与学识的浅陋，也不能为南宋确实建有实体画院的观点，提供新的佐证。此处只拟就彭文"所有南宋画史、历史等史籍文献缴回的均是一张无地理位置、无历史文献、无迹可寻的空白履历""'宣和南渡、绍兴间复官'画师之复职地点均非画院"两点，提出南宋周密《武林旧事》和元夏文彦《图绘宝鉴》两书中关于"画院"的记载，用以说明笔者仍取传统之说的缘故。

（一）宋末元初的周密在《武林旧事》中记载："御前画院：马和之 苏汉臣 李安中 陈善 林春 吴炳 夏圭 李迪 马远 马麟（案，宋廷佐刻本止此） 萧照（宋刻佚）。"[②]对此处记载的"画院"一事，彭文的解释是：

> 还原《武林旧事》所称"御前画院"之语境文脉。"御前画院"揭载于《武林旧事》"诸色伎艺人"条，该条除"御前画院"外亦平行列举"御前应制""棋待诏""说经诨经""小说"等54条技艺类项，54条均为职业，没有一处是机构；联结"御前画院"与54条职业平行并列的属性与叙事规律，再并合考量"乾、淳教坊乐部"，不难推定周密话语所指"御前画院"不是机构而是职业，是御前画师的抽象集合。[③]

---

① 〔美〕彭慧萍：《"南宋画院"之省舍职制与画史想象》，博士学位论文，中央美术学院，2005年，第Ⅳ页。

② 〔南宋〕周密：《武林旧事》卷六"诸色伎艺人"条，浙江人民出版社1984年版，第105页。

③ 〔美〕彭慧萍：《"南宋画院"之省舍职制与画史想象》，博士学位论文，中央美术学院，2005年，第43页。

也就是说，作者认为周密语境中的"画院"不是机构的名称，而是职业的指称。明白地说，此"画院"乃"画师"之意。

笔者认为，这个解释具有较大的主观随意性，作为旁证而必需的论据不足，缺乏说服力。此外，笔者还拟提供以下看法：

同为周密所著的《云烟过眼录》中，有"院画"一词："寻常李唐为院画[①]忽之。"对此"院画"，彭文未作概念、内涵的解释。笔者认为，此"院画"一词，应该可以视为存在画院的说明。因为李唐是宫廷画师，也是画史认可的南宋院体画的创造者、代表者，而非模仿者，称其作品为院画，就是来源于他的画院画师的身份。因此，此处的"院画"，无论是指其职业而言，还是指其作品而言，都与画院密切相关。

（二）作者在文中以刘宗古、阎仲、任源、李从训等人为例，说明他们在南渡后的复职地点并非画院，而是车辂院等地。但笔者认为，仅此数例，何足以得出"'宣和南渡、绍兴间复官'画师之复职地点均非画院"的绝对结论？

《图绘宝鉴》中，记录了大量南宋画家，据笔者的粗略统计，以宋高宗时期为例，有以下15位画师是直接写明任职画院的：李唐，授成忠郎、画院待诏，赐金带；马公显、马世荣，绍兴间授承务郎、画院待诏，赐金带[②]；李安忠，居宣和画院，历官成忠郎，绍兴间复职画院，赐金带；吴炳，绍兴间画院待诏，赐金带；阎仲，宣和百王宫待诏，绍兴间复官，补承直郎、画院待诏，赐金带；萧照，绍兴中补迪功郎、画院待诏，赐金带；贾师古，绍兴画院祗候；王训成，绍兴画院待诏；焦锡，宣和院人，绍兴复为画院待诏；李瑛，绍兴年画院待诏；韩祐，绍兴画院祗候；朱光普，南渡补入画院；尹大夫，遗其名，宋高宗朝画院待诏；林俊民，绍兴画院待诏。

具体的记述如："李安忠，居宣和画院，历官成忠郎。绍兴间复职画院，赐

---

① "院画"，四库本《云烟过眼录》作"玩画"，于意难通。《画史丛书》本《南宋院画录》引《云烟过眼录》此文、宝颜堂秘笈本《云烟过眼录》均作"院画"。《丛书集成初编》据十万卷楼本排印之《云烟过眼录》亦作"院画"。

② 《图绘宝鉴》中，马世荣没有独立记载，仅列于马公显条中，是否任职画院，记载不是很清楚。《宋代绘画史》未将其列为画院画家（见其书第138页）。笔者据《图绘宝鉴》记述之用词、语气及明朱谋垔《画史会要》、清卞永誉《式古堂书画汇考》所记，将马世荣列为画院画家。

金带。工画花鸟走兽，差高于迪。尤工捉勒，山水平平。"[1]

对于此处出现的"画院"一词，彭文的解释是：

> 后世的想象——"实体画院"与"虚拟画院"概念混淆，导致后世对画院的误读。
>
> 如果将"画院"概念分为两大类型：一是作为"机构"的实体画院。二是后世对宫廷画师所属"职业"的抽象集合。第一类型画院单一存在省舍独立，为夏夏独造的历史唯一（如北宋画院）。南宋"画院"为第二种类型，仅有职能但无机构实体，为御前画师所属职业的抽象集合。
>
> 南宋时人完全不提有"南宋画院"，因为南宋人根本未尝见过。但在元人诠释语境中，元人称北宋翰林图画院为"画院"，唐、辽、金无画院实体亦被元人冠授"画院"名义。元人脱脱《辽史》称辽代绘画机构为"翰林画院"；元人张蓍以"画院"泛称金代宫廷绘画机构；元人顾嗣立谓金代画师李早供奉"画院"。唐、辽、金宫廷画师分散隶籍于各处殿阁，却皆被元人泛称"画院"。明初洪武至宣宗无独立单一的实体画院，明人徐有贞称"先皇（明成祖）在御求画名，画院人人起声价"，明人朱谋垔称画师周元素"高庙（明太祖）取入画院"，称画师范暹"永乐中取入画院"。清人厉鹗称戴进"当时修门召，画院定雄霸"，明清时人亦同样惯称明代"画院"。
>
> 显然"画院"一词在元以后统摄虚、实两义，两种画院均称为"画院"。《武林旧事》称南宋"御前画院"，元代《画继补遗》《图绘宝鉴》《画鉴》同样称南宋画师为"画院画师"。于是在元、明、清后世的书写历史中，"两种画院"概念常发生混淆，以第一种画院覆盖第二种，造成逻辑解读的误区。[2]

对此，笔者的看法是，如果此处的"画院"一词，仅仅"是后世对宫廷画

---

[1] 〔元〕夏文彦：《图绘宝鉴》卷四，于安澜编《画史丛书》第二册，上海人民美术出版社1962年版，第101页。

[2] 〔美〕彭慧萍：《"南宋画院"之省舍职制与画史想象》，博士学位论文，中央美术学院，2005年，第117页。

师所属'职业'的抽象集合",那么有以下的问题：

一是既是宫廷画师"职业"的抽象集合，那《图绘宝鉴》的作者为何不直接以"画人""画工""画匠"等原本就是职业的名称称呼，而非要另立一个毫无意义的"抽象名词"来替代它？

二是如果以这样的替代去读原文，难道可以读得通、读得顺吗？彭文所举元、明、清人"画院"一词的随意用法，与此处《图绘宝鉴》《画继补遗》等作为正式画史著述的用法必当有所不同。后者作为专业的史书，理当遵循言之有据的史家笔法的要求，应该是严谨、可信的。

三是既是画师职业的抽象集合，那么对刘宗古、李从训等人，《图绘宝鉴》又有什么必要不以"画院"记之而特加区别记载？

（三）除了"画院"一词，另外还有一个"院"字。《图绘宝鉴》记梁楷："善画人物山水，道释鬼神，师贾师古，描写飘逸，青过于蓝。嘉泰年画院待诏，赐金带，楷不受，挂于院内，嗜酒自乐，号曰梁风子。院人见其精妙之笔，无不敬伏。"①彭文对此的解释是："元代画史称梁楷'赐金带，楷不受，挂于院内'，但梁楷系出入禁苑宫墙的皇城司宫干，而皇城司宫干亦赐金带，因此梁楷将金带'挂于院内'之'院内'并非后世解读的'挂于画院'，而可泛指禁中某处宫墙内院。"②

梁楷是皇城司宫干，但也是画院待诏，《画继补遗》《图绘宝鉴》对此都有明确的记载。而且梁楷的被赐金带，也明确地记为是因画而得，并没有史料可以连接此金带与皇城司宫干的关联。

如果说梁楷因宫干之职，他记载中的这个"院"字，还可能与禁中的其他"宫墙内院"有关，那么下面关于马远、夏圭记述中的"院人"以及这个"院人"之"院"，似乎就只有"画院"之"人、"画院"之"院"的意思了。

---

① 〔元〕夏文彦：《图绘宝鉴》卷四，于安澜编《画史丛书》第二册，上海人民美术出版社1962年版，第104页。

② 〔美〕彭慧萍：《"南宋画院"之省舍职制与画史想象》，博士学位论文，中央美术学院，2005年，第58页。

马远，兴祖孙，世荣子。画山水人物花禽，种种臻妙，院人中独步也。光、宁朝画院待诏。

夏圭，字禹玉，钱唐人。宁宗朝待诏，赐金带。善画人物，高低酝酿，墨色如傅粉之色，笔法苍老，墨汁淋漓，奇作也。雪景全学范宽。院人中画山水，自李唐以下，无出其右者也。①

夏文彦不至于会将作为宫廷画师的马远、夏圭的绘画艺术，去与宫墙内的他院之人（应该绝大多数都不是与绘画有关的职业）相比拟，以示其画艺之高。

从以上的记述中，可见《武林旧事》《画继补遗》《图绘宝鉴》等宋、元人的著作中，都有"画院"一词的出现和相关内容的记载。只是彭文均以各种理由，消解、否定了其作为"画院"一词的本义，而以其他的非"画院"之内涵作了替代性的重新定义。笔者认为以这样的持论、论述以及行文方式而得出的结论，尚不能令人信服。故在南宋画院的设置问题上，仍持传统之见。②

在李唐的研究中，南宋画院具有极其重要的意义，它十分密切地关系到李唐到达杭州以后的安身立命之处、绘画艺术创作的背景，以及李唐绘画在南宋一代发挥作用与影响的路径与场域。故此详加考证以获得确凿的结论，实属必要。但从目前的史料情况和研究结果来看，尚难做到，毕竟史料尚不充分，多有推论、推测相辅的论证，还是不能作为定论的。

在此，笔者同意徐书城的观点："南宋画院较之北宋画院，画家更得优遇，画家被授以官品的人数增多，使之更进一步脱离了'伎艺人'的地位。同时，随着画家受到管理机构的羁束减弱，更增进了艺术创造的自由精神，艺术风格趋于多样化——花鸟、山水、人物等各种题材均创造了优于北宋宫廷艺术的全新境界。"③

---

① 〔元〕夏文彦：《图绘宝鉴》卷四，于安澜编《画史丛书》第二册，上海人民美术出版社1962年版，第104页。

② 彭慧萍于2018年出版的《虚拟的殿堂：南宋画院之省舍职制与后世想象》中，未见对笔者此处所论的辨析，故笔者仍保留此处所论的传统之见。

③ 徐书城：《宋代绘画史》，人民美术出版社2000年版，第134页。

这里所说的"管理机构的羁束减弱"的原因，徐书城也作了阐述："北宋的画院设在宫城之内，便于行政上的管理，而南宋时的宫廷画院却在宫城之外——凤凰山东麓，不便于大内的官僚机构直接联系。再加上当时又对北宋末年庞大的官僚体制作了精简和改革，如各省、部、寺、监等的规模，南宋时的规模仅及北宋的一半甚至三分之一。因此，对于宫廷画家的归属，一方面有画院这个机构可以安置，另一方面也不妨散置于其他相应的机构。例如，对于马和之作为宫廷画家的特殊身份，历来颇有疑义，其原委恐即在此。尽管如此，但对宫廷画家的供御活动，则因此可以直接听命于帝王，而不必像过去那样要经过勾当官。如赵构兴之所至，辄'令画院待诏图进'。南宋画院又往往被称为'御前画院'，原因恐亦在此。换言之，当帝王有所需要时，可以直接将画家召至宫中；平时，画家则可以分置于画院或其他相应机构而自由活动。"①

因此，对南宋画院，笔者还是尊重现有历史文献的记载，取传统之说。

下面，根据现有文献中的史料，结合画家作品，对我们至今可以推论的南宋画院的有关情况，作一个简要的介绍。

无论是传记的写作要求还是绘画史研究的需要，考析传主的日常生活情况都是十分必要的。就南宋画院的画师而言，如果能对他们的职事、官阶、官品、俸禄、经济条件、社会地位等绘画作品背后的生存方式、生活场景，有准确、明白的记述，将大大有助于对其艺术创作的分析、理解和评价。

但是要做到这一点难度极大。一方面是固有的画家生平记载史料极度零散、简略和匮乏，另一方面则在于南宋官职本身的"繁杂多变，又为历朝之最，给后人了解它的全貌带来很大困难，学者视为畏途"②。而就南宋画院而言，由于《宋史》《宋会要辑稿》等重要史书对之缺失正面记载，致其历史面貌更显模糊，难考其详几成定局。

在此，笔者借重宋史研究专家们的研究成果，比勘北宋翰林书画院的形制，结合有限的南宋画家史料，对彼时画家们的生活情况作一个粗略的勾勒，以期

---

① 徐书城：《宋代绘画史》，人民美术出版社2000年版，第135页。
② 龚延明：《宋代官制辞典·宋代官制总论》，中华书局1997年版，第1页。

约略窥探南宋画院宫廷画师隐藏于画史之下的社会生活状况。

首先，我们选定《图绘宝鉴》中所记南宋各朝画院画师为研究资料，对之作一个系统的梳理。

《图绘宝鉴》所记宋高宗朝曾在画院任职者有24位：

李唐，授成忠郎，画院待诏，赐金带。

马公显、马世荣，绍兴间授承务郎，画院待诏，赐金带。

杨士贤，宣和待诏，绍兴间复旧职，赐金带。

李安忠，居宣和画院，历官成忠郎，绍兴间复职画院，赐金带。

朱锐，宣和画院待诏，绍兴间复职，授迪功郎，赐金带。

李端，宣和画院待诏，绍兴间复官，赐金带。

张浃，宣和画院待诏，绍兴间复官，赐金带。

顾亮，宣和待诏，绍兴间复职，赐金带。

李从训，宣和待诏，绍兴间复官，补承直郎，赐金带。

阎仲，宣和百王宫待诏，绍兴间复官，补承直郎，画院待诏，赐金带。

吴炳，绍兴间①画院待诏，赐金带。

萧照，绍兴中补迪功郎，画院待诏，赐金带。

周仪，宣和画院待诏，绍兴间复官，赐金带。

贾师古，绍兴画院祗候。

王训成，绍兴画院待诏。

焦锡，宣和院人，绍兴间复为画院待诏。

马兴祖，绍兴间待诏。

李瑛，绍兴间画院待诏。

韩祐，绍兴画院祗候。

刘思义，绍兴间待诏。

---

① 《南宋院画录》记吴炳为宋宁宗绍熙间（1190—1194）画院待诏，《画史丛书》本《图绘宝鉴》也记为"绍熙"。四库本《图绘宝鉴》列为绍兴间（1131—1162）画院待诏。从各本均有记载的"光宗李后多爱其画，恩赉甚厚"之语看，吴炳为绍熙画院画师应为无疑。从绍兴至绍熙的时间来看，吴炳有活动于从绍兴至绍熙年间的可能。

朱光普，南渡补入画院。

尹大夫，遗其名，宋高宗朝画院待诏。

林俊民，绍兴画院待诏。①

宋孝宗朝曾在画院任职者有3位：

苏焯，隆兴画院待诏。

阎次平，隆兴初补将仕郎，画院祗候，赐金带。

阎次于，隆兴初补承务郎，画院祗候，赐金带。

从《图绘宝鉴》来看，宋孝宗乾道以后，未见有授予画师阶官的记载，除林椿、梁楷、夏圭、刘松年、朱怀瑾尚被赐金带外，其余画师仅有待诏、祗候的技术官名记载。粗略统计的结果是：

宋孝宗乾道以后有林椿②、李珏③、毛益等待诏，还有何世昌（淳熙画院人）。

宋光宗朝有陆青等待诏，还有张茂（宋光宗朝隶画院）。

宋宁宗朝有梁楷、陈居中、高嗣昌、苏显祖、夏圭、苏坚等待诏；宋理宗

---

① 宋高宗时，另有：1.刘宗古，为宣和间待诏、成忠郎。绍兴二年（1132）进车辂院称旨，复旧职，除提举车辂院事。虽为画师，却并非复职画院，故此处不列。2.马和之，《图绘宝鉴》记为"绍兴中登第"，"高、孝两朝，深重其画，每书《毛诗》三百篇，令和之图写。官至工部侍郎"。未言及其与画院的关系，故此处不列。3.胡舜臣、张著，《图绘宝鉴》仅记二人与绍兴画院画师张浃、顾亮为学画时的"同门"，"俱学郭熙山水"，并未言二人亦为画院画师。此二人也见于《画继补遗》卷下，令狐彪论云：庄肃在《画继补遗》"序言中明确地说'上卷载缙绅暨诸僧道士庶，下卷载画院众工'。这里的'画院众工'，是指画院画家。庄肃是轻视画院画家的，称之为'众工'，而且又放在下卷"（令狐彪：《宋代画院画家考略》，《美术研究》1982年第4期。以下所引令狐文，除特殊注明者外，均见此文），所论甚是。但因笔者此处以《图绘宝鉴》为本，《图绘宝鉴》未记其二人为画院画师（另张浃、顾亮则明确记为画院画师），故此处不列。

② 令狐彪据《图绘宝鉴》卷四"吴炳""韩祐"条的记载，将林椿列为宋高宗朝画师。其说从记述规范要求，甚是。但高宗、孝宗朝时间近，不乏画师跨朝连任者，故此处仍从《图绘宝鉴》之说。

③ 《画史丛书》本《图绘宝鉴》卷四在"韩祐"和"朱怀瑾"间没有戚仲、许迪、杨安道、林谷成、牟仲甫、李珏、楼观、马麟、方椿年、苏显祖十人的记载。今据四库本《图绘宝鉴》，补得李珏、楼观、马麟、方椿年、苏显祖五位画院画师。

朝有孙必达、俞珙、毛允升、乔钟馗、乔三教①、马永忠、丰兴祖、张仲、顾兴裔、孙觉、陈宗训、范安仁、胡彦龙、鲁宗贵、钱光甫（"甫"一作"普"）、王华、陈可久、陈珏、崔友谅、徐道广、曹正国、李德茂、谢升、顾师颜、史显祖、朱玉、宋碧云、吴俊臣、白用和、方椿年等待诏。

宋度宗朝有李永年、楼观、李权等祗候。

还有一些画师在任职时间上历经数朝，难以一处列之：

李迪，宣和莅职画院，授成忠郎，绍兴间复职画院副使，赐金带。历事宋孝、光朝。

苏汉臣，宣和画院待诏，绍兴间复官，宋孝宗隆兴初补承信郎。

刘松年，宋孝宗淳熙画院学生，宋光宗绍熙待诏，宋宁宗赐金带。

李嵩，宋光、宁、理三朝画院待诏。

马远，宋光、宁朝画院待诏。

白良玉，宋宁、理朝画院待诏。

朱怀瑾，宋理宗宝祐年画院待诏，景定间为福王府使臣，宋度宗咸淳年赐金带；

王辉，宋理、度朝画院祗候。

不明时间者，有马麟②、朱绍宗（隶籍画院）。③

从上面的资料中可见，南宋画院画师的职官不外乎待诏、祗候两种，而被

---

① 乔钟馗、乔三教，令狐彪据《画史会要》《绘事备考》《南宋院画录》认为并无此二人，而应归入其前"陈清波"条中，意为陈清波"擅长画'钟馗''三教'之类的人物画"，并据此将陈清波列为宋理宗宝祐画院画师。依据为"根据一般史学常识，尤其在绘画史籍中写纪传体的常例，是一人一传。如有二人以上合传者，多系父子兄弟族人，或者是经历、风格相类似以及有密切特殊关系者，根据《图绘宝鉴》所载，陈清波与乔钟馗、乔三教毫无瓜葛，列为一传显然不入情理"。此处的三人列为一传之说，是指现行版本中，二乔与陈排在一起。但这完全有可能是排版的问题，如果将二乔另起一行，就可视为另立于陈的独立记载。另外，《画史会要》《绘事备考》《南宋院画录》等书径直删去二乔而不作解释，不知其依据何在，也不可取。在目前没有可靠版本依据的情况下，此处仍依据文意保留二乔的画院画师身份，而暂不列入"陈清波"条中。

② 马麟究竟于何时任职画院，画史并无明确记载，一般以为其与父马远同时供职于画院，而记为宋光、宁两朝。

③ 以上名单据《图绘宝鉴》（《画史丛书》版）卷四第100—120页之记载整理。

授予的阶官，则有成忠郎（李唐、刘宗古、李迪、李安忠）、承务郎（马公显、马世荣、阎次千）、承信郎（苏汉臣）、迪功郎（朱锐、萧照）、承直郎（李从训、阎仲）、将仕郎（阎次平）数种。

《图绘宝鉴》的这一份资料，零散简略，凭此显然不足以对南宋画院的组织机构及其画师的任职、职官、俸禄等情况作出详尽的分析。下面我们将之放入两宋机构与官制的历史背景中去考察辨析，以期能得出一个稍显清晰的理路。

查《宋代官制辞典》，各考其详如下：

待诏有两种：一为学士院门之"翰林待诏"，简称"待诏"，为职事官名。唐玄宗开元初改北门学士为翰林待诏，为此官设置之始。宋初沿唐制，于学士院内置翰林待诏十人、隶书待诏六人，掌书写诏制。二为翰林院等供奉机构门之"翰林图画院待诏"，为技术官名。隶翰林图画院，唐初已有此名，北宋图画院待诏始置于太宗朝，为图画院专职图画官。编制三人，其下为艺学、祗候。

祗候也有两种：一为宦官门之"入内内侍省祗候班"，简称"祗候"，宦官名，是入内内侍省诸内官总名，职掌为轮宿于禁中，以供给役、使唤。二为翰林院等供奉机构门之"翰林图画院祗候"，为技术官名。隶翰林图画院，职掌与艺学同，专职供奉宫内诸处修造绘画及御前生活所需绘画。位次于艺学，编制四十人。

显而易见，画院画师所冠的待诏、祗候之名，理当各取其后一意，即作为技术官名的"待诏"和"祗候"。

翰林图画院为内廷官司名，北宋雍熙元年（984）始置，隶翰林院。熙宁六年至元丰五年（1073—1082）改隶都大提举诸司库务司，元丰五年后复隶翰林院。掌绘画、捏塑（雕像）以供奉御前及宫中应用。编制为勾当官二人，掌督察图画院公事，由内侍官充任。院内技术官设待诏、艺学、祗候。待诏初无定员，后定为三人，艺学六人，祗候四人，学生四十人，另有工匠十四人（后减为六人）。

图画院内技术官递迁之途径为：北宋熙宁二年（1069）十一月前，任艺学者永为艺学。熙宁二年十一月后，待诏有缺时，绘画技术优长之艺学，经过考试可得迁补为待诏。如祗候有缺，则选择学生中之优秀者，经考试依名次迁补为祗候。

至此，画院的机构设置、人员编制、所掌职责、隶属关系，画师们的工作、阶官及其升迁方式等等，都已经可以看得比较明确了。

但是，人们在阅读这些史料时，注意到这些文献中只见"北宋"的字样，而未见有"南宋"的注明。而且整部《宋史》，没有"南宋画院"的字样，其他文集、笔记中直接记述南宋画院的史料，也都没有关于画院建制方面的记载。因此，是否可以用北宋的情况来比拟南宋时的情景，自然成为一个问题。

我们同样没有新的史料可以提出建设性的新观点或构筑南宋画院的实景，只是借助学界专家的研究成果和对已有史料的仔细阅读，提供几个细微的线索以备达人研探。

一是关于两宋机构、官制的设立，总的局面是宋承唐制。唐末宋初，在唐朝散官和职事官的系统之外，又渐渐发展出差遣官一系。职事官大部分不再表示实际职务，演变为寄禄官，而以临时委任的职务名叫"差遣"，为实际职务。这样，就形成了"官（职事官）"与"差遣"的分离。另外又有"职"名，用作内外差遣所带荣衔。宋神宗元丰改制，部分恢复唐朝体制，结束了"官"与"差遣"分离的局面，职事官与差遣官统一，重新有了实职，而文臣专定"阶官"代替北宋前期之"官"。

具体到画院画师的技术职官来看，《宋代官制辞典》云：

> 伎术官，职官总名。又称技术官。持技艺以侍奉皇上、禁中者，通称伎术官。伎术官之名始于唐。宋代，凡以解天文、占卜筮、谙音乐、明医术、精书艺、擅图画等技艺得官职者，皆列为伎术官。北宋前期，伎术官为：医官院——医官使、副使，直院，医官，医学祗候；御书院——书待诏、书艺、艺学祗候；翰林院——内供奉，待诏，棋、琴、阮待诏，艺学祗候；翰林天文院——翰林天文官；翰林图画院——画、装銮、捏塑待诏，艺学祗候、学生；教坊所——教访使、副使，都知（都管），部头，色长，制撰文字。徽宗政和官品令定翰林医官自和安大夫……二十二阶，天文官

春官大夫……御书院、图画局奉御、待诏等，为伎术官。南宋沿置。①

二是虽然《宋史》等书中没有出现"南宋画院"的字样，至今也没有发现文献中对南宋画院有过全面系统的介绍，但是《武林旧事》《画继补遗》《图绘宝鉴》等书中有关南宋画院的大量记载，是不容忽视的。我们不能在需要它们的时候，就拿来作为自己论述的依据；而一旦它们与自己的观点发生抵牾，就对它们视而不见或是轻率地予以否定了。

从上述这些文献的记载中，可以发现各位作者对南宋画师们的称呼，都不外乎"待诏""祇候"，在关于刘松年的记载里，还出现了"画学生"一词。这些都与北宋翰林图画院的建制完全相同。

三是对于《宋史·选举志》一则记载的仔细研读。《宋史·选举志》云："画学之业，曰佛道，曰人物，曰山水，曰鸟兽，曰花竹，曰屋木，以《说文》《尔雅》《方言》《释名》教授。《说文》则令书篆字，著音训，余书皆设问答，以所解义观其能通画意与否。仍分士流、杂流，别其斋以居之。士流兼习一大经或一小经，杂流则诵小经或读律。考画之等，以不仿前人而物之情态形色俱若自然、笔韵高简为工。三舍试补、升降以及推恩如前法。惟杂流授官，止自三班借职以下三等。"②

至今为止，许多引用者都视此文所言为北宋时的做法。其中的原因可能一是在于"画学"二字，因画学起于宋徽宗，于是就把文中的意思，一并归入了北宋；二是翰林图画院于北宋末罢局③后，南宋未见复置的记录，于是后人便将此条有关画学的记载归为北宋。但是我们仅就这段文字观之，并不能看出其言所指只是北宋而与南宋无关。文中"北宋""南宋"字样一概全无，如果我们将其视为南北两宋的通论，也并无不妥。

另外，还可将其上下文连起来分析。其前文讲的是"算学"与"书学"，其

---

① 龚延明编著：《宋代官制辞典》，中华书局1997年版，第667页。

② 《宋史》卷一五七《选举志三》，中华书局1977年版，第3688页。

③ 《画继》卷七"侯宗古"条记载："宣和末罢诸艺局。"《宋代官制辞典》"翰林图画院"条称："靖康间罢局后，南宋未见复置。"

后文讲的是"医学"。这三学中，自北宋至南宋的建立和废置都有详细的记载。唯画学这一段，无任何建立和废置的记录，只是直言画学的基本情况。因此将这一段文字视为通论两宋画学概况，也并不为过。

因此笔者认为，虽然南宋画院的具体情形与北宋画院必定会有许多不同，但在史料阙如、难得其详的客观条件下，也只能根据现有史料，比勘北宋画院的建制，而勾勒一个南宋画院的大致轮廓了。

然后，我们对照《图绘宝鉴》所记有关画师阶官的记录，分析他们在俸禄以及仕途上的待遇。

《图绘宝鉴》记载的画师的阶官有以下几种：

成忠郎，武阶名。属小使臣八阶列。北宋徽宗政和二年（1112）九月二十五日，由左班殿直改。绍兴厘定入品武阶五十二阶之第四十八阶，位次于忠翊郎。正九品。

承信郎，武阶名。属小使臣八阶列。政和二年（1112）九月二十五日，由三班借职改。绍兴厘定入品武阶五十二阶之第五十二阶，位次于承节郎。从九品。由承信郎以上至训武郎十阶，并五年一转，为磨勘常调，一如武翼郎以上，至武功大夫，有止法。

将仕郎，有两种：一为文散官名，隋置散官，唐贞观中列入文散官，宋因之，为北宋前期文散官二十九阶之第二十九阶，即末阶，从九品下。二为选人阶名，此间又有二：一是宋徽宗崇宁二年（1103）九月二十五日，由判司簿尉阶改名，属崇宁新阶第七阶。二是政和六年（1116）十一月，改将仕郎为迪功郎，易假将仕郎为将仕郎，属政和选人十阶之第十阶，用以奏补未出阶之吏人。

迪功郎，选人阶官名。政和六年（1116）十一月，由将仕郎阶改名，为选人新阶之第七阶。从九品。

承直郎，有两种：一为选人阶名。崇宁二年（1103）九月二十五日，由选人七阶之第一阶三京府、留守、节度、观察判官（属两使职官）改名。二为文散官名。原为隋所置散官承议郎。唐贞观列入文散官。宋初因之，太宗即位，于开宝九年（976）十月改承议郎为承直郎，属宋前期文散官二十九阶之第十六阶。从六品上。

承务郎，有两种：一为文散官名。隋朝尚书省二十四司有承务郎（即唐之员外郎），职事官。唐因其名，列入文散官。宋沿置，为北宋前期文散官二十九阶之第二十五阶。从八品下。二为寄禄官名。北宋神宗元丰三年（1080）九月，由秘书省校书郎、正字、将作监主簿改。为文臣京朝官寄禄官三十阶之第三十阶，即末阶。从九品。自承务郎以上至宣德郎（宣教郎）为京官。①

南宋画院画师的阶官，分属武阶和文阶。在宋代，武阶一般为武臣与内侍通用，少数也可因为帝王的器重或特殊的功绩而转为文阶，称为"换阶"。选人阶则是文官中之低等阶官。②

从上面的排列可知，南宋画院画师被授予的阶官，都是比较低级的。但是，与北宋等其他朝代官廷画院的画师相比，还是受到了帝王和朝廷的重视与优待。因为从资料的记载来看，他们中有多人被朝廷授官，这就表明已经摆脱了工匠的身份，社会地位显然有了质的提高。另外，南宋画院画师还有多人被赐金带，更可以表明他们受到了画院历史上史无前例的特殊优遇。③

阶官还决定官员的俸禄，我们从中可以一窥他们在社会地位之外的俸禄情况。

宋代俸禄的名目繁多，最基本的可划分为请受、添给两大类。请受即为本俸，包括料钱、衣粮。添给有添支（增给）、职钱、贴职钱、折食钱、茶汤钱、雪寒钱、元随傔人衣粮与餐钱、厨食钱、薪、菜、盐、炭、纸、马料、驿券、茶酒、厨料、公使钱等，按地位、职务不同而给。

具体到画师们的俸禄，由于史料的局限，难以作出全面和详细的记述，现以同为文臣阶官的承务郎、承直郎、迪功郎为例，据《宋代官制辞典》之附表37"南宋俸禄总表"④，看一看他们的俸禄情况：

承务郎为寄禄官名，为文臣京朝官寄禄官三十阶之第三十阶，即末阶。从九品。自承务郎以上至宣德郎（宣教郎）为京官。官阶比较低，俸禄也就不高，

---

① 以上有关阶官的内容，据《宋代官制辞典》（中华书局1997年版）第31、32、560、561、562、564、573、575、576、596页等内容综合而成。

② 笔者在写作过程中，就有关南宋官制的问题请教了宋史研究专家何勇强博士，特此致谢。

③ 南宋画院画师被赐金带的情况，详见徐书城：《宋代绘画史》，人民美术出版社2000年版，第136页。

④ 龚延明编著：《宋代官制辞典》，中华书局1997年版，第724页。

其俸禄是料钱7贯。其俸禄的支付方式是，料钱一分现钱、二分折支。每贯折钱，在京600文。

承直郎为选人阶官名，崇宁二年（1103）九月二十五日，由选人七阶之第一阶三京府、留守、节度、观察判官（属两使职官）改名。如与北宋前期的文散官对照，属宋前期文散官二十九阶之第十六阶，从六品上。相比之下，显然高于承务郎。所以他的俸禄就高许多，有料钱25贯，茶汤钱10贯，衣粮有厨料米6斗，面1石5斗，藁40束，柴20束，马1匹，冬绢6匹，冬绵10两。其支付方式是，料钱一半现钱，一半折支。每贯折现钱700文。

迪功郎为选人阶官名，政和六年（1116）十一月，由将仕郎阶改名，为选人新阶之第七阶。从九品。与承直郎相比，也相差好几个档次。其俸禄是料钱12贯、茶汤钱10贯，衣粮有米、面各1石5斗。其支付方式同承直郎。

如果与当时的高级官员相比，这些画师属于低薪一族。以开府仪同三司为例，此为文臣京朝官寄禄官三十阶之首阶，从一品。其俸禄是料钱100贯，春、冬衣绢各25匹，小绫10匹，罗1匹，绵50两。仅以料钱来看，此处所言的画师中俸禄最高的承直郎，只是他的1/4，而承务郎则只有他的1/14弱，差别显然是巨大的，如果加上衣粮一块，就更不能比了。

《宋代官制辞典》总结宋代俸禄的特点，其中提道："从总体分析，两宋俸禄呈现出益俸、优厚的总趋势，是无可置疑的。清朝史家赵翼在纵览历朝禄制之后，特别指出宋制禄之厚：'其待士大夫可谓厚矣！唯其给赐优裕，故入仕者不复以身家为虑，各自勉其治行。观于真、仁、英诸朝，名臣辈出，吏治循良。及有事之秋，犹多慷慨报国，绍兴之支撑半壁，德祐之毕命疆场，历代以来捐躯捐国者，唯宋末独多。'"

而就南宋而言，"用兵之际，或减俸禄之数，但皆属权宜，为时甚短。南宋史家说：'中兴百年，虽非复升平之旧入，然国朝之待臣甚厚、养吏甚优，此士大夫一命以上，皆乐为用，盖有以养其身而固其心也。'""或谓南宋宁宗朝时，俸禄已'七八倍于'北宋"。[1]

---

① 龚延明编著：《宋代官制辞典·宋代官制总论》，中华书局1997年版，第44页。

优厚的生活待遇和创作条件，能够使画家安心从事于绘画，创作热情受到鼓励，才华得以施展。据《南宋院画录》引《钱唐县旧志》记："宋南渡后粉饰太平，画院有待诏、祗候、甲库、修内司有祗应官，一时人物最盛。"①如历任宋代光、宁、理三朝侍郎的李嵩，擅画人物，尤长界画，受到优厚的待遇，创作了一大批精美的作品。但是，也并非画院中的每一位画家都能如愿。比如王训成，山东人，绍兴年间画院待诏，画人物、山水。当时，宋高宗欣赏的是李唐、萧照的作品，而与他们画风不同的王训成就不被看好，以至于其郁郁不得志而终。在实际生活中，决定画家命运的，还是统治者的个人意志和喜好，完全的艺术自由是不存在的。

南宋画院设于杭州，在客观上为浙江画家提供了相对便利的入院条件。在厉鹗《南宋院画录》记载的98位②院画家中，浙江籍的画家就有38位，其中又以钱塘（今浙江杭州）籍画家占了多数。这个统计也许不一定十分精确，但应该可以反映基本面貌。现将这些浙籍画家的姓名载录于后，以备查考。他们是：李从训、李章、李珏、马和之、林俊民、林椿、刘松年、张茂、李嵩、苏显祖、夏圭、夏森、白良玉、鲁宗贵、陈宗训、俞珙、史显祖、孙必达、顾兴裔、马永忠、陈清波、范安仁、陈珏、陈琳、朱玉、宋汝志、方椿年、丰兴祖、钱光甫、徐道广、谢升、顾师颜、朱怀瑾、王辉、王用之、楼观、李永年、李权。

南宋画院的画事活动，内容十分丰富。画院画家的创作活动主要围绕宫廷的需要进行。绘制（历史题材）人物肖像，是御前画工的重要任务。他们还为都城的宫殿寺观作壁画、屏风画。孤山凉堂位于西湖佳胜处，设置壮丽，专供皇帝游幸。萧照奉命去画那里三丈高的壁画。画成之后，宋高宗大为叹赏，赐以金帛。其他如显应观，也有萧照、苏汉臣等画家的山水、人物壁画。

描绘百姓生活、反映社会现状，是画院画家的职责。他们创作了《货郎图》《卖浆图》《沽酒图》等作品，反映当时都市生活的方方面面。北宋仁宗时宫廷

---

① 〔清〕厉鹗：《南宋院画录》卷一，于安澜编《画史丛书》第四册，上海人民美术出版社1962年版，第2页。

② 《南宋院画录》所记的98位画家中，并非均为画院画师，如刘宗古、马和之、马逵等都不是画院画师，厉鹗在收录时未仔细考辨，以致误录。笔者据《图绘宝鉴》统计，是82位。

里画了《耕织图》，南迁后，朝廷更加提倡和鼓励此类画作，刘松年即因画《耕织图》称旨，被赐以金带。南宋各郡县衙门墙壁上，都绘有《耕织图》，其祖本皆由画院提供。

画院中也有一些画家，往来于西湖四周的各个寺庙，和禅师画僧过从甚密，如宋宁宗朝的画院待诏梁楷。

南宋朝廷的南迁，使绘画风格发生变化。偏安的政治格局、残山剩水的国土、强烈的民族情怀以及个人的生活经历，都使画家们有太多的感慨。治国安邦不是人人都可以实现的理想和抱负，绘画更不是可以直接干预现实生活的途径。画家们所能做的，也只能是在作品中表达自己的心绪。马、夏山水中，那半角山岩、一叶孤舟、残枝枯树的精细描绘，都传达出作者的思绪和感受，清笔淡墨下流泻出深深的忆念和无奈。然而，尽管面对的是半壁江山，西子湖的阴柔秀媚还是孕育出了一种更为风雅精致的艺术趣味。

南宋院画的主流是山水画，因此山水画家成为画院画家中的主力。李唐、刘松年、马远、夏圭被称为"南宋四家"，最为有名。马远的儿子马麟，也是山水画的高手，尤以描绘西湖图景而著称。

人物画中，梁楷的开创性工作尤其值得称道。他把粗犷的笔势与水墨相结合，独创了泼墨大写意的画法，对人物画贡献良多。再如苏汉臣，在画院供职40多年，善画道释、人物、婴孩、侍女，精工富丽，细致生动，带有民间绘画色彩。

花鸟画方面，既有专精者，也有兼工者。据《南宋院画录》辑录，专画花鸟，或擅长山水、人物又兼画花鸟的画家，就有50多人。李迪、林椿、毛益等，都有很高的造诣。他们的作品已突破"黄氏体制"，双钩、没骨、点染、重彩、淡彩、水墨、工笔、写意，各显其能。许多作品在布局和造型上，已开始摆脱北宋过分严格的写实要求，注意到花枝的穿插和空间关系。在形式上，大多是小幅的册页和纨扇，玲珑可爱。李迪的作品工细与粗放结合，形成花鸟画的新格局，是南宋花鸟画画风转变时期的典型。梁楷的水墨写意花鸟作品，则贯通了北宋后期兴起的文人画及墨竹墨梅的表现手法，并和僧法常等人的作品相互发明，对元代的墨花墨禽，明代沈周、陆治的写意花卉，都有一定影响。

建炎、绍兴年间的宫廷画师们

宫廷画师们的南渡及其在建炎、绍兴期间的经历，史无详载。据上引《图绘宝鉴》里记述的24位复职画师的简介，我们可以窥见一些当时的情况。

一、宣和画院画家在国破时分的去向

北宋覆灭之际，画院画家四散而去，各自奔命。从大的路径来看，被掳北去之外，追随朝廷南渡，是很多人的选择。从《图绘宝鉴》等书的记载中，可以得知有李唐、刘宗古、马公显、马世荣、杨士贤、李迪、李安忠、苏汉臣、朱锐、李端、张浃、顾亮、李从训、周仪宣、王训成、焦锡、马兴祖计17人是原宣和画院的画师。从李唐的太行山遇劫持和顾亮"与张浃同流落江左，宫观寺院，画壁糊口"的记载中，可知画师们的南渡并非朝廷有组织的集体行动，都是各自分散进行的。①在流离的过程中，居无定所、生活艰辛，基本是靠鬻画谋生。如李唐即随身携带粉奁画笔，顾亮、张浃是同在宫观寺院画壁糊口。直至南宋时复职复官、进入画院，才重新安定下来，生活有了好转。

二、复职以后的创作活动

生活稳定以后，画师们主要从事的就是绘画创作，这是他们的主业。从资料中看，此时的绘画创作已经是很繁荣的了。

一是绘画的种类齐全，人物、山水、佛像、花鸟、竹石、走兽、骡纲、雪猎、盘车等都有创作。画师中多见绘画全才，山水、人物、花鸟俱善者不乏其人，体现了技法全面、造诣深厚的画院画师的基本特点。

二是分工明确，各有所专，个人风格明显。苏汉臣"人物臻妙，尤善婴儿"，婴戏图对后世影响极大，已自成专门的题材和形式；萧照善画"异松、怪

---

① 也可能有跟随宋高宗南渡者。如余辉认为：当宋高宗"'驻跸钱塘，每获名踪卷轴，多令辨验'。高宗驻跸钱塘（今浙江杭州）是在建炎三年（1129），这位辨验名踪卷轴者就是画家马兴祖。这里透露出两个信息：一、高宗在战乱时期仍沉湎于书画鉴藏；二、随他南逃途中有御用画家"。但"驻跸钱塘"与"南逃途中"也有可能不在同一时间（详本书前面"初至临安"一节）。而《图绘宝鉴》中的原文是："马兴祖，河中人，贲之后，绍兴间待诏。工花鸟杂画，高宗每获名踪卷轴，多令辨验。"也未特指南渡时期。

石，沧浪古野"；李安忠"尤工捉勒"；朱锐"尤好写骡纲、雪猎、盘车等图，形容布置，曲尽其妙"；吴炳"写生折枝可夺造化，采绘精致富丽"；等等。

三是绘制两宋之际时局及意在与之比附的历史题材画作大量出现。"高宗朝画院的历史画之多、之精为画史罕见，当时，出现了大批与南宋初年时政相关的人物画，如借画《诗经》暗寓抗金北还的马和之《小雅鹿鸣之什图》（北京故宫博物院藏），佚名《泥马渡康王图》卷（天津艺术博物馆藏），李唐（传）《晋文公复国图》卷（美国纽约大都会博物馆藏）、《采薇图》卷（北京故宫博物院藏）、《雪天运粮图》（佚），佚名《望贤迎驾图》轴（上海博物馆藏），佚名《迎銮图》卷（上海博物馆藏）和颂扬高宗应祯继位的萧照（传）《中兴瑞应图》卷（天津艺术博物馆藏）、《中兴祯应图》卷等。"①

四是出现了绘画世家。如马兴祖及其子马公显、马世荣，以及后来延续至马逵、马远、马麟等子孙的马氏，李安忠、李公茂的李氏，李迪、李瑛、李璋、李德茂的李氏，苏汉臣、苏焯、苏晋卿、苏坚的苏氏，等等。这种家族职业相沿的情况，是否反映出画师在当时已是人乐为之的一种职业？

五是待遇优厚，帝王赏赐有加。24位画师中，基本上都有待诏、祗候、副使、承务郎、成忠郎、承直郎、迪功郎之职，其中14位被赐金带。这种多人授官职、被赐金带的恩赏，即使在宋徽宗的宣和画院里，也是比较少见的。

绘画创作之外，画师还有收藏、鉴赏历代绘画作品的任务。南宋立国初期，由于金人的大肆掳掠和战火的波及，原先宣和内府所藏之法书名画多已无存。宋高宗对书画艺术情有独钟，宋金战事也没有阻碍他的鉴藏活动。据《南宋馆阁续录》卷三中的著录，当时已有1000余件历代名画。在书画收藏的过程中，辨识、鉴定其真赝、流传、作者、年代、笔墨、品藻等等，俱需专才，画师之中自不乏人。前已述及之马兴祖，常在宋高宗获得名踪卷轴时，受命辨验真赝。

三、宋高宗与李唐的交往

在建炎、绍兴年间的宫廷画师里，李唐是备受宋高宗宠遇的。《画继补遗》记载："予家旧有唐画《胡笳十八拍》，高宗亲书刘商辞，每拍留空绢，俾唐图

---

① 余辉：《南宋画院佚史杂考二题》，《美术观察》1996年第9期。

画。"①现存的《晋文公复国图》，也是宋高宗题字，李唐作画。

据《南宋院画录》辑录当时有关书籍的记载，宋高宗在李唐的多幅画作上都有御题：

> 李唐《山阴图》，宋高宗跋；《王子猷雪夜访戴图》《寒江渔艇图》，宋高宗跋；《江山胜景图》，前元人跋；《雪坞幽居图》，宋高宗题。（《南阳名画表》）
>
> 李唐《风帆图》团扇，绢本，淡色。江山松石，三舟挂帆，中流乘风。"潮平两岸阔，风正一帆悬。"宋孝宗对题。描金云龙圆笺，朱文"御书之宝"。竹居、侠如、士介，三印。
>
> 张昱题李唐《香山九老图》，有宋高宗御题二律诗："两疏谁是见机还，终始君臣似此难。宸翰昭回云汉上，衣冠仿佛画图间。常时九老琴尊会，尽是同朝鸳鹭班。风采拜辞云陛下，白云千载在香山。"（《张光弼诗集》）
>
> 刘因题宋高宗题李唐《秋江图》诗："秋江吞天云拍水，涛借西风扶不起。断云分雨入江村，回首龙沙几千里。澹庵老笔摇江声，仿佛阿唐惨淡情。千秋万古青山恨，不见归舟一叶横。"（《静修集》）
>
> 李唐画、宋高宗题："恩沾长寿酒，归遗同心人。满酌共君醉，一杯千万春。"赐王提举，并赐长寿酒。（《珊瑚网》）
>
> 李唐《袁安卧雪图》，宋高宗跋。（《南阳名画表》）②

此外，《图绘宝鉴》《妮古录》《清河书画舫》等书也多有此类记载，如：

> 李唐……善画山水人物，笔意不凡，尤工画牛。高宗雅爱之，尝题《长

---

① 〔元〕庄肃：《画继补遗》卷下，中国美术论著丛刊本，人民美术出版社1963年版，第18页。

② 以上数条分见〔清〕厉鹗：《南宋院画录》卷二，于安澜编《画史丛书》第四册，上海人民美术出版社1962年版，第9、13、15、20、21页。

〔南宋〕李唐《乳牛图》，绢本设色，46.4厘米×62.5厘米，台北故宫博物院藏

夏江寺卷》上云："李唐可比唐李思训。"①

宋高宗题李唐画："月团初碾沦花瓷，啜罢呼儿课楚词。风定小轩无落叶，春蚕相对吐秋丝。"②

李唐……所制《长夏江寺图卷》古雅雄伟，今在吴郡朱氏。前有高宗御题，后有开封赵与懃印，真笔，妙品上上。③

李唐得幸于宋高宗，有多方面的原因，比如一般意义上的共度危难而至临安的君臣间的惺惺相惜、宋高宗本人的书画爱好，以及李唐在宣和画院时"趋事"康王府的前缘、李唐"在宣、靖间已著名"的声望等等。但是最主要的原因，还在于李唐绍兴年间的绘画创作业绩，既有内容上的合乎圣意，更有笔墨技法上的成就。

① 〔元〕夏文彦：《图绘宝鉴》卷四，于安澜编《画史丛书》第二册，上海人民美术出版社1962年版，第100页。

② 〔明〕陈继儒：《妮古录》卷三，《丛书集成初编》本，商务印书馆1937年版，第34页。

③ 〔清〕张丑：《清河书画舫》卷一〇上，四库本，第817册，第397页。

第五章　水墨淋漓的图卷

来到杭州的李唐，结束了颠沛流离的奔徙，有了稳定的生活和安定的创作环境。而帝王的恩被与鼓励，更使他焕发了艺术创作的生机和活力。

借历史图景以宣帝王心迹

在当时那样的社会氛围里，李唐作为一位宫廷画师，创作为宋高宗时政所需的作品，自是顺理成章的事。存世画迹中的《晋文公复国图》被传为李唐作品，《采薇图》被认定是李唐作品。这两件作品代表了李唐人物画的成就。

《晋文公复国图》（绢本，水墨设色，29.4厘米×827厘米，藏美国纽约大都会博物馆），描写的是春秋时期晋公子重耳及于难，奔走于外，经历了狄、卫、齐、曹、宋、郑、楚、秦，历19年，备受艰辛，最后回到晋国，夺得政权，成为"春秋五霸"之一的故事。现存的画有六段：

第一段，重耳逃到宋国时，"宋襄公赠之以马二十乘"。

第二段，重耳逃到郑国，郑国国君郑文公不愿接待他，画的是郑国大夫叔詹劝谏郑文公以礼相待，而郑文公不听劝告的情节。

第三段，重耳逃到楚国，楚国国君热情接待，并派军车送重耳去秦国的场面。

第四段，重耳逃到秦国，秦国国君将五个女儿嫁给重耳。画上五女争相服侍重耳，为之"沃盥"。

第五段，鲁僖公二十四年（前636）春正月，重耳即将回到晋国，到了黄河边，跟随他共患难的舅父子犯（狐偃）献璧给他，要求告辞。重耳知其意，发誓和子犯同心同德。

第六段，重耳接管了晋国军队，进入曲沃城，"朝于武宫"。

画是连环式的。每一段都有树石、车马、房屋作配景，每一段都有赵构亲书的《左传》文字。

这件作品因其内容而被后世推崇："此图的'箴规'作用，一看便可明白，乃激劝宋代君臣，不怕艰苦、不计荣辱，为复国而努力。……北宋末年，赵构艰苦经历就颇类重耳。……此图从选题到取材、画面的取舍，都能体现出李唐的用心。"①

古人也多有从思想内涵、笔墨技法上予以肯定的：

> 李唐《晋文公复国图》一卷又一卷，高宗题，并三御玺。人物树石，绝类伯时，寻常李唐为院画忽之，乃知名下无虚士也。②

〔南宋〕李唐《采薇图》（局部），绢本设色，全图27.2厘米×91.0厘米，故宫博物院藏

李唐《晋文公复国图》上卷，一名《晋公子奔狄图》，赵松雪有诗，附录于此："……阽陧居蒲日，艰难奔狄时。天方兴伯者，数子实从之。岁久丹青暗，人贤简册悲。至今绵上路，犹忆介之推。"③

---

① 陈传席：《李唐研究》，《陈传席文集》（2），河南美术出版社2001年版，第561页。以上六段画卷的内容介绍，亦采陈传席此文之说。

② 〔南宋〕周密：《云烟过眼录》卷一，四库本，第871册，第47页。

③ 〔明〕张丑：《清河书画舫》卷一〇上，四库本，第817册，第398页。

《采薇图》（绢本，设色，27.2厘米×91.0厘米，藏北京故宫博物院），描写伯夷和叔齐隐于首阳山，"采薇而食之"，宁可饿死也不食周黍的故事。在中国的文化传统里，这是一个关乎气节的题材。画中山石上有"河阳李唐画伯夷叔齐"款。

> ……画面不选伯夷、叔齐互相推让王位和"叩马而谏"阻武王伐纣的场面，而选夷、齐"隐于首阳山，采薇而食之"的场面，正如宋杞的跋语谓："意在箴规，表夷、齐不臣于周者，为南渡降臣发也。"其箴规用意及表现李唐本人气节，是显而易见的。
>
> ……………
>
> 据《画继补遗》记载，李唐还画过《胡笳十八拍》。这是汉末蔡文姬的故事……它反映战争给人民带来的苦难。这种苦难现象在北宋、南宋之际最是屡见不鲜，连皇帝都被俘往北国，大批的画家、伎艺、文人学士等等被拘往北国，他们怎能不思念家乡？他们怎能不用自己的笔描写自己的心境？所以《胡笳十八拍》或《文姬归汉图》在当时画者特多。……大抵皆是受李唐的影响，也反映了当时人们的共同心境和思想倾向。①

对于这一类作品，简单地说，我们可以判定为李唐具有强烈的爱国思想，甚或可以理解为是在借重耳、伯夷和叔齐以激励宋高宗收复中原的宏图大志，正如上引古今相关评论。但是笔者更倾向于认为：此均为奉诏应制之作，意不在"箴规""托意规讽"，而是在歌颂；不是借重耳、伯夷和叔齐以激励宋高宗，而是直接把宋高宗比作了这些历史人物，歌颂他的中兴之业绩、不食"金"黍之"气节"。我们不能以今人的认识和眼光去衡量和要求古人。就宋高宗而言，这位今人眼里的"偷安之君"，在当时则是至高无上的帝王，中兴复国、承续了大宋江山的功臣，将南宋臣民从金人的铁蹄之下、战火之中拯救出来的救世主。

---

① 陈传席：《李唐研究》，《陈传席文集》（2），河南美术出版社2001年版，第561、564页。

抗金与称臣的激烈对抗是整个南宋共同关注的重要事件，"战"与"和"之争一直发生在文臣武将的辩论里。所有这些，都可能会在李唐的心中暗潮涌动，却不会出现在他供奉圣上的画作里。

安乐的牧歌

据画史画论文献记载，李唐画了不少表现南宋时期时局太平、民生安乐的作品，如《春社醉归图》《春牧图》《村庄图》之类，当属李唐最晚期的作品。今日论者多批评李、马之流不合实际地粉饰太平，其实南宋统治者虽然剥削、压榨人民，但比较而言，南宋绍兴中后期和宋孝宗时的经济还是不错的。经过宋高宗、宋孝宗两朝，南宋统治下的人口由 1984 万增长到 2850 万，这个事实便是明证。北方的战争使一部分人民，尤其是具有一定生产技术的手工业者流入南方，不仅充实了南方的劳动力，也给南方带来了新技术，所以南宋朝廷还算富裕。这不仅在画家笔下有所反映，在诗人笔下也有提及。如常见的陆游"莫笑农家腊酒浑，丰年留客足鸡豚"，辛弃疾"稻花香里说丰年""酿成千顷稻花香"等皆然。

牧牛题材图在李唐的作品里大量出现，《清河书画舫》称：李唐"尤工画牛，得戴嵩遗法"[1]。《画继补遗》则称：李唐"善作山水人物，最工画牛"[2]。

李唐的这类作品现已不可多见，在元、明人的著述中，可以看见不少记载：

> 李唐《春牧图》，牛欲前行，童子力挽之，势甚奇。内写二大树苍然。（《东图玄览》）
>
> 李唐《风雨归牛图》绢画一幅，一株点叶树，为风雨将吹倒于地，有一牛乘顺风而奔，气韵如真，为神品。惜上面残破。此图得之敬枢兄，时己卯正月二十一日。（吴其贞《书画记》）

---

[1] 〔明〕张丑：《清河书画舫》卷一〇上，四库本，第817册，第397页。
[2] 〔元〕庄肃：《画继补遗》卷下，中国美术论著丛刊本，人民美术出版社1963年版，第8页。

李唐《牧牛图》，绢画一幅，树下有水牛欲右行，而牧童欲牵左转，两下努力相持，使观者亦自费力。得于绍兴李氏。（吴其贞《书画记》）

任士林《李唐春牧图诗》："春气熏人未耕作，江草青青牛齿白。牛饥草细随意嚼，老翁曲膝睡亦着。蓬头不记笠抛却，午树当风梦摇落。梦里牛绳犹在握，昨夜囤头牛食薄。"

袁桷《李唐牛诗》："穤稄原空蟋蟀吟，秋来乞得自由身。平芜又见鳞鳞绿，复与田翁共苦辛。"（《清容居士集》）

于立《题李唐牧牛图诗》："雨足秧田放牧时，溪南溪北草离离。长歌扣角无人听，闲卧斜阳把笛吹。"（《玉山草堂雅集》）

朱德润《李唐村社醉归图诗》："村南村北赛田祖，夹岸绿杨闻社鼓。醉翁晚跨牸牛归，老妇倚门儿引路。信知击壤自尧民，季世龚黄不如古。披图昨日过水南，县吏科徭日旁午。"（《存复斋集》）

尊生斋收《桃林纵牧》小幅，李晞古笔。不知者谓为戴嵩，殊可笑也。（《清河书画舫》）①

从这些记载来看，李唐的《春牧图》《风雨归牛图》《牧牛图》《村社醉归图》《桃林纵牧图》等画作里，端的是一派安逸和乐的太平盛世之景：画里有曲膝酣睡的老翁，"蓬头不记笠抛却，午树当风梦摇落"；有"长歌扣角无人听，闲卧斜阳把笛吹"的自在的牧童；有在老妇的倚门而望中靠儿子引路、由牸牛驮着醉归的老汉；有雨足秧田，溪草离离，绿杨夹岸，社鼓相闻，生动地展现了农家的闲适和淳朴。联系李唐存世画作如《灸艾图》中栩栩如生的灸艾场面和人物形象，可见这一类创作是画家贴近当时乡村生活、细致观察之后的作品。

南宋绘画中，反映社会风俗和百姓生活的画作大量涌现，许多画家如李唐、李嵩、苏汉臣等在这方面取得了出色的成就。他们创作的《货郎图》《卖浆图》《沽酒图》《婴戏图》等，反映了当时都市和乡村生活的方方面面，成为南宋绘

---

① 以上诸条分见〔清〕厉鹗：《南宋院画录》卷二，于安澜编《画史丛书》第四册，上海人民美术出版社1962年版，第9—21页。

画的一个特色，对后世产生了极大影响。

就当时李唐等人的宫廷画师身份论之，这样的创作是否可以表明是朝廷对社会和民生的关注和作为？画师们的这些创作是否具有采风的工作性质？这些画作是否具有"新闻播报""社会实录"的职责而为帝王提供写实性的报告？我们是否可以设想，从覆国的剧变和惨痛中一路颠沛流离走过来的宋高宗，看到自己的臣民有如此安乐的生活，联想到自己一手建立的帝国终于经营出如此斜阳牧歌的升平之景，会是怎样的一种感慨和欣喜？李唐们的耿耿忠心、勤勉效劳和从民间带回来的美好景象，自然令宋高宗满意而倍加赏爱。

风格之变

山水画是李唐绘画创作中，取得重要成就、深得画史赞赏的一个门类。中国山水画发展至南宋，出现了一个重大变化，那就是在北宋以前细致刻画自然景色的传统上，进一步摆脱全景式布局，而着意于表现富有感情色彩和浓郁诗意的山水形象，舍重彩华丽的青绿山水而一变为水墨淋漓、健笔皴擦的画风，形成特色鲜明而又影响深远的院体画派。"山水，大小李一变也，荆、关、董、巨又一变也，李成、范宽又一变也，刘、李、马、夏又一变也……"①在这种发展的趋向中，李唐具有开创地位，刘松年继之，至马远、夏圭而臻成熟，因此，他们在画史上被合称为"南宋四家"。

从单幅的作品来看，《万壑松风图》无疑是李唐山水画的代表作。但就其山水画创作的总体成就及其对中国绘画史的贡献而言，则南渡以后的作品风格之变，更具价值和意义。如《格古要论》认为："李唐善山水，初法李思训，其后变化愈觉清新，多喜作长图大障，其石大劈斧皴，水不用鱼鳞谷纹，有盘涡动荡之势，观者神惊目眩，此其妙也。"②

李唐前期的画作虽有很高的艺术水平，但尚未开南宋一代画派的崭新面貌。

---

① 〔明〕王世贞：《弇州山人四部稿》卷一五五，四库本，第1281册，第489页。
② 〔明〕曹昭：《格古要论》卷上，四库本，第871册，第92页。

〔南宋〕李唐《清溪渔隐图》（局部），绢本水墨，全图25.2厘米×144.7厘米，台北故宫博物院藏

最能代表他个人开宗立派特征的画，即今日尚可见到的南渡以后《清溪渔隐图》《采薇图》中的山水部分，画风由繁密而趋简练，由浓重而趋清淡，与北宋时的作品相比，变化还是明显的。仅从构图来看，从《万壑松风图》的全景式构图，到《江山小景图》的半边构图，直至《清溪渔隐图》的截景式构图，能看出此中变化。至此，彻底变革了荆浩、关仝等北宋山水画的构图法，直接开启了其后马远、夏圭一角、半边局部取景布局的全新章法，极具创意。这也许表明，李唐在发觉自己作品"不入时人眼"之后，作出了一些修正。这种修正当然不是"多买胭脂画牡丹"，而是在坚持自己一贯画风的前提下，结合临安的真实山水所作的笔墨变化。后来的事实已经证明，李唐的修正，也就是所谓的"一变"，十分成功。他既没有媚俗，又使自己的作品为时尚所接受，并且成为一代画风的开路者。因此，李唐的这"一变"，变出了一个大师级的画家，意义重大。

　　总之，李唐的画作愈到后期愈显示出画家的内在气质和精神状态。元人饶自然《山水家法》评曰："李唐山水，大劈斧皴带披麻头各笔，作人物屋宇，描画整齐，画水尤觉得势，与众不同。南渡以来，推为独步，自成家数。"①可谓是对李唐绘画创作的总结和评价。

---

① 〔清〕厉鹗：《南宋院画录》卷二，于安澜编《画史丛书》第四册，上海人民美术出版社1962年版，第7页。

李唐山水画风格变化的原因，与其晚年生活经历、生活环境以及绘画创作氛围的变化有关。

陈传席在探讨李唐南渡行走路线时，对李唐当时的生活状况有一个推断：

> 李唐南渡，不像秦桧那样，有金人准备好了的一套舟楫，"自燕至楚二千八百里，逾河越海"（见《宋史》卷二六）。李唐不但没有舟楫，亦无随身干粮（纵有亦无法背运）。他不但要步行，还要背着"行囊"，携带"粉奁画笔"，步行是极慢的，从北国至南国，跋山涉水，越河渡海。他既背着"粉奁画笔"，可以想见他是边走边靠卖画为生的，否则他是无法活下去的。因而，我们可以推知，他的画风的改变就在此时，因为他要靠卖画为生，当时的动乱社会，他的画不可能太贵，他必须多画，如果还像他在北宋宣和画院那样画工整严谨的画，再涂上青绿颜色，再勾金，长期作业，逾月一幅，且耗费太多，他的生活将无从着落。他必须放快速度，侧笔横扫，且不能再用复杂的颜料，也不能再作如北宋时那样三拼大幅，只有这样，他才能多画多卖（李唐后期的画总不像前期那样宽绰，幅度越来越窄，前期的《万壑松风图》纵188厘米，横139.8厘米，后期的《采薇图》不过纵27厘米的小卷，《清溪渔隐图》不过纵25厘米。后期即使画长卷，也很简练，幅度不宽）。[①]

当时实际的情形虽不可详知，但李唐在南渡路上如若真有山水画创作的话，陈传席的这个推断是有合理性的，而且对李唐南渡后画风的转变，也是一个可能的来自实践的影响因素。

李唐由北而南的生活环境的变化，也是一个重要的影响。

对于这一点，彭亚从李唐的家乡河阳所在的孟州与杭州一带江南山水的比较中，详尽分析了其中的不同及对李唐山水画创作的影响：

---

① 陈传席：《李唐研究》，《陈传席文集》(2)，河南美术出版社2001年版，第553页。

太行山雄伟博大的气势，会让每一位有艺术灵性的人产生震撼。太行在山西与河南交界的地段，最为壮观……地壳运动把这些山峰一分两瓣，一瓣突起，一瓣下陷，突起的山壁直直地耸立在天地之间，就是人们常常形容的"太行铁壁"。……面对这种岩石地貌，线皴已经表达不了画家的感受，表现不出山石的质地，所以，李唐创斧劈皴来表现山石的结构①，是十分自然的事情。艺术虽然不能作地理志，但自然环境对艺术风格影响则是必然的，李唐《万壑松风图》表现的正是这种地质地貌。……北方气候干燥，能见度高，自然就创作出深远、高远景象。到江南后，周围的山峦是平缓的，气候是湿润多雨雾的，自然就画出淡墨清岚、烟雨朦胧的景色了，正是"烟雨楼台晻霭间，画图浑是浙江山"。②

正是如此。杭州一带的山峦，是一派山势平缓、连绵起伏的江南丘陵格局，既割不断它的浑然一体，也难以取出断然独立、峰回路转的一个主峰来作全景式的描摹。深入山中，却会发现有取之不尽的由山岚浮动、林木葱郁、山石湿润、溪涧清冽组合而成的佳妙山景，以及江河湖泊之际坡石汀渚、柳岸苇舟的激滟水色。其苍翠、清新、空蒙、灵秀的江南烟雨云水气质，足以构成一幅幅画面灵动、意境清幽的小品，让人与其面对时，仿佛即可呼吸到山林吐纳的气息，触摸到湖水温婉的波澜。这样，就有了董源"峰峦出没，云雾显晦，不装巧趣，皆得天真；岚色郁苍，枝干劲挺，咸有生意；溪桥渔浦，洲渚掩映，一片江南"③的"平淡天真"之山水佳作。到了杭州的李唐，身处如此的环境，面对这样的山水，真是不变也难。

此外，杭州甚至浙江、江南地区有不同于北方的绘画创作氛围和传统，这

---

① 笔者按：彭亚此处谓李唐以斧劈皴表现北方山水，笔者引陈传席对李唐皴法的分析以详论之："李唐在山石皴法上，融合诸家技巧，达到完整统一的效果。坡石坡面，运用劲峭的小斫笔、长钉皴，坡脚间夹杂刮铁皴与豆瓣皴，颇富变化。石头正面用钉头皴，斫出四面，有纹理结构和石体质感。山峰上端用长钉皴，中部夹解索皴，中下端创用马牙皴，格外显出整个山体端庄伟岸的雄姿。"

② 彭亚：《论影响李唐绘画风格的潜在因素——兼与陈传席先生商榷关于李唐研究的几个问题》，《南京艺术学院学报》2003年第2期。

③ 〔北宋〕米芾：《画史》，四库本，第813册，第6页。

可能也是一个重要的影响。

《西湖游览志余》引唐文凤《跋马远山水图》云："自史皇作画，创制六法，下逮秦汉间，混朴未散，古质尚存。唐以下，则人文日滋，新巧杂出。所谓上古之画，迹简而意澹，中古之画，细密而精也。至唐王泼墨辈出，扫去笔墨畦畽，乃发新意，随赋形迹，略加点染，不待经营而神会天然，自成一家矣。宋李唐得其不传之妙，为马远父子师。"①

此处所称之王泼墨，当指唐代画家王默。

王默（生卒年、籍贯不详），又作王墨、王洽。因其早年曾随郑虔学画，后来又师法项容，故可能即是浙江天台地方人士。

王默无论生平，还是绘画，都具传奇色彩。如《历代名画记》言其于贞元末殁于润州，"举枢若空，时人皆云化去"②。平生嗜酒，大多数的日子里居无定所，遨游于江湖之间。他善画水墨山水，故时人又称其为"王泼墨"。作画也是别有奇法："每欲作图画之时，必待沉酣之后，解衣磐礴，吟啸鼓跃，先以墨泼图幛之上，乃因似其形像，或为山，或为石，或为林，或为泉者，自然天成，倏若造化。已而云霞卷舒，烟雨惨淡，不见其墨污之迹，非画史之笔墨所能到也。"③更有甚者，他还"以头髻取墨，抵于绢素"④。画法虽然狂放怪异，然而对山水景物的观察体验，却又十分重视和细致。传说他为观察海中山水，曾请求担任海中都巡。任职半年后辞去，从此"落笔有奇趣"。作品据《宣和画谱》著录，有《严光钓濑图》《奇松图》两幅。

对王默的画，评价不一。张彦远认为"虽乏高奇，流俗亦好"，"余不甚觉默画有奇"。⑤《宣和画谱》则谓其"自然天成，倏若造化"，"知洽泼墨之画为臻妙也"。⑥

唐文凤的说法，是有道理的。李唐虽不是如王默般的狂放之士，绘画也不

---

① 〔明〕田汝成：《西湖游览志余》卷一七，上海古籍出版社1998年版，第260—261页。

②④⑤ 〔唐〕张彦远：《历代名画记》卷一〇，于安澜编《画史丛书》第一册，上海人民美术出版社1962年版，第125页。

③⑥ 《宣和画谱》卷一〇，于安澜编《画史丛书》第二册，上海人民美术出版社1962年版，第104页。

是王默的泼墨之法，但在用水、用墨的淋漓多变和"自然天成，倏若造化"的境界上有会通之处。结合唐代浙江地区已然出现的水墨画创作传统和画派的情况，似乎可以对"南宋四家"水墨淋漓的绘画风格作一番追根溯源的探究。

唐代的浙江，从画家创作的层面来看，已经形成水墨山水的创作传统和画派。从郑虔、项容、王默、顾况、张志和、朱审直至辩才，以水墨尤其是墨色的变化写山摹水，是创作的共同特点。他们或为浙江本地人士，或为活动于浙地的官员、画家。他们之间或有师生的传授，或有画技的交流，发展脉络清晰，至王默、顾生而更成大泼墨山水的神妙境界。①

而在画家之外，王默这种取泼墨自然之象拾掇以成画作的画法，也已得到大众的欣赏，"流俗亦好"。不仅王默如此作画，其弟子顾生比之更为挥洒，"先布绢于地，研调采色，使数十人吹角击鼓唉叫。顾子着锦袄锦缠头，饮酒半醉，取墨汁写绢上，次写诸色，以大笔开决，为峰岳岛屿之状，曲尽其妙也"②。

这样主客观两个方面的结合，可见自唐代开始，水墨山水画就已经产生、流布于浙江，与董源的绘画同为一体，是江南画的重要组成部分。这种画风不仅与青绿山水迥然相异，且大有后来居上之势。从绘画史的发展来看，在中国传统绘画中占有重要地位的水墨山水画，它的起源和流绪，都与江南尤其是浙江关系密切。

无独有偶的是，李唐正是来到杭州之后，才发生了他绘画风格上的这种变化。当然，这种变化的原因，离不开他自身的艺术修养和探索、创新的勇气与能力，但是如从客观外在的方面去分析，浙江已有的水墨山水画传统，浙江烟雨朦胧、清润淡远的山川景致，浙江对于水墨山水的认可和接受，都是促成李唐山水画风格之变的历史机遇和必要条件。

---

① 关于这些画家的水墨山水创作及其互相之间的师承、交流情况，详见笔者拙作《浙江绘画史》，杭州出版社2005年版。

② 〔清〕孙岳颁等：《佩文斋书画谱》卷四八，四库本，第821册，第96页。

第六章　艺术价值和地位

李唐绘画与南宋画院

元人饶自然《山水家法》称李唐"作人物屋宇，描画整齐，画水尤觉得势"，"南渡以来推为独步，自成家数"。[1]这是对李唐绘画创作的一个全面的评价。

就山水画而言，陈传席提出了一个"南宋山水画系无旁出"的观点：

> 南宋画院复置时，原北宋画院的画家回到画院者不是太少，但其中年纪最大、水平最高的当首推李唐。再加上宋高宗极喜李唐的山水画 ——这一条恐怕有决定作用。无疑，李唐的画就成为画院画家们临摹的典范，而李唐也将成为新入画院画家的拜师对象。南宋画院一直没有输入更优秀的山水画时，李唐和他的画就成为惟一的宗师。第二代的画家全是崇师李唐的，无疑第三代又是李唐的再传，第四代又是李唐第三代的再传，其中虽有变化，但终不出李唐法门。……李唐画系，支配南宋一代，系无旁出，正是那个时代的特有产物。[2]

---

① 〔清〕厉鹗：《南宋院画录》卷二，于安澜编《画史丛书》第四册，上海人民美术出版社1962年版，第7页。

② 陈传席：《李唐研究》，《陈传席文集》(2)，河南美术出版社2001年版，第585—586页。

其依据是因为北宋末年所有的画作全被金人掳掠，没有一张画留给南宋小朝廷。南宋时代如果还有北宋及以前的绘画的话，那只能是民间收藏品，数量是极少极少的。南宋画院既然没有历代绘画遗品，那就失去了画家临摹学习的典范。而中国绘画向来重视传统，以"传移摹写"为先，在失去了作为临摹典范的传统绘画情况下，南宋画院的山水画家只好向李唐学习。

今天看来，作为南宋院体山水画重要标识的局部构图、斧劈皴等等，都创自李唐，对南宋山水画确实影响巨大，传承者除人们熟知的刘、马、夏外，在现今可见的众多佚名的南宋山水画作中，也可以看到这种面貌。

山水画之外的其他画科，也有相似的情形。以李唐擅长并知名的牧牛题材图为例，《画继补遗》记："阎次平……写山水、水牛，仿佛李唐。"[1]《图绘宝鉴》记："阎次平……画山水人物，工于画牛。次平仿佛李唐。"[2]阎次平是绍兴年间画院待诏阎仲之子，他的画虽不及李唐，但从现存的阎次平《牧牛图》看，画的牛形象精确，神态逼真。陈衍题阎次平《风林放牧图》云："宋时朱羲、祁序与李唐，皆工画牛，得荒闲野趣。右树木笔墨绝似李，而坡石皴法又不类，传云'次平学李唐，而工画牛'，得无是耶？凡鸟兽皆迎风立，画上树叶离披，老牧掩面支策，牛独举首，掀鼻当风，其神情融景会趣，盖善得物情，非徒粉绘也。"[3]

但是，说"李唐画系，支配南宋一代，系无旁出"，则似太过绝对。

一是南宋画院不是没有绘画遗品。对此前文已有详述，宋高宗经苦心搜寻，积累了一定数量的历代法书名画，检阅《南宋馆阁录》《南宋馆阁续录》二书，有多处说及南宋高宗、宁宗等朝的书画收藏情况。

如不知撰者姓名的《南宋馆阁续录》卷三《储藏》记载：

---

① 〔元〕庄肃：《画继补遗》卷下，中国美术论著丛刊本，人民美术出版社1963年版。

② 〔元〕夏文彦：《图绘宝鉴》卷四，于安澜编《画史丛书》第二册，上海人民美术出版社1962年版，第102页。

③ 〔清〕厉鹗：《南宋院画录》卷四，于安澜编《画史丛书》第四册，上海人民美术出版社1962年版，第68页。

山水窠石一百八十一轴：李昭道避暑宫一，王维山水二，韦偃松二，孙位雾锁山寺图一，张璪松石一，关仝山水三、窠石二，唐希雅竹石图一，厉归真秋塘图一，李升山水二、峨眉寿山图一、青城寿山图一，郭将军窠石一，荆浩山水二、江村早行一、江村忆故图一，蒲宗训山水三，孙可元山水图一，宋珏山水一，程坦山水二，陈旸古松二，张举山水四，李茂雪景二、学董源小寒林二，李公年桃溪春色一，黄筌秋塘图一、水墨湖滩风竹二，符道隐山水二，范宽山水十、岩岫兴云图一、河山图一、寒林一、雪景三、冬景山水一、雪景山水二、雪山二，王端松轩图一、才子渡寒林一，许道宁山水七、寒林六、寒江晚渡一、窠石二、夏山图二、太华中条终南紫阁四、山四、秋江野渡二，董源山水七、寒林二、着色庐山图三、窠石一，巨然山水八、秋山一、万壑松声图一，郭熙山水三、寒林二、秋景一，崔白山水一、风雨图一，李成山水四、雪猎图二、小雪图三、大寒林四、江南避暑图一，文全寒梢一，王士元晓云出溪一，燕肃山水二、寒林五、长春图一，燕文贵山水四、屋木山水一，王侁着色山水一，宋复古风雨松图一，士雷小景一，宗妇曹氏蓼岸图一，吴元瑜秋汀图一、夏岸图一，赵大年小景四、云溪图二，郭忠恕避暑宫一。不知名氏者一十五轴：山水六，楼观山水二，水墨风雨山水一，学高克明山水二，学范宽山水一，学巨然山水一，雪山二。①

其中大都为画史留名的著名画家如王维、关仝、范宽、董源、巨然、李成、燕文贵等人的作品。加上同书记载的其他画作，如宋徽宗御画14轴，宋徽宗御题画31轴、宣圣像4轴、道佛像173轴、古贤像61轴、鬼神38轴、人物139轴、不知名氏21轴、杂画10轴，不知名氏5轴、花竹翎毛311轴、畜兽117轴，不知名氏14轴、虫鱼19轴，共计1100轴左右。这样的规模，如若暂且按下质量不表，仅从数量言之，与宋徽宗列"十四门总一千五百件"的《宣和睿览集》，也是有得一比的了。

①〔南宋〕佚名：《南宋馆阁续录》卷三，四库本，第595册，第478页。

二是当时南渡过来的除李唐外，在北宋时同为宣和画院画师者，据《图绘宝鉴》记载，一共是13名。其中不乏李迪、李安忠、苏汉臣等名家，山水方面则有杨士贤、朱锐、张浃、顾亮等：

> 杨士贤，宣和待诏，绍兴间至钱唐，复旧职，赐金带。工画山水人物，师郭熙，多作小景山水。林木劲挺，似亦可取。
>
> 朱锐，河北人，宣和画院待诏，绍兴间复职，授迪功郎，赐金带。工画山水人物，师王维。尤好写骡纲、雪猎、盘车等图，形容布置，曲尽其妙。
>
> 张浃，宣和画院待诏。画人物山水，师郭熙。绍兴间复官，赐金带。
>
> 顾亮，宣和待诏。师郭熙，画山水人物。与张浃同流落江左，宫观寺院，画壁糊口。绍兴间复职，赐金带。[①]

这些画师今天看来虽无煊赫名声，但在当时能够进入宣和画院，也绝非等闲之辈。而且就是在绍兴画院，也多有被赐金带者，自非俗流。他们各自都有自己的师承，如王维、郭熙、家传等等，自然不可能只唯李唐之作是摹。

三是当时画院风格多样，不可能"系无旁出"。据《图绘宝鉴》的记载，其时山水、花鸟、人物、佛道、鬼神、畜兽、骡纲、雪猎、盘车等题材的多样不必说，界画、工笔、青绿等形式上的多样，曲折、烦冗、谨密等布局上的多样，劲挺、富丽、精致等风格上的多样，即使只看以上这几位画师，已经就有许多的不同，更遑论绍兴以后那么多的画师了。

四是李唐自己也是风格多样的。南渡以后李唐画风如上所述的变化，是其山水画创作的新风，但并不能表明李唐只有这一种画法。其实宋高宗题了"李唐可比唐李思训"那句名言的《长夏江寺图》，就是一幅青绿设色的山水画，由此起码可见宋高宗此时雅爱的，是李唐的青绿山水，同时是以中国青绿山水的代表人物李思训为标准来衡量和评价李唐的。因此，我们还不能凭此推出因为宋高

---

① 以上所引均见〔元〕夏文彦：《图绘宝鉴》卷四，于安澜编《画史丛书》第二册，上海人民美术出版社1962年版，第101—102页。

〔南宋〕李唐《长夏江寺图》（局部），绢本设色，全图43.8厘米×246.2厘米，故宫博物院藏

宗推重李唐，而使李唐的新式山水在画院里成了代代传承的范式，"系无旁出"。

身后传承

李唐的绘画艺术在当朝及其后世，都受到人们的肯定，作品成为收藏的珍品。举例而言，据《南宋院画录》引《书画汇考》的记述，宋宗室赵与懃家中，就藏有李唐的《长夏江寺图》《晚霞横月图》《清晓卷舒图》《烟林春牧图》《江堤呼渡图》《江天暮雪图》《列子乘风图》《采薇图》《贺监游湖图》《雪溪停棹图》《卢仝烹茶图》等多幅作品。

在《书画记》《妮古录》及《画法年纪》等书中，还可以发现一个有趣的现象，就是李唐的作品，多为江南人尤其是浙江本地人收藏：

松郡顾光禄家藏李唐画《月团初碾沦花瓷对图》。（《妮古录》）

李唐《高士鼓琴图》绢画一幅，一人坐古木下，对泉鼓琴，觉泉音琴声在耳，神品也。上有项墨林鉴赏图书。观于嘉兴守李公署中，甲午三月九日。（吴其贞《书画记》）

李唐《枯木寒鸦图》绢画一卷，画法荒秀，草中尚有剩雪，盖得雪景真意，为妙品。卷后沈麟题。又附宋昌裔《秋风诗》一首。在杭州六月望，

观于绍兴吕锦城手。(吴其贞《书画记》)

李唐《夜游图》大绢画一卷,画法高简,树木特胜,墨色淋漓,气韵浑厚,神品也。观于扬州王晋公寓舍。(吴其贞《书画记》)

李唐《万松宫阙图》,绢画一大幅,画群松于壑内,两边斗立方块峻峰,左低而右高。左有水流,下松壑而出;右有水流,下宫阙而出。下段石坡,皆为斧劈皴;上段峰头,盖用侧笔直皴。画法清润,结构高妙,为李之神品。在杭城得于绍兴王氏家人手,己酉十二月三日。(吴其贞《书画记》)

李唐《雪溪捕鱼图》绢画一幅,运笔苍健,气韵生动,为宋代神品。观于绍兴朱九老家,辛亥五月之望。(吴其贞《书画记》)

张宁《李唐画卷跋》:"嘉兴通判易公所藏李唐画卷,山水疏廓,树石淹烂,峰峦径路,林桥野屋,蓊郁苍茫,得沿洄起伏近远之势。其间人物境界景色,耕樵渔叟,凫鹭汀沙,上下相映,展玩间欲使人忘其为画。但笔意甚远,而楮墨不周,恐有断裂不完,非全稿也。予尝见唐画浅色山水,皴法有抹断而无皴纹,用笔甚老简,人物却甚精到,对面欲语。高宗尝许其可比李思训,此则化小斧劈为皴,泉木皆相等,惟水涘侧笔,如飞白状,殊不侔也。岂自古名家,固多变笔,而不变法耶?"(《方洲集》)

对其作品的评价,也是比较普遍一致的赞赏之声。

吴其贞《书画记》称:"李唐《雪天运粮图》一小幅,画法纵横,草草而成,多得天趣,识三字曰'李唐画'。"

朱彝尊《曝书亭集》跋李唐《长夏江寺图》称:"观其画法,古雅深厚,宜为思陵所赏。卷首题曰:'李唐可比唐李思训。'按:宋人着色山水,多以思训为宗,盖春山薄而秋山疏,惟夏山利用丹墨,思陵比之思训,可谓知言也已。"

《元文类》引元代虞集跋李唐山水称:"此画乃直如书字,正得古象形之意,甚为可嘉。"

《画法年纪》引郭础跋李唐画称:"李唐画法,古厚中自有生气欲动,不必专以界画为工;后人则步步邯郸,虽以江南第一风流才子为之,犹有遗恨,况其下焉者乎,吾每欲为古人解嘲。"

邹迪光《石语斋集》跋李晞古《夷齐采薇图》称："评绘事者，谓宋之晞古，似唐之思训，而人物兼擅，画牛更精。此卷《夷齐采薇图》，二人对语，酷有生态。一树离奇偃蹇，一树叶欲脱不脱，信腕挥运，自生妙理，真大匠手也，当时之评，固无虚语。"

莫廷韩《莫廷韩集》跋李唐《关山雪霁图》称："李唐《关山雪霁图》一卷，人物树石，笔势苍古，冲寒涉险之态，曲尽其妙，非后人所能仿佛也。题款著枯干中，甚奇，精密几不能辨。此卷不经好事赏鉴，犹然泥沙。令入薛、米诸人手，必倾囊见珍矣。"

在董其昌的南北宗论中被列为南宗山水画派的文人画大家，以及他们交往圈中的文人、学士、道人、画家，如赵孟頫、唐寅、张雨、朱德润等等，也对李唐的绘画艺术有着由衷的欣赏与褒奖。例如对李唐的一幅名作《长江雨霁图》，以上诸人都曾或作诗或题跋，雅玩评赏：

张雨："日暮空林新雨过，茅堂咫尺寄岩阿。携琴若到王门去，输与寒江一钓蓑。"

朱德润："岩阿雨过绿生烟，江阔云低不夜天。岩石漫镌元祐字，画图犹记绍兴年。"

黄潜："长江雨霁见前山，老树如云苍莽间。景物壮年曾历览，白头奔走未知还。"

赵孟頫："李唐山水，落笔老苍，所恨乏古意耳。然自南渡以来，未有能及者，为可宝也。"①

从中国绘画发展的历史看，后世对李唐及其"南宋四家"艺术成就的传承，经过几个阶段的不同变化。

南宋以后，元初画坛以赵孟頫为代表的南方画家和以高克恭为代表的北方画家，一反南宋院画的风格，致力于从晋唐北宋的绘画传统入手，提倡"古意"，力行"书画同源"，直接将元画导向了文人画的轨迹，为元中后期以"元

---

① 以上所引均见〔清〕厉鹗：《南宋院画录》卷二，于安澜编《画史丛书》第四册，上海人民美术出版社1962年版，第10—24页。

四家"为代表的文人画的兴盛开启了先声。但是这些画家对"南宋四家"的艺术成就和绘画技法，并不都是彻底的否定和排斥，而且对他们的绘画技法，也多有学习借鉴。我们前面引用过的和后文将会引用的他们对"南宋四家"的赞誉，都可以说明这一点。

虽然元代的山水画坛是"元四家"一统天下，但在浙江，由于孙君泽等人的努力，南宋马、夏山水的遗风仍然得以延续，从而成为著名的浙派山水的先驱者。

孙君泽（生卒年不详），杭（今浙江杭州）人。元初画家，工山水、人物。学马远、夏圭，水墨苍劲，多作斧劈皴，为明代浙派所推崇的画家。传世之作有《荷亭消夏图》，笔法布局属马远的绘画风格，兼具界画楼阁的工整风貌。

从明代宣德开始，直至弘治时期，南宋院画风格逐渐在画院中占了主流。这一方面与画家的创作倾向有关，另一方面也在于帝王的提倡。比如明成祖是反感马、夏画风的，因此元画的风格是当时的主流。到了弘治年间，明孝宗却是喜爱南宋院画的，他就把自己最欣赏的画家王谔，比作了"今之马远"。这个王谔，是浙江籍画家，同为浙江画家的钟钦礼，也是出入于马、夏画风的一位名家。

钟钦礼[①]（生卒年不详），号南越山人，上虞人。为成化间蜚声画坛的宫廷画家。善画云山草虫，被画史誉为浙派后期的著名画家。明孝宗曾观其作画，十分赏识，呼为"天下老神仙"，钟钦礼遂以此刻制图章，佩而用之。钟钦礼在师法古人的同时，也颇重师法自然山水。他的家门正对南山，山上古松参天蔽日，垂荫翳翳。他每日都箕踞在古松之下，观赏玩味峰峦云气的变幻，从中参悟笔墨的表现方法。一到兴会得意之时，便起而奋笔作画。据《越画见闻》记载，当时流传的一幅作品《云山》，"云气浓郁中，若有天风冉冉，展玩间虽酷暑亦生凉"[②]。今观其《观瀑图》，确有一尘不到、酷暑生凉的境界。

王谔，字廷直，奉化人。弘治间以善画供奉仁智殿，深受宠遇，被明孝宗

---

① 〔清〕陶元藻《越画见闻》卷上称："钟礼，字钦礼。"于安澜编《画史丛书》第四册，上海人民美术出版社1962年版，第13页。

② 〔清〕陶元藻：《越画见闻》卷上，于安澜编《画史丛书》第四册，上海人民美术出版社1962年版，第13页。

称为"今之马远"。正德初年，授锦衣卫千户，明武宗还钦赐图书，荣极一时。

王谔山水宗法唐宋以来诸名家，尤以马远、夏圭为师，不仅得淋漓苍劲之致，在构图、树石、山峰、楼阁的描绘上，也多有取用之处。王谔还善以自然为师，举凡奇山怪石、古木惊湍之类，无不悉加临摹，尽得其妙。

王谔作品有《踏雪寻梅图》《月下吹箫图》《江阁远眺图》《溪桥访友图》《策彦归朝图》等。《江阁远眺图》（藏北京故宫博物院）右下部画面画近景中烟岚轻掩的山石江阁，左上部画面画远景中水汽氤氲的群峰与舟船，中景则是一片辽阔的江面。作者以江阁之上士子远眺的视线，将全图构成一个整体，虚实相间，空灵清幽。构图、意境以至树石之法，既可见马远的韵致，又有自己的创造，此图堪称代表作。

明代前期戴进等人力学李唐、马远、夏圭，卓有成就，影响甚大，从学者甚众，形成了画史上第一个以地区为名的画派——浙派。浙派乃是李、马、夏画派的延续，山水取法于李唐、马远和夏圭，多作斧劈皴，行笔有顿跌，有铺叙远近、疏豁虚明的特色。浙派山水以戴进为创始人，戴进技艺高超，追随者极众，逐渐形成一派。董其昌在《容台集》中说："国朝名士，仅戴进为武林（杭州）人，方有浙派之目。"①因他是浙江人，故名之为"浙派"。

在明代中叶之前，画家如陈景初、钟钦礼、王谔、朱端、陈玑、夏芷、方钺、王世祥等，都属浙派。其他如郭诩、杜堇、李在等，也具此派特点。明代中叶以后，吴门派兴起，浙派虽有郭岩、仲昂等继其画风，总已是强弩之末，难以与之抗衡。

戴进（1388—1462），字文进，号静庵，又号玉泉山人，钱塘人。出身于画工家庭，从小受到绘画艺术的熏陶。学画不久，随父被征，入宫作画。此时，他在绘画上的造诣已是非常全面，山水、人物、花草、瓜果、翎毛无不精通。其画山水画继承南宋水墨苍劲一路，受李唐、马远的影响较大，也吸收了董、范等诸家之长。

戴进的传世作品较多，许多作品如《春山积翠图》《风雨归舟图》《夏山避

---

① 〔清〕孙岳颁等：《佩文斋书画谱》卷一二，四库本，第819册，第384页。

暑图》《关山行旅图》等，铺叙远近，行笔顿挫，表现山石多用斧劈皴，水墨淋漓，足以代表他山水画的主要成就。《风雨归舟图》（绢本，浅设色，台北故宫博物院藏），用笔挺劲，虚实相间，着意于表现雨暴风狂的气势。略有院体遗风，更多的则是浙派山水的创新面目。

戴进的作品在明代即已享有很高声誉。《七修类稿续编》称其为"画中之圣"。《两浙名贤录》谓其"画集诸家之大成，山水、人物、花草、翎毛无不精妙。……晚年尤纵逸出畦径，自成一家，真皇明画家第一人，足以照映古今者也"①。《画史会要》赞为"真画流第一人也"。李开先《中麓画品》认为戴、吴山水，兼有"神、清、老、劲、活、阔"的特色，其大笔山水笔法纵横，妙理神化，一般山水也能传达"笔法简俊莹洁，疏俗虚明"或"含滋蕴彩""生气蔼然"之妙。就是认为浙派多"恶习"的董其昌，也很称赞他的作品。

明中期，吴伟、张路、蒋嵩等也力学李、马、夏，形成了"江夏派"，属浙派一路。

浙江之外，在明代文人画中心地区的江苏，画家们也受到李唐画风的影响。以唐寅为例，唐寅开始宗南宋院画的作品颇多，如《华山图》就以学李唐早期作品为基础。其他如《茅屋风清图》《雪山行旅图》《高山奇树图》《清溪松荫图》等画中的大小斧劈皴、坚实峭拔的山体、方硬的山石结体、奔流腾跃的山涧、飞流急泻的瀑布、山腰缭绕的白云，以及《函关雪霁图》中的雪景，都是李唐的手法。

明末董其昌提出山水画南北宗论后，以李、刘、马、夏为代表的南宋院体山水画遭到否定。其中的原因，一方面直接受累于它盛大的声名。在它巨大的从学队伍中，未免鱼龙混杂。一班附庸风雅之士，抑或技法粗疏之徒，既不能体会李唐等人的胸中丘壑，也没有严谨的笔墨。其中浙派后期和江夏派的一些画家，行笔粗莽，多有粗简燥硬的笔墨出现，被文人画家或崇尚文人画的评论家视为"徒逞狂态"的"邪魔""邪学"，成为明清鉴赏家、画家攻击南宋院体山水画和浙派粗狂草率的一种理由，以致其在画史上名声不佳。

---

① 〔明〕徐象梅：《两浙名贤录》卷四九，浙江文丛本，浙江古籍出版社2012年版，第1256页。

另一方面，明清文人画家、评论家也有他们自己的问题。这些崇尚以书法入画、以"墨戏"寄托"闲情逸趣"、以"利家"自居的人们，也有思想、识见的褊狭，我们大可不必将他们的言论都拿来奉为金科玉律。

〔南宋〕李唐《灸艾图》，绢本设色，68.8厘米×58.7厘米，台北故宫博物院藏

刘松年传

小 引

　　杭州西湖曼妙多姿，丽质天成，明明媚媚地照亮着人们的眼。这样的美，在丝绢笺素上定格成为历史的记忆，以艺术的身份流传。画家们用绘画的行为将清丽、细腻、典雅等美好意趣，注入西湖千百年的演进中，为西湖陶冶出了诗意的气质和精致的品位。

　　西泠桥畔，绘画大师黄宾虹的塑像面湖而立，深情地注视着西湖的云水烟波。这样的姿态，很容易让我们想起众多与他一样的西湖画人和西湖悠久的绘画传统。南宋的刘松年，无疑是这个艺术传统重要的开启者，他原本应该与宾虹老人一起站在这里，与西湖同生俱荣，然无情的岁月将他湮没得太深太久。

第一章　画家生平

主要史料汇集

为古代画家立传的依据，主要来自历史上关于其生平事迹和作品的文字、图像资料记载。就"南宋四家"研究而言，这些资料具体可见为：

一、文字资料

一是宋元时人亲见与传闻的实录类记载，如南宋邓椿的《画继》；二是历代对其流传画作的赏析与记述；三是后世文人对其画作的诗文题跋。

后面两类多见于《图绘宝鉴》《画继补遗》等画史著述中，清人厉鹗的《南宋院画录》搜集得最为全面。

在中国传统社会里，绘画虽有人伦教化之助力，但究其根底还是娱兴之事。职业画人作为技艺之徒，身份、地位低下，文献中有关他们的文字记载极为鲜见，而土墙、绢帛、纸张上的画作也难以长久流传，故其生平事迹很难为后人所详知。当然，身为贵族士人而兼善画艺者不在此列。

宋元以后，文人画兴起，文人画家不仅社会、经济地位较高，而且生平事迹凭借其诗文著作及其他文献的记载得以流传，声名亦借此得以远播。但这并不能改变类似民间画工、宫廷画师这样的职业画人的社会境遇，而且还在艺术创作的领域之内给予他们更加无情的打击。在文人画占尽画坛春色的审美主流里，职业画人相形见绌，"形似""匠气"等评价让他们在失去应有的社会地位的同时，更进一步地失去应有的艺术地位。这样的打击，乃是毁灭性的打击，使他们在历史的河流里成为沙砾，或被淹没，或自沉沦，即使有载沉载浮的零星闪现，也远不足以让我们看清他们的基本面目。这样的情形既是他们人生的宿命，也是他们在文字构筑的文化传统中的遭遇。我们今天只要检核相关文献，就不难发现关涉他们的文字简略至极，在正史、地方志与文人的诗集、文集、笔记中难得一见，既难勾勒生平事迹的全貌，也串不成人生演进的纵线。且这简略的文字，还多有重复、讹误、矛盾之处。

有关刘松年生平的文字记载，据笔者的检索查阅，在正史、地方志，以及元、明人的文集、笔记、画史中有简略记述。现择其要者，列之如下：

《画继补遗》卷下："刘松年，钱唐人，家暗门，时人呼为暗门刘。画院祗候，工画道释人物山水，颇恬洁，与张训礼相上下，但平坡远岸，不及之尔。"①

《图绘宝鉴》卷四记："刘松年，钱唐人，居清波门，俗呼为暗门刘，淳熙画院学生，绍熙年待诏。师张敦礼，工画人物山水，神气精妙，名过于师。宁宗朝进《耕织图》称旨，赐金带。院人中绝品也。"②又载："张训礼，旧名敦礼，避光宗讳，改今名。学李唐画山水人物，恬洁滋润，时辈不可及。刘松年师之。一说着色青绿如赵千里笔法。"③

《画史会要》："刘松年，钱唐人，居清波门，俗呼为暗门刘。山水人物师张敦礼，而神气过之。宁宗朝进《耕织图》称旨，赐金带。院中人绝品也。"④

《居易录》："宋驸马都尉张敦礼（避光宗讳，改训礼），哲宗之婿，人物树石仿顾陆，刘松年之师也。"⑤

《绘事备考》："刘松年，钱塘人，居清波门，因呼为刘清波。画山水、人

---

① 〔元〕庄肃：《画继补遗》卷下，中国美术论著丛刊本，人民美术出版社1963年版，第13页。

② 〔元〕夏文彦：《图绘宝鉴》卷四，于安澜编《画史丛书》第二册，上海人民美术出版社1962年版，第103页。

③ 〔元〕夏文彦：《图绘宝鉴》卷四，于安澜编《画史丛书》第二册，上海人民美术出版社1962年版，第105—106页。

④ 〔明〕朱谋垔：《画史会要》卷三，四库本，第816册，第491页。

⑤ 〔清〕厉鹗：《南宋院画录》卷四，于安澜编《画史丛书》第四册，上海人民美术出版社1962年版，第73页。

物，神气清妙。初师张敦礼，后乃胜之。嘉定末，进《耕织图》称旨，授画院待诏，赐金带。"①

《画传》："刘松年多作雪松，四围晕墨，松针先以墨笔疏疏画出，再以草绿间点，其干则用淡赭着半边，留上半者雪也。"②

《风雨归庄图》："团扇，绢本，淡色。江山风雨，一人舣舟断岸，一人张盖渡桥，款书'刘松年'，书左角下。初披之，以为北宋范中立，已从石角中得刘松年款，盖松年脱去南宋本色，作中立得意笔法耳。其昌。"③

"暗门刘《丝纶图》，长松覆前，远山耸后，庭槛缀花石殊幽旷，檐间一姬拗纶，一姬治丝，一侍儿捧茶，不襦而露纤红，故北妆也。笔法细润有生气，标题作马远。万历壬子秋，余在白下，得之润州吴汝廷，历三十余年，无有知其非远者。今崇祯壬午秋，付装潢，渊儿于松身识其款曰'松年'。蝇头小楷，杂鳞纹墨渍间，不复可辨，有如当时称之为暗门刘者，今一旦豁然，恍睹其人，可胜抚掌称快。檇李汪砢玉乐卿甫题于韵石斋。"④

明鉴赏家张丑："西湖风景松年写，秀色于今尚可餐。不似浣花图醉叟，数峰眉黛落齐纨。"⑤

因为史料太过简略，详考画家的确切生平十分困难。而且这些史料在经过了学者们的详加考证之后，其粗疏随意的记载和不加辨析的辗转抄袭等缺憾，更是显露无遗。

二、图像资料

图像资料主要是指今日可见的那些被称为刘松年作品的存世画迹。

古代绘画作品的可靠与否，是一个很难定论的问题。就刘松年的作品而言，《中国历代画目大典（战国至宋代卷）》里列有《秋窗读易图》、《雪山行旅图》、《十八学士图》、《醉僧图》、《溪亭客话图》、《唐五学士图》（《十八学士图》摹

---

① 〔清〕王毓贤：《绘事备考》卷六，四库本，第826册，第263页。

② 〔清〕厉鹗：《南宋院画录》卷四，于安澜编《画史丛书》第四册，上海人民美术出版社1962年版，第73页。

③ 〔清〕卞永誉：《式古堂书画汇考》卷三三，四库本，第828册，第435—436页。

④ 〔明〕汪砢玉：《珊瑚网》卷三〇，四库本，第818册，第574页。

⑤ 〔明〕张丑：《清河书画舫》卷一二下，四库本，第817册，第507页。

本之一)、《丝纶图》、《补衲图》、《罗汉图》（又称《猿猴献果图》）、《罗汉图》（两幅，均有款，署"开禧丁卯，刘松年画"）、《秋林纵牧图》、《瑶池献寿图》、《攒茶图》、《天女献花图》、《柳阁幽谈图》、《真迹》、《蜀道图》、《卢仝煮茶图》、《圆泽三生图》、《松下双鹤图》、《高山流水图》、《兰亭修禊图》、《成王问道图》等24幅未见真赝争议记载的作品。①其他如《南宋四家画集》②《中国古代书画目录》③《中国绘画全集》④在真迹的判定上都各有己见。

此外如《四景山水卷》《中兴四将图》等以前多定为刘松年真迹的作品，现在都已被重新判定为非刘松年所作。⑤

由于南宋绘画作品的历史太过久远，流传过程中又有太多的不确定因素，加之文献记述不详、考古实物缺失等多种原因，致使作品的真伪判别往往多有分歧争议，原本确定无疑的作品不断遭到质疑，原已佚失的作品却又时有出现。这种作品真伪的不确定性，给我们研究画家及其作品带来极大的，有时甚至是在现阶段几乎无法逾越的困难。

为此，笔者在本书中采取的方法是，就作品笔墨技法、绘画风格的叙述而言，以《中国历代画目大典（战国至宋代卷）》为基本依据，参考《南宋四家画集》《中国古代书画目录》《中国美术全集·绘画卷》等图集及相关研究，取其中定为可靠的作品予以分析。当然，笔者这样的取舍难免会有简单粗疏之弊，实是无奈之中的权宜之计，亟待识者方家的教正。

就作品题材内容的叙述而言，采取相关画史等历史文献著录与以上诸书综合分析之法，予以分析。

---

① 周积寅、王凤珠编著：《中国历代画目大典（战国至宋代卷）》，江苏教育出版社2002年版，第576—596页。

② 〔南宋〕李唐等：《南宋四家画集》，天津人民美术出版社1997年版。

③ 《中国古代书画目录》（第二册），文物出版社1985年版。

④ 《中国绘画全集·五代宋辽金》，浙江人民美术出版社1999年版。

⑤ 据《中国历代画目大典（战国至宋代卷）》第576页：《四景山水卷》"以前多定为刘松年作。中国古代书画鉴定小组定为宋人作"。第577页：《中兴四将图》（北京故宫博物院藏）"徐邦达：'宋人画，未必刘松年笔。'"第578页：《中兴四将图》"中国古代书画鉴定组定为宋人作"。

生平事迹的探寻

一、可以确定的事迹

细读以上的文字、图像资料，有关刘松年的生平事迹，有这样几个方面的记载相对明确。

一是刘松年为杭州人，家居清波门外。

> 刘松年，钱唐人，居清波门，俗呼为暗门刘。

清波门，俗称"暗门"，位于杭城西南。南宋高宗绍兴二十八年（1158）"增筑城门，为门十三"，清波门是其中临湖的四门之一。

清波门曾是诗人、词客、散文家、画家的寓居之所。北宋词人张三影（张先，字子野）的旧庐在清波门外柳洲。南宋周辉寓居清波门之南，他的笔记即名为《清波杂志》。《武林旧事》的作者周密的故居也在清波门附近。

二是大致的活动时间与经历。

> 淳熙画院学生，绍熙年待诏……宁宗朝进《耕织图》称旨，赐金带。

淳熙是宋孝宗朝的年号，自1174年至1189年，历时16年；绍熙是宋光宗朝年号，自1190年至1194年，历时5年；宋宁宗朝则自1195年至1224年：这样共计50年。如果其成为画院学生之前的年纪以20岁估算，则首尾相连共计70年。这里，刘松年确切的年龄是计算不出来的，可以推算的是以宋高宗绍兴三十二年（1162）与淳熙元年（1174）之间12年的差距，则刘松年出生在绍熙年间的可能性是存在的。但是由于史料极度匮乏造成的南宋画院建制、画人职级及其升迁方式的难以明了，比如对于成为画院学生的年纪是否有上下限的规定，所以宋高宗朝的刘松年是否有绘画活动，不可得知。

由此，我们的结论是：刘松年大致的活动时期是12世纪末至13世纪初的南宋孝、光、宁三朝，也有可能可以上溯至宋高宗朝。他是一位职业宫廷画师，走过了宫廷画师由学生至待诏的职业生涯。由于画艺高超、尽心守职、遵旨绘制的《耕织图》称宋宁宗之意，而获赐金带的荣享。

三是刘松年的绘画师承。

> 师张敦礼，工画人物山水，神气精妙，名过于师。……张训礼，旧名敦礼，避光宗讳，改今名。学李唐画山水人物，恬洁滋润，时辈不可及。刘松年师之。一说着色青绿如赵千里笔法。

这个记载透露了刘松年的绘画师承，来自三个方面：一是张训礼；二是通过张训礼的师李唐而间接地师从李唐；三是赵千里，即赵伯驹。

四是画幅上有确切纪年的作品。

这样的作品有：《罗汉图》，款署开禧丁卯；《罗汉图》，款署开禧丁卯；《罗汉图》，款署开禧丁卯；《醉僧图》，款署嘉定庚午。[①]

"开禧丁卯"即宋宁宗开禧三年（1207），"嘉定庚午"即宋宁宗嘉定三年（1210）。

二、推论和分析

除以上明显可见的生平事迹外，这些资料中尚有些许信息隐约透露，在此笔者结合当时杭州、西湖的历史背景，对刘松年的生平作些适当的推论和分析。

刘松年被时人呼为"暗门刘"，可见其与清波门的关系十分密切。从研究刘松年的角度来看，他家居清波门外，还有两个方面值得我们关注：

一是从清波门与当时南宋皇城的地理位置，看南宋宫廷画师的居住细节。

杭州城垣最早修筑于隋文帝开皇十一年（591），城的规模为"周回三十六里九十步"，具体的城址所在已不可确考。五代十国时期，钱镠以杭州为都城，建立吴越国，曾两次修建杭州城，都以隋唐旧州城城址为基础而有所扩充。城内再建造"皇城"（内城），城外包以"罗城"（外城）。南起江干，西到西湖、

---

① 另有《博古图》轴，款署"嘉定四年刘松年制"，台北故宫博物院藏，疑伪。

霍山（在宝石山北面），东北直达范浦（今艮山门外），城垣扩大到70里。当时的杭州城，东西狭窄，南北修长，形似腰鼓，所以有"腰鼓城"之称。宋高宗在旧城基础上营建都城，规模又有了扩大。其一是在吴越国的子城基础上修建皇城（即南宋皇宫），"周回九里"。其二是对"外城大有更易"，尤其是东南城垣作了扩展，使城市范围进一步扩大。

南宋初建的临安城，共有旱城门13座，它们是：西城的钱塘、清波、丰豫、钱湖；东城的便门、候潮、保安、新门、崇新、东青、艮山；南城的嘉会；北城的余杭。此外，又有水门5座：保安、南水、北水、天宗、余杭。诸旱门外建立半月形围墙，称为瓮城，用以加强城门的防御力量。其他诸门，建有城楼。先前土夯的城墙逐步改建为砖墙，经过维修与加固后的城墙，高达3丈，厚丈余，严禁闲杂人等攀登。城墙外周有十多丈宽的护城河，护城河两岸种植杨柳，禁止行人往来。

南宋皇城在临安西南的凤凰山东麓。这里原是北宋杭州的州治。建炎三年（1129）二月，诏以此地为行宫；绍兴元年（1131）十一月，诏守臣徐康国措置规划；宋高宗在位时，皇宫粗具规模，经宋孝宗及其后诸帝不断扩建、改建，南宋皇宫也称得上是规模宏伟、金碧辉煌。

关于南宋皇城的确切位置，《宋史》、"南宋临安三志"〔《乾道临安志》（残）、《淳祐临安志》（残）、《咸淳临安志》〕，及元、明、清文献中多有记述。如南宋赵彦卫《云麓漫钞》云："所谓余杭之凤凰山，即今临安府大内丽正门之正面。按：山上有天柱宫及钱王郊坛，尽处即嘉会门。山势之西北来，如龙翔凤舞，掀腾而下，至凤凰山止。山分左右翼，大内在山之左腋，后有山包之，第二包即相府，第三包即太庙，第四包即执政府，包尽处为朝天门。"[1]

明代田汝成《西湖游览志》："唐、宋以来，州治故在凤凰山下，南渡驻跸，因以为行宫，而万松、八蟠、介亭诸胜，皆列皇城之外。行宫比州治稍东南，至江干，皆禁籞也。"[2]

---

① 〔南宋〕赵彦卫：《云麓漫钞》卷三，四库本，第864册，第289页。
② 〔明〕田汝成：《西湖游览志》卷七，浙江人民出版社1980年版，第72页。

其他如元代陶宗仪《辍耕录》引陈随应《南渡行宫记》、清代朱彭《南宋古迹考》、翟灏《湖山便览》等都有相关记载。而以《咸淳临安志》所载最为详尽，其中所载之《皇城图》《京城图》更是可据稽考的最为原始的图像资料。

当代学者根据以上文献资料的记载，结合考古发掘综合分析考证，对南宋皇城的大致方位作出许多探讨研究。如其一云：

位于杭州西南的凤凰山东麓，原为北宋时杭州州治。南宋建炎三年（1129）二月诏以为行宫。绍兴元年（1131）十一月诏守臣徐康国措置草创。绍兴二年九月，南门成，诏名曰行宫之门。绍兴十八年，名南门曰丽正，北门曰和宁，东苑门曰东华。孝宗及其后，行宫不断扩建、改建和修建。德祐二年（1276），元兵攻入杭州。元至元二十四年（1287），民居失火，飞及宫室，焚毁过半。杨琏真加言于朝，改垂拱殿为报国寺，改后殿为小仙林寺，改福宁殿为尊胜寺，改芙蓉阁为兴元寺，改和宁门侧为般若寺。从延祐到至正年间，诸寺第毁。明洪武二十四年（1391）重建报国寺，并立为丛林。到万历年间，大内尽圮。

南宋皇城的范围是：南至笤帚湾，西至凤凰山的山腰，东至中河南段以西，北至万松岭以南。

又有学者认为，皇城的南宫墙约在今宋城路、笤帚湾一线。北宫墙约在今万松岭路以北之凤山门旧址与凤山水门一线，它距北面的六部桥约60米。西宫墙沿凤凰山、九华山蜿蜒升降。今圣果寺遗址之南，有竖石刻"皇宫墙"三字，或为南首遗址。东宫墙的位置，《皇城图》已有所暗示，即东华门既在中河之东，则门内的皇城东部，均沿入宫中河两岸展开。①

其间虽有差异，但大致的方位还是比较一致。

有关南宋时期绘画机构设置的问题，已见前述，史料的匮乏致使历史事实的确定和原貌恢复具有相当的难度。从刘松年"居清波门外"的细节来看，当时的宫廷画师散居在皇宫大内之外的可能性是存在的。从地理位置来看，清波门与位于凤凰山的南宋皇宫之间的距离很近，南宋《咸淳临安志》所载之《皇城图》，只是简单的示意图，不足为测算距离的依据。我们以现在的杭州地图约

---

① 傅伯星、胡安森：《南宋皇城探秘》，杭州出版社2002年版，第37页。

略测算，从古清波门碑址至凤凰山脚万松岭一带，其直线距离在3千米左右。这样的距离不论乘轿还是步行往来，即使是每天如此，也都是完全可以胜任的。我们甚至可以反过来推理，是否就是因为皇宫内没有集中的居所，画师们才散居在外，而为了靠近皇宫方便工作，刘松年才会一直居住在清波门？

但是画师的散居在外，尚不能表明没有画院这个机构的设置。画院完全可以以不带宿舍的纯创作、办公机构的性质存在于皇宫内或外。刘松年家居清波门，只是史料透露给我们的一个历史信息，存此备考。

二是从清波门与西湖的地理位置，看刘松年绘画创作的场景。

清波门不仅靠近皇宫，与西湖的关系更是密切。南宋时的西湖在临安城外，清波门是直接临湖的四个城门之一。湖、门相连，景色宜人，人景相融，其乐陶陶："清波门外放船时，尽日轻寒恋客衣。花下笑声人共语，柳边墙影燕初飞。晓风不定棠梨瘦，夜雨相连荞麦肥。最忆故山春更好，夜来先遣梦魂归。"[①]

南宋杭州园林之多甲天下，园林家们凭借西湖的奇峰秀峦、烟柳画桥，博取各地造园之长，在园林设计上因其自然，辅以雅趣，形成了山水风光与建筑空间交融的风格，成为我国园林史上的重要一页。

清波门靠近西湖的地理之便，使其成为风景名胜的集聚之地和当时的旅游胜地。清波门外，西湖之畔，园林楼阁与湖光山色交相辉映，聚景、真珠、南屏等园圃都建在清波门附近的西湖南线一带，寺院观堂更是星罗棋布于其间。

聚景园是宋孝宗为奉养宋高宗而建。此地原有西园，为建聚景园拆了定水、水心、兴福、法喜等9座寺院。据《咸淳临安志》卷一三《行在所录》记载，当年聚景园的范围南起清波门外，北至涌金门外，东起流福坊，西临西湖，成为临安最大的御园。园内有含芳殿、瀛春、览远两堂，芳华、花光、瑶津、翠光、桂景、泛碧、凉观、琼芳、彩霞、寒碧等亭，还有柳浪、学士两桥。"叠石为山，重峦窈窕"，湖光潋滟，繁花似锦。春天牡丹如云，垂柳如幕，莺雀啼鸣，暖风荡漾；夏天千叶芙蓉，蝉声沙沙，天上清凉尽泻，人间炎暑消融。此

---

① 〔南宋〕高翥：《春日湖上》，《菊磵集》，四库本，第1170册，第125页。

园是供帝后赏花歇凉之所，也是皇帝临幸最多的御园。①

其时"宏丽如湖山冠"的丰乐楼，宋高宗、宋孝宗四次到过的灵芝崇福寺，大有来头的显应观，等等，都在附近的南山路上。风光佳妙，引来诗人、词客、画家们的赞赏。

聚景园的北面是显应观，此观之建造缘于一个传奇。传说当年尚为康王的赵构第二次受命使金时，由滑、浚至磁州。磁州守臣宗泽认为："肃王去不返，金兵已迫，复去何益，请留磁。"②赵构从宗泽之请循旧途南归。南归途中，因行路困乏，便于崔府君庙中小憩。据《大宋宣和遗事》的记述，赵构"依阶砌假寐，少时，忽有人喝：'速起上马，追兵将至矣！'康王曰：'无马奈何？'其人曰：'已备马矣，幸大王疾速加鞭！'康王豁然环顾，果有匹马立于傍。将身一跳上马，一昼夜七百余里，但见马僵立不进，下视之，则崔府君泥马也。"③原来正是崔府君庙中的泥塑白马化作了神马，救了康王。崔府君即崔子玉，唐朝初年的河北磁州滏阳县令，"有异政"，民立祠以纪。崔府君救驾有功，被尊为神，封为"护国显应兴圣普佑真君"，观因名显应观。盛夏之时，此处岸柳蔽日，成为市民避暑之地。每年六月初六崔府君生日时，游人更盛。

显应观的重要地位决定了帝王对它的重视。在全杭州400余处宗教场所中，只有四圣延祥观和此处绘有精美的壁画，画师就是著名的萧照和苏汉臣，一个画山水，一个画人物。

灵芝崇福寺原为吴越王钱镠的故苑，因其间生出灵芝而舍以为寺，故名灵芝寺。寺有浮碧轩、依光堂，为新进士会年题名之所。此地佳景，有诗为记："黄金匝地小桥通，四面清平纳远空。云气长扶天子座，日光浮动梵王宫。残碑几字莓苔雨，清磬一声杨柳风。沙鸟不知行乐事，背人飞过夕阳东。"（朱静佳诗）④

---

① 姚毓璆、郑祺生：《亭馆窈窕　丽若图画——杭州园林》，《南宋京城杭州》（修订版），浙江人民出版社1997年版，第163—164页。

② 《宋史》卷二四《高宗纪一》，中华书局1977年版，第440页。

③ 〔明〕洪楩等编：《大宋宣和遗事》，《京本通俗小说·清平山堂话本·大宋宣和遗事》，岳麓书社1993年版，第299页。

④ 〔明〕田汝成：《西湖游览志》卷三《南山胜迹》，浙江人民出版社1980年版，第26—27页。

在南山路的北端，有丰乐楼。旧为众乐亭，又改耸翠楼，北宋政和中改名丰乐楼，历为酒肆和朝绅同年会、拜乡会之地。此楼的妙处，在于"水月光中，烟霞影里，涌出楼台。空外笙箫，云间笑语，人在蓬莱。天香暗逐风回，正十里，荷花盛开。买个小舟，山南游遍，山北归来"（赵忠定《柳梢青》）①。

刘松年家居这样一处山水、园林、人文荟萃的清波门，日日面对西湖挥毫作画，于西湖的万种风情、诸般气象自多有会心处。于是，他的笔下就有许多西湖的云霭烟树，这些画作在精致的庭院里陪伴着帝王、贵族和士大夫们，度过他们的春夏和秋冬、丽日与良宵。

---

① 〔南宋〕周密：《武林旧事》卷五《湖山胜概》，浙江人民出版社1984年版，第67页。

第二章　西湖画人

南宋的西湖风月

徽、钦两帝远羁北国敌乡，河山万里俱成梦中忆想。帝国上下，有的是切齿切肤的遗恨、屈辱和一片痛彻心扉的哀伤。然而，生活终究还将继续。江南繁华富庶的天城杭州，便成了这半壁江山的苟安之都。皇帝驻跸了，皇城建起来了，皇亲国戚遍布全城，皇家礼仪深入民心。城市的生活、城市的风尚，都有了不同凡响的深刻变化。

在这样一个"皇"字的笼罩之下，西湖已不是一方宁静的自然山水。她被营造成为一个风月尤边、活色生香的"销金锅儿"，政治的内涵和历史的况味，都因之变得意味深长。

南宋时期的西湖，"至绍兴建都，生齿日富，湖山表里，点饰浸繁，离宫别墅，梵宇仙居，舞榭歌楼，彤碧辉列，丰媚极矣"[1]。"绍兴间，辇毂驻跸，衣冠纷集，民物阜蕃，尤非昔比。"[2]

其时的湖山胜景，我们今日已难遥望。所幸有《梦粱录》《武林旧事》等书，作了详尽记载。

---

[1] 〔明〕田汝成：《西湖游览志》卷一，浙江人民出版社1980年版，第4页。

[2] 〔南宋〕吴自牧：《梦粱录》卷一二《西湖》，浙江人民出版社1980年版，第102页。

南宋时的西湖，具有天然风姿，风景的赏玩十分兴盛。其游览路线据周密《武林旧事》之《湖山胜概》记载，大致有南山路、方家峪、小麦岭、大麦岭、西湖三堤路、孤山路、北山路、葛岭路、北新路口、小石板巷口、石狮子路、西溪路、三天竺等，有园、楼、堂、观、院、寺、庵、宫、祠、堤、桥、亭、馆、洞、岭、泉、井、溪、涧等不同的人文与自然形制。其中人文景观以园圃、寺院最多，自然景观则山水林木各擅胜场。

吴自牧的《梦粱录》则为我们详尽铺陈了西湖及其环湖的孤山、苏堤六桥、集芳园、丰豫门、望湖楼、望湖亭等处的湖景和堤桥、楼阁、园圃等建筑。

> 湖山之景，四时无穷，虽有画工，莫能摹写。如映波桥侧竹水院，涧松茂盛，密荫清漪，委可人意。西泠桥即里湖内，俱是贵官园圃，凉堂画阁，高堂危榭，花木奇秀，灿然可观。有集芳御园，理宗赐与贾秋壑为第宅家庙，往来游玩舟只，不敢仰视，祸福立见矣。西泠桥外孤山路，有琳宫者二，曰四圣延祥观，曰西太乙宫，御圃在观侧，乃林和靖隐居之地，内有六一泉、金沙井、闲泉、仆夫泉、香月亭。亭侧山椒，环植梅花。亭中大书"疏影横斜水清浅，暗香浮动月黄昏"之句于照屏之上云。又有堂匾曰"挹翠"，盖挹西北诸山之胜耳。曰清新亭，面山而宅，其麓在挹翠之后。曰香莲亭，曰射圃，曰玛瑙坡，曰陈朝桧，皆列圃之左右。旧有东坡庵、四照阁、西阁、鉴堂、辟支塔，年深废久，而名不可废也。[①]

今日十分著名的苏公堤，在当时已是"自西迄北，横截湖面，绵亘数里，夹道杂植花柳，置六桥，建九亭，以为游人玩赏驻足之地。咸淳间，朝家给钱，命守臣增筑堤路，沿堤亭榭再一新，补植花木。向东坡尝赋诗云：'六桥横接天汉上，北山始与南屏通。忽惊二十五万丈，老茧席卷苍烟空。'"[②]

西湖边的园圃，也已有了不同凡响的规模。"如钱塘玉壶、丰豫渔庄、清波聚景、长桥庆乐、大佛、雷峰塔下小湖斋宫、甘园、南山、南屏，皆台榭亭阁，

---

①② 〔南宋〕吴自牧：《梦粱录》卷一二《西湖》，浙江人民出版社1980年版，第103页。

花木奇石，影映湖山……"①

以湖山胜景著称的南宋临安，上自皇家巨族，下到平民百姓，其消闲游览的兴致之盛，也是史有盛名。周密在其《武林旧事》里，对当时动辄倾城出游的盛景有生动记载，并为西湖留下了"销金锅儿"这样一个称号：

> 西湖天下景，朝昏晴雨，四序总宜。杭人亦无时而不游，而春游特盛焉。承平时，头船如大绿、间绿、十样锦、百花、宝胜、明玉之类，何翅百余。其次则不计其数，皆华丽雅靓，夸奇竞好。而都人凡缔姻、赛社、会亲、送葬、经会、献神、仕宦、恩赏之经营，禁省台府之嘱托，贵珰要地，大贾豪民，买笑千金，呼卢百万，以至痴儿呆子，密约幽期，无不在焉。日糜金钱，靡有纪极。故杭谚有"销金锅儿"之号，此语不为过也。都城自过收灯，贵游巨室，皆争先出郊，谓之"探春"，至禁烟为最盛。龙舟十余，彩旗迭鼓，交舞曼衍，粲如织锦。内有曾经宣唤者，则锦衣花帽，以自别于众。京尹为立赏格，竞渡争标。内珰贵客，赏犒无算。都人士女，两堤骈集，几于无置足地。水面画楫，栉比如鱼鳞，亦无行舟之路。歌欢箫鼓之声，振动远近，其盛可以想见。若游之次第，则先南而后北，至午则尽入西泠桥里湖，其外几无一舸矣。弁阳老人有词云："看画船尽入西泠，闲却半湖春色。"盖纪实也。既而小泊断桥，千舫骈聚，歌管喧奏，粉黛罗列，最为繁盛。桥上少年郎，竞纵纸鸢，以相勾引，相牵剪截，以线绝者为负，此虽小伎，亦有专门。爆仗起轮走线之戏，多设于此，至花影暗而月华生始渐散去。绛纱笼烛，车马争门，日以为常。②

这种竞奢豪游的兴致，已然成了风俗，富者乐此不疲，贫者同样如是：

> 大抵杭州胜景，全在西湖，他郡无此，更兼仲春景色明媚，花事方殷，

---

① 〔南宋〕吴自牧：《梦粱录》卷一二《西湖》，浙江人民出版社1980年版，第106页。

② 〔南宋〕周密：《武林旧事》卷三《西湖游幸》，浙江人民出版社1984年版，第38页。

正是公子王孙，五陵年少，赏心乐事之时，讵宜虚度？至如贫者，亦解质借兑，带妻挟子，竟日嬉游，不醉不归。此邦风俗，从古而然，至今亦不改也。①

且还得到了官方的认可和支持，每有出资修饰，与民同乐：

州府自收灯后，例于点检酒所开支关会二十万贯，委官属差吏倅雇唤工作，修葺西湖南北二山，堤上亭馆园圃桥道，油饰装画一新，栽种百花，映掩湖光景色，以便都人游玩。②

真是人人及时行乐，丝毫都不会辜负或是枉费了物华天宝的这一片大好湖山。

对这样的一个西湖，文人学士们在游览赏玩之余，自有评论要发表：

吴自牧："周围胜景，言之难尽。东坡诗云：'若把西湖比西子，淡妆浓抹总相宜。'正谓是也。"③

田汝成："其时君相淫佚，荒恢复之谋，论者皆以西湖为尤物破国，比之西施。"④

张岱："余弟毅孺常比西湖为美人，湘湖为隐士，鉴湖为神仙。余不谓然。余以湘湖为处子，眠娗羞涩，犹及见其未嫁之时。而鉴湖为名门闺淑，可钦而不可狎。若西湖则为曲中名妓，声色俱丽，然倚门献笑，人人得而媟亵之矣。人人得而媟亵，故人人得而艳羡；人人得而艳羡，故人人得而轻慢。"⑤

① 〔南宋〕吴自牧：《梦粱录》卷一《八日祠山圣诞》，浙江人民出版社1980年版，第8页。
② 〔南宋〕吴自牧：《梦粱录》卷一《二月》，浙江人民出版社1980年版，第6页。
③ 〔南宋〕吴自牧：《梦粱录》卷一二《西湖》，浙江人民出版社1980年版，第106页。
④ 〔明〕田汝成：《西湖游览志》卷一，浙江人民出版社1980年版，第4页。
⑤ 〔明〕张岱：《西湖梦寻》卷一《西湖总记》，中华书局2007年版，第121页。

西湖画迹

在这样一个喧腾热闹的西湖景象里，画家是不能也不会缺场的：

> 近者画家称湖山四时景色最奇者有十，曰苏堤春晓，曲院风荷，平湖
> 秋月，断桥残雪，柳浪闻莺，花港观鱼，雷峰夕照，两峰插云，南屏晚钟，
> 三潭映月。春则花柳争妍，夏则荷榴竞放，秋则桂子飘香，冬则梅花破玉，
> 瑞雪飞瑶。四时之景不同，而赏心乐事者亦与之无穷矣。[①]

南宋虽然有政治与军事的失败，虽然只剩下了半壁江山，然而它的艺术成就不可低估，文化的力量超越了时空，至今使我们心驰神往。就西湖绘画而言，其绵延至今的艺术传统，正是始于南宋。

至南宋时，西湖经过近一个半世纪的苦心经营，自然美中融进了建筑和园林的艺术美，丽质渐现，声名日盛。空蒙清幽的一片山色、涟漪轻扬的一湖波光，是南宋画院画家们心中永远的珍爱，也是他们不会枯竭的灵感之源。他们平时游览和作画之地，常在环湖的风景佳丽处，与西湖日日为伴，尽情尽兴地体味、描绘着西湖的湖光山色。他们以诗意浓郁的眼光、情趣和才艺，从五光十色的湖山美景之中，凝练出"雷峰夕照""断桥残雪""苏堤春晓""平湖秋月""石屋烟霞"的画意。"西湖十景"之名，便是出于画院的山水画题名。此风一开，顿成画坛盛事。西湖风光纷纷入画，逐渐从因景作画到因画名景，最终形成驰名中外的"西湖十景"，西湖图也因此成为一个专门的画题。

当时绘制西湖图的画家，除了刘松年，还有马远、马麟、夏圭、李嵩、陈清波等人。画院待诏马远，常画西湖景色，据传"平湖秋月""柳浪闻莺""曲院风荷"等名称，即为马远所拟。

马远之子马麟也是画院中描绘西湖的高手，所作绢本《西湖十景册》《皇都

---

① 〔南宋〕吴自牧：《梦粱录》卷一二《西湖》，浙江人民出版社1980年版，第106页。

春色图》，堪称佳构。又有西湖图大绢画，写保俶塔、孤山等景致，水墨淋漓，云烟吞吐，被誉为写景第一。

宋理宗时画院待诏、钱塘人陈清波，是画西湖的著名画家，"多作西湖全景"。据《绘事备考》记载，其作品有《断桥残雪》图三、《三潭印月》图一、《雷峰夕照》图一、《曲院荷风》图一、《苏堤春晓》图二、《南屏晚钟》图二、《石屋烟霞》图二等34幅。多作西湖全景大幅画，"叙致典雅，笔墨嫣润"①。现存之《湖山春晓图》，即为其中一幅。

宋理宗时画院祗候、杭州人叶肖岩也画过《西湖十景图》，绢本设色，界画楼阁，今藏台北故宫博物院。画风与马远相类，尤工于传形写貌。

在南宋画院中，李嵩和他的《西湖图》久负盛名，也是现存宋代最为完好的一幅描绘西湖全景的名作。李嵩生于杭州，又来自社会下层。他熟悉杭州的山山水水，了解市井乡村的人民生活，因此作品真实地表现了湖山佳胜和平民生活。《西湖图》为纸本，全以水墨写景，云烟清淡，山色依稀，古塔立于前景，石桥相接于后，从葛岭到南屏，景物一一可辨。清晨西湖岸边常见的自然景色，在画家的水墨渲染之下，显得更加空蒙明秀，气象万千。这种高度写实又极富变化的绘画创作，正是南宋画院大师们的艺术本色。

此外，如马和之、牧溪、莹玉涧都画过西湖图。

画院画家还经常为西湖周边的宫殿寺观作壁画、屏风画。如位于西湖佳胜处的孤山凉堂，有画院画家萧照的山水壁画。萧照作画，构思敏捷，技艺精绝。孤山凉堂为西湖奇绝之处，规模壮丽，植有梅花数百枝，是供皇帝游玩之处。堂成之初，四壁皆素。宋高宗将临之前日，命萧照前往绘制山水。萧照受命后，携酒至孤山，即饮即画，一夜间画成三丈长大壁，画成人醉。宋高宗深为赞赏，赐以金帛。

宋代西湖图在画家们的苦心经营下，通过巧妙的抒写，使我们真切地看到了一千多年前的西湖风光，同时，画家们的绘画风格也在其间发生着变化。西湖的秀媚，孕育出了风雅精致、诗意浓郁的艺术趣味。

然而西湖不唯只有湖光与山色。千百年来，一直都有形形色色的文人士子

---

① 〔清〕王毓贤：《绘事备考》卷六，四库本，第826册，第268页。

在此舞文弄墨、行吟雅集。他们以广博深厚的诗文修养、人生体念感悟湖山梅竹，又以高逸简率、元气淋漓的笔墨书写心中逸气、寄托情怀。他们的作品强调"有我"的表现，借萧条淡泊的意境抒发山林隐逸之思。绘画艺术融合进浓郁的文学意味，尺幅之间承载着厚重的人生情结。西湖的画面上，舞动着文人画的墨韵，散发着人文精神的光辉。

南宋初夏孤山西泠桥的薄暮里，宋朝宗室裔孙赵孟坚的轻舟悠然而至。卸却了日间繁华尘衣的西湖，天然清华得以款款舒展。如黛的山峦低缓起伏，堤岸在芦苇与水草的丰茂里悄然与湖相连，十里湖水有清莲游鱼的生动，万里长天是与水一色的空蒙。水天之际，林木森然，晚风轻拂而过，摇曳出满湖的幽静。修雅博识的赵孟坚面对如此景色，不禁叹曰："此真洪谷子（荆浩）、董北苑（董源）得意笔也。"

赵孟坚的这一声长叹，道出了西湖绘画的另一种风貌，拉开了西湖的人文画卷。

赵孟坚说到的董源，是公元10世纪下半叶活跃在南方的画家。他所在的江南，是地势起伏平缓、气候温暖、空气湿润的地区。因此董源画中所表现的，大都是江南丘陵江湖的景色，正如前引米芾所言，"峰峦出没，云雾显晦，不装巧趣，皆得天真；岚色郁苍，枝干劲挺，咸有生意；溪桥渔浦，洲渚掩映，一片江南"。这种构图平远、笔墨清润、平淡天真、静谧空灵的绘画风格，与王维的"水墨渲淡"相类，而又与中国文人崇尚道和禅的绘画审美意趣相谐，受到其后历代文人画家的认可和师法，而以元代尤盛。这些文人画大家虽然不都是杭州人，也不是每个人都有关于西湖的作品流传，但其中不少与西湖有着深深浅浅的渊源。他们或是意气相投、时相过从，形成品诗论文、作画观图的群体，或是心摹手追，接续前辈的遗风流韵，共同维系着西子湖畔的文人画传统。

宋末元初的杭州，有周密与这个以赵孟頫为首的文人群体相交相知，在湖边吟诗赏画，为西湖注入了人文的勃勃生气。周密，字公谨，号草窗，原籍济南，后为吴兴人，居于钱塘。南宋宝祐年间曾为义乌令。周密富收藏，家中名画法书颇多。他善画梅竹兰石，并能赋诗于上，诗画合一，颇有情趣。

另外还有一位出身于南宋仕宦之家的杭州人马臻，原可以其文武双才求得仕进。宋朝的覆亡，彻底改变了他的生活道路。遂潜心入道，隐于西湖之滨，著有《霞外诗集》10卷，被仇远赞为"无一言及势力声利"。马臻能诗善画，可惜画迹无一存世。他的花鸟、山水，诗画相融，多取材于西湖的烟云、花草、鱼鸟。他曾为庐山黄尊师画《西湖烟雨》，"含毫深雾入幽思，写开十里玻璃天"。自是一派苍茫凄迷的水墨画风，显然属于当时西湖边流行的主流画风。

刘松年就是这众多画家里与西湖渊源深厚的一位。

刘松年的西湖画卷

在这样一个墨彩斑斓的西湖绘画传统里，刘松年是一位既具开拓力又有重要影响力的画家。他在西湖绘画兴盛的南宋，在那座活色生香的"销金锅儿"里，与马远、夏圭一样，都画过大量表现西湖湖光山色、烟岚墅园的山水画。他终身与西湖为伴，是真正的西湖边的杭州人，醉心于写西湖美景之"青山渺渺波漾漾""蹊径深深映花竹""桃柳争妍，山峦耸翠"。

走进西湖，自古就有不同的路径。同是张岱，面对同一个西湖，他在称之为"曲中名妓"的同时，也有自己另外的清新视角：

> （西湖）在春夏则热闹之，至秋冬则冷落矣；在花朝则喧哄之，至月夕则星散矣；在晴明则萍聚之，至雨雪则寂寥矣。故余尝谓："善读书，无过董遇三余。而善游湖者，亦无过董遇三余。董遇曰：'冬者，岁之余也；夜者，日之余也；雨者，月之余也。'雪巘古梅，何逊烟堤高柳；夜月空明，何逊朝花绰约；雨色空蒙，何逊晴光潋滟。深情领略，是在解人。"即湖上四贤，余亦谓："乐天之旷达，固不若和靖之静深；邺侯之荒诞，自不若东坡之灵敏也。"其余如贾似道之豪奢，孙东瀛之华赡，虽在西湖数十年，用钱数十万，其于西湖之性情、西湖之风味，实有未曾梦见者在也。世间措大，何得易言游湖。①

---

① 〔明〕张岱：《西湖梦寻》卷一《西湖总记》，中华书局2007年版，第121—122页。

刘松年的走进西湖，就有他自己的路径。他曾画过《西湖图》《西湖春晓图》，在其他未用"西湖"两字命名的作品中，我们同样可以呼吸到西湖的气息。在那里，他向我们展示了他眼中心底的西湖意象。

一、湖上烟波

> 一勺西湖水。渡江来、百年歌舞，百年醺醉。回首洛阳花世界，烟渺黍离之地。更不复、新亭坠泪。箫乐红妆摇画艇，问中流击楫谁人是。是千古恨，几时洗。　　余生自负澄清志，更有谁、磻溪未遇，傅岩未起。国事如今谁倚仗，衣带一江而已。便都道、江神堪恃，借问孤山林处士，但掉头、笑指梅花蕊。天下事，可知矣。①

南宋的西湖，湖水荡漾里有太多的况味可供体味。湖中，有荷花映日，杨柳春风；梨花如云，游船如织；湖月洒衣衫，画船入西泠；满湖的碎月摇花，尽日的水鸟翻跹。而在连日的笙歌欢游中，更有不尽的亡国之忧。

我们不敢说刘松年没有画过湖水中如此明媚的春色和如此热烈的喧哗，作为一个宫廷画师，这样的题材也许正是他必须恪尽的职责。只是从今日可见的画幅里，我们只看到了平坡远渚、轻烟淡岚中的一方宁静的湖面。在刘松年的湖上烟波里，沉静了浮世的躁动，积淀了岁月的风华。《秋窗读易图》等图的山水描绘里，淋漓的笔墨，空灵的画面，有浓浓的诗意慢慢流泻，足以让我们感受到湖水清澈的本质和

〔南宋〕刘松年《秋窗读易图》，绢本设色，25.7厘米×26.0厘米，辽宁省博物馆藏

---

① 〔南宋〕文及翁：《贺新郎》，《全宋词》，中华书局1965年版，第3138页。

烟波里曼妙的风姿。

二、山石林涧

西湖不只是一个水的世界，在江南烟雨的滋润下，湖畔的山峦、坡石、林木、溪涧交织成一片水光潋滟之外的空蒙山色。连绵起伏的群山、高大挺拔的千年古树、覆满青苔的嶙峋坡石、纯净明丽的花枝草叶、自流不息的蜿蜒小溪、空山无人的鸟鸣、叶落有声的静谧，都在大自然的滋养中彰显着蓬勃活力。

厚重不语、生机内敛的山石林木，比那一湖清且涟漪的温软湖水，积聚着更为巨大的生命能量和创造的力与美。正是它们，为西湖的明艳传送着永不枯竭的美丽因素。

我们可以从刘松年的《四景山水卷》等画作中，充分感悟到这样一个意韵丰厚、湿润清新的湖山天地。

刘松年对湖畔山石林涧的熟悉，既来自他对景物的细致观察，也使他形成了独具一格、受人称道的表现手法和风格。以其画松而言，刘松年画松树多作雪松，四围晕墨，松针先以墨笔疏疏画出，再以草绿间点。其干则以淡赭着半边，另留半边以示白雪。这种画法成为他的一个特色和标识。

三、四季变化

湖光山色于四季之中的自然变化，最直接、最切实地昭示着西湖内在生命之韵的律动。风花雪月的表象形成西湖经年有序的景致。在其背后，更有人们对于四时更替、岁月流淌的体味和思索。刘松年的《四景山水卷》对之有细腻生动的传写。

现存之《四景山水卷》（绢本，设色，共四段，纵41.3厘米，每段横68—69厘米不等，藏北京故宫博物院），有李东阳跋语。以前一直断定为刘松年真迹，并被定位为刘松年的代表作，后经中国古代书画鉴定小组鉴定为宋人作品。

据《南宋院画录》卷二引《无声诗》著录，刘松年确实画过《四景山水卷》。此画分成四段，各段均集山水、人物、庭院、楼阁于画面，设色清丽妍秀、笔墨精严细谨、界画工整，与画史所言之刘松年的绘画风格相似。故我们借此领略南宋人画中的四季变化，也从中遥想刘松年所绘之四景风貌。

此图分别描绘了西湖春、夏、秋、冬四时之景，并配以水榭屋宇，穿插人物活动。第一幅，春暖花开，堤边庄院，桃柳争艳，童仆牵马，侍奉着游春的主人；第二幅，夏日炎炎，柳岸水榭，荷花盛开，一高士正悠然坐在厅堂中，湖边亭阁正是消暑的好去处；第三幅，秋高气爽，秋叶正红，童子汲水，主人怡然静坐；第四幅，寒风凛冽，大雪纷飞，路上一人骑驴，一人徒步，正在匆忙赶路。四幅画均主题明确，构图布置井然有序，对不同季节特征的把握极其到位，使人如身临其境，感受湖山的四季变化、不同景色。

《四景山水卷》之一，绢本设色，约41.3厘米×68.0厘米，故宫博物院藏

《四景山水卷》之二，绢本设色，约41.3厘米×68.0厘米，故宫博物院藏

四、园林亭墅

在刘松年的作品中，西湖的园林亭墅穿插以文人贵族的闲适生活，是他表现得最多也是最具特色的题材，而在表现手法上则是工整、细腻、严谨的。

精于楼阁界画是宫廷画师的基本功，也是南宋院画精细典丽画风的一个主要方面。刘松年自不例外，且因技法的高超和风格的独特鲜明而有"院人中绝品"之称誉。所作《四景山水卷》《瑶池献寿图》等作品中，都有界画工整的园林亭墅，成功地画出了贵族庭园别墅之胜。笔法劲挺，精细秀润，尤显刘松年之画风。界画工整的园林亭墅，成为刘松年西湖绘画中的一个特色鲜明的标志。

第三章　画中日月

相对于史料中刘松年疏简朦胧的身影，画中的影像明朗清晰。在山石林木、殿阁庭院、溪涧寺观、湖柳堤岸的笔墨精严、色泽妍秀的画面中，帝王将相、高人隐士、文人士大夫、村夫村妇们享宴聚之欢、赏湖山之秀、闻丝竹之乐、勤耕织之业。春夏秋冬的四季变化与承平岁月的恬适安逸，交织成画中绵延悠长的日日月月，让我们看到了刘松年眼中的南宋景象。也在这景象的赏析中，触摸到画家的思绪与感受、理想与期望。

作为一名职业画师，刘松年绘制了数量众多的画作。仅《南宋院画录》一书，就载录《圆泽三生图》《松亭图》等58幅作品。即使悠长岁月无情地销蚀着画家的艺术创造成果，刘松年仍然有多幅作品流传至今。据《中国历代画目大典（战国至宋代卷）》[①]的著录，在海内外各地600多家博物馆（院）、美术馆、美术研究院（所）、文化单位、高等院校以及私人收藏和历代绘画著录书籍里，依然收藏、图录有多至76幅的被称为刘松年创作的作品。当然，其中自是鱼龙混杂。《中国历代画目大典（战国至宋代卷）》除著录作品外，还以"按语"排比、汇释、说明历代诸家对作品真伪鉴定的意见与争议的要点。据笔者

---

① 《中国历代画目大典（战国至宋代卷）》"对历代五千余名重要画家（包括佚名）的存世帛画、纸画、卷轴画七万多幅加以著录"（见该书凡例），其第576—596页著录被称为刘松年的作品。古代绘画作品的流传，有实物、著录（以文字形式记载于史籍）、图录（以图画形式著录于史籍），而三者均真赝相间。据笔者的理解，该书所指之"存世"，包括各种"帛画、纸画、卷轴画"质地的实物画幅和原作已佚却图录于至今可见的历代绘画著录书籍中的作品这样两类。

统计，上述所著录的76幅画作中，各家在真赝的鉴别上均未献疑的作品，盖有前述之24幅。

我们依据这些存世画迹，结合历代画史著录的刘松年画作，对他的艺术创作及其画中日月，略作欣赏和释读。

刘松年画作所涉门类齐全，山水、人物俱有所成，他是一个技法全面精湛的多面手。题材丰富，涉及的主题或隐或显，大致分类，有溪山幽涧、亭台楼阁、帝王起居、士大夫情趣、道释人物、生活小景、历史场面等。佳秀山水、园林妙造、九五之尊、优游之雅、思古发幽、坐禅访道、市井街巷、渔樵耕织，南宋临安生活的种种场景在其笔底流泻而出，清丽细润的画风营造了优雅恬适的历史时空，将一段精雅细致的南宋风情留存至今，让我们于千载之下，尤复心驰神往于那个古典的世界。

皇家生活的记录者

从现有的文献记载和作品来看，"南宋四家"中，与皇家关系最为密切的，当推马远、马麟父子。刘松年作为宫廷画师，自然也少不了有这方面的关联和作品。

前引《画史会要》称刘松年在宋宁宗朝因进《耕织图》称旨，被赐金带。

曹溶在《刘松年〈宫蚕图〉》的跋中称："刘松年，南渡院中名手，宁宗嬖幸无闻（间）。"[①]

杨妹子也有诗题刘松年《赵清献琴鹤图》："清献先生无一钱，故应琴鹤是家传。谁知默鼓无弦曲，时向珠宫舞幻仙。"[②]

除以上宋宁宗朝的宠幸和赏赐外，《清河书画舫》还记有宋高宗为刘松年所画团扇作的题诗："南山晴翠入波光，一派溪声绕路长，最爱早春沙岸暖，东风

---

① 〔清〕厉鹗：《南宋院画录》卷四，于安澜编《画史丛书》第四册，上海人民美术出版社1962年版，第80页。

② 〔明〕张丑：《真迹日录》卷五，四库本，第817册，第600页。原文又记："二印文讹莫辨。绢本水墨画。"

轻浪拍鸳鸯。""荷叶如钱三月时，幅巾藜杖一追随。尔来胜事知多少，惟有风标公子知。"①

记录帝王的生活起居与重要事件，或遵照帝王的意旨完成相应的任务，都是宫廷画师的职责。

〔南宋〕刘松年《瑶池献寿图》，绢本设色，198.7厘米×109.1厘米，台北故宫博物院藏

据汪砢玉《珊瑚网》记载，刘松年曾绘《长乐清吹图》，画的是宫中歌舞鼓吹的场景，笔法细腻，"纤悉在目"。②

此外有《瑶池献寿图》等作品，借传说中的题材描写庆贺圣诞等宫中生活的多种场面，这也是宫廷画师工作职责的体现。

上述曹溶所跋之《宫蚕图》则是奉命应制之作：

> 亲蚕载自《礼经》，成周诗人率举以鸣后妃之德；后世踵行者鲜，而女德始淫僻矣。列女关国家何事？蔚宗于东汉特为一传，欧阳公论阁人宫妾，谓女祸视阁为轻，此所见止于五代，非通论也。人君躬行节俭，洁衣服以祀祖考，劝耕织

---

① 〔明〕张丑：《清河书画舫》卷一〇上，四库本，第817册，第397页。这些题诗的真实性受到怀疑，一般认为刘松年生活于南宋孝宗、宁宗、光宗三朝，故宋高宗不可能为其画作题诗；但以现有史料推之，刘松年也有生活于宋高宗朝的可能，详见前文论述。不过明人所记，往往前无所据，仅凭流传画作记述，而画作往往真赝难辨，也有不可靠处。

② 〔明〕汪砢玉：《珊瑚网》卷四三，四库本，第818册，第822页。

以勤民瘼。然后六宫被其化，而蚕事兴，化行于家则天下驯以治，苟失其序，有不可问者矣。……松年此图，供至尊一击节嗟赏而已，岂知四五百年后同于脱簪之谏、鸡鸣之诗哉。坦斋善藏之，勿徒以布置设色，辨其优劣可也。①

南宋时期最具实用价值的绘画作品，是楼璹于宋高宗绍兴二年至四年（1132—1134）任於潜县令时绘制的《耕织图》。这部连环画形式的画册，有耕图21幅、织图24幅，每图均配有五言诗一首八句，将耕、织生产的各个环节绘制图示，反映南宋时期临安一带水稻、蚕桑的生产过程，以遵宋高宗"劝课农桑"的诏令，楼璹因此受到宋高宗的召见。宋高宗对此图十分欣赏，将其"宣示后宫，书姓名屏间"，"一时朝野传诵几遍"。

整个南宋时期，州、县府中多绘有《耕织图》。画师们也多有应皇帝之命而绘制《耕织图》的。刘松年的获宠幸于宋孝宗，得赐金带，就在于进奉其所绘之《耕织图》称旨。据吴其贞《书画记》的记载，刘松年《耕织图》为绢画一卷。"色新法健，不工不简，草草而成，多有笔趣。内中五月之图，屋梁上贴一张天师，是为张口作法者，使人见此，无不解意。"画中并有"刘松年笔"四字。②

文人士大夫的情趣与情怀

此类题材的作品，画迹留存至今的有《十八学士图》《兰亭修禊图》《秋窗读易图》《松荫鸣琴图》，以及《南宋院画录》等书著录的《卢仝煮茶图》《东山丝竹图》《杜拾遗春游图》《子美浣花醉归图》《唐子西拾薪煮茗图》《桃花书屋图》《竹居文会图》《雪江独钓图》《春亭对弈图》《西园雅集图》《溪隐图》《春

<hr>

① 〔清〕厉鹗：《南宋院画录》卷四，于安澜编《画史丛书》第四册，上海人民美术出版社1962年版，第80页。

② 〔清〕厉鹗：《南宋院画录》卷四，于安澜编《画史丛书》第四册，上海人民美术出版社1962年版，第78页。

山仙隐图》《张志和辞聘图》《野意图》《秋林访逸图》等。

刘松年作为一位宫廷画师，在我们今天很多人的通常认识里，只能是一个唯诺委命于帝王威严、皇家意志，拘谨固步于界画楼阁、院体花鸟的毫无独立人格和艺术个性的画匠。他和那些才高八斗、学富五车，具林泉之志、有出尘之思的文人士大夫，应该有着路径的南辕北辙、境界的霄壤之别。然而，当真正深入刘松年的画境中后，我们才发现其间真是别有洞天。刘松年的画里，有俞伯牙、钟子期、谢安、杜甫、杜牧、张志和、柳宗元、卢仝、唐庚，有王羲之和与他同在兰亭修禊的风流俶傥的世家子弟，有唐太宗文学馆里的房玄龄、孔颖达、虞世南、陆德明等十八学士。这些学者、文人、隐士和士大夫们优游雅聚、研经论道、对弈品茗、游春赏乐、山野隐居、寒江独钓。刘松年在这些山林野趣与人物故实高度和谐的画幅里，对人物的神情、仪态、举止把握准确，构图饱满，场面生动，布局张弛有度，笔墨游刃有余，无丝毫拘谨黏滞之处，表现出画家对此类人物的活动情形、生活情趣、精神风貌，都有着细致入微的体察、了解和认同，与他们有着息息相关的契合、脉脉相投的意趣，故而方能表现得如此自然、自如、自若。

一、《十八学士图》

该图取材于唐代历史故实。据《新唐书·褚亮传》记载，唐太宗李世民为选拔天下才俊之士为己所用，在朝中设立文学馆，纳英才而聚之。其时有杜如晦、房玄龄、于志宁、苏世长、薛收、褚亮、姚思廉、陆德明、孔颖达、李守素、李玄道、虞世南、蔡允恭、颜相时、许敬宗、薛元敬、盖文达、苏勖等十八名士，号称"十八学士"。他们分为三班，每日一班六人值宿，相与研读诗文经籍，发论佳者谓之"登瀛洲"。"瀛洲"为传说中的仙山，登临者可以成仙，长生不老，学士们故取其事以自乐。"十八学士"由此成典，也成为中国人物画表现的传统题材，唐代画家阎立本即画过这个题材。

二、《兰亭修禊图》

兰亭修禊取材于广为人知的东晋书法家王羲之曲水流觞的故事。东晋永和九年（353）农历三月初三，书法家王羲之与名士好友孙统、孙绰、谢安、支遁等41人，为修禊而宴饮雅集于会稽山阴（今绍兴）兰渚山下的兰亭，曲水流觞，赋诗饮酒，得26人所作诗37首。王羲之乘兴作《兰亭集序》，并书之绢幅。文中，王羲之"仰观宇宙之大，俯察品类之盛"，于俯仰之间抒岁月人生之感慨于笔端。而笔力内蕴、笔势俊逸飘洒的书法，更将魏晋名士至情至性的风流蕴藉挥洒无遗，令后世效颦者多有东施之叹。

三、《卢仝煮茶图》

卢仝是唐代诗人，"初唐四杰"卢照邻之嫡系后裔。一生嗜茶成癖，以此传名。所作《茶歌》千余年来传唱不辍，成为诗人骚客心目中的经典"茶经"，爱诗嗜茶者每每以"卢仝""玉川子"自比。

卢仝《茶歌》中吟道：

一碗喉吻润；二碗破孤闷；三碗搜枯肠，惟有文字五千卷；四碗发轻汗，平生不平事，尽向毛孔散；五碗肌骨清；六碗通仙灵；七碗吃不得也，惟觉两腋习习清风生。

七碗茶中，润喉解渴只需一碗即可。其余各碗，碗碗都是别有意绪在其中，轻率的饮茶人又何以能够品得其中的真味？

四、《东山丝竹图》

东山，即东晋名士、名相谢安的隐居之地。魏晋以来，士人刻意追求一种闲逸雅致的生活。他们崇尚自然，喜欢吟诗作画，邀游玩赏，谈玄说怪。谢安堪称其中代表。他40岁以前一直辞官不做，隐居会稽东山。与王羲之、许询、支道林等名士名僧频繁交游，出则渔弋山水，入则吟咏属文，优游山林，修身养性。入仕以后，运筹帷幄，尽显谋略与才干，成为当之无愧的名士与名相。"风声鹤唳，草木皆兵"，就发生在谢安指挥东晋战胜强大前秦的淝水之战中。

五、《子美浣花醉归图》

子美，即杜子美，就是唐代的著名诗人杜甫。唐乾元二年（759）十二月，为躲避安史之乱，杜甫从长安流亡到成都，第二年三月在成都西郊的浣花溪畔建成茅屋一座，称为"草堂"。杜甫在草堂作诗240余首。很多诗都以草堂为题、触景生情而作。如《堂成》《江村》《春夜喜雨》《茅屋为秋风所破歌》《恨别》等。浣花溪在唐代江阔水深，能行大舟。杜甫著名的《绝句》"两个黄鹂鸣翠柳，一行白鹭上青天。窗含西岭千秋雪，门泊东吴万里船"，描绘的就是这里的情景。

六、《唐子西拾薪煮茗图》

唐子西即唐庚，北宋文学家、诗人。为官清正，以文辞名噪当时，著作甚多，有诗、文、诗话、文论共80多卷。唐庚作诗为文精雕细琢，著名诗句如"山静似太古，日长如小年"，气度从容悠闲，颇具闲适超脱意趣。就"唐子西拾薪煮茗"的题材而言，南宋罗大经所撰《山静日长》一文，以苍藓、落花、松影、禽声、溪泉、苦茗、山径、夕阳、山月、法帖、墨迹、画卷、桑麻、粳稻、柴门、牛背、笛声种种自然和人文的意象，构筑成生动清新的田园山色和悠闲山居的生活情趣，表现阅尽人世繁华后向自然山水返璞归真、摆脱俗务禁锢后身心俱获释放的自由与无羁。这正是无数文人士夫心所倾慕的居住理想，也是中国传统文化向所崇尚的人生境界。

七、《西园雅集图》

西园雅集是一场在历史上声名颇著的文人盛会。11世纪的北宋，苏轼、苏辙、黄庭坚、秦观、李公麟、米芾、蔡肇、李之仪、郑靖老、张耒、王钦臣、刘泾、晁补之及僧圆通、道士陈景元等，集结于驸马都尉王诜家的西园吟诗作画，极宴游之乐。主友16人，加上侍姬、书童，共22人。李公麟画下了当时情景，米芾则写了《西园雅集图记》记录这幅画的创作，写了人物姓名、衣冠、坐卧神态及周围清幽旷远的环境。① 由于苏轼、苏辙、黄庭坚、李公麟、米芾等人都是翰苑奇才，后人景仰之余，纷纷摹绘《西园雅集图》。著名画家马远、刘松年、赵孟頫、钱舜举、唐寅、原济、丁观鹏等，都曾画过《西园雅集图》，以至"西园雅集"成了绘画史上描绘文人韵事的常见画题。

八、《香山九老图》

"香山九老"的来历与白居易有关。白居易曾在故居香山（今河南洛阳龙门

---

① 关于历史上的这次雅集以及李公麟此图，颇多争议。或于聚会的人员、时间有不同的看法；或指实际上并不存在这样一次聚会，只是王诜、李公麟想象中的一种集合。而对李画与米记，也有对其真实性的质疑。

山之东）与八位耆老集会、宴乐。为纪念集会，白居易请画师将九老及当时的活动描绘成《香山九老图》。后人思慕这段风雅韵事，因而产生了许多描绘耆老贤者们宴集的作品。

除上面所列作品的绘画内容，刘松年还画过《张志和辞聘图》《杜拾遗游春图》等作品，无一不与文人士大夫们的思想意识、人生理想、生活趣味相关联。这样的题材选择，与中国绘画中某些题材一旦出现便被人们反复描绘、经久不息而成传统的现象有关。但在具体绘画创作中，画家在谋篇布局、构思情节以及人物表情、性格表现上所倾注的感情和心力，都可以见其与画中人事的同声共鸣。

明人汪砢玉曾记云："右题指挥张侯所藏《卢仝烹茶图》，盖宋人刘松年笔也。观其布景萧散，用意清远，翛然有出尘之想。噫！卢仝之趣，非松年莫能写其真，而松年之画，今之所见者，盖亦寡矣。"①

《东山丝竹图》里，"山冈回合，美荫飞泉，掩映喷洒，极其幽胜。安石策杖，同诸佳丽步行桥上，风流蕴藉，可想见也"②。

张羽《书刘松年九老图卷》称："人物、界画、林木、水石，各臻其妙，今画者工其一，犹足称于世，而刘乃兼众工之所长，可谓难矣。""一时衣冠人物之华，水竹林亭之胜，朝野升平之象，耄老康宁之福，蔼然见于毫素，使人展卷而为之叹息企慕，恨不身生其时而目睹其事，盖有非后世俗史之所能及也。"③

评论中所言之"布景萧散，用意清远，翛然有出尘之念""风流蕴藉""展卷而为之叹息企慕"诸语，都是对刘松年画面气韵、风格的描述和评价，类似的用词绝异于一般评介宫廷画师或院画所常用的"匠气""形似""拘谨不化"等语，而与文人士大夫的审美情趣相契合。

这样的契合和情趣，来自相同的生活环境和对这环境的深刻体悟。同为侍

---

① 〔明〕汪砢玉：《珊瑚网》卷三〇，四库本，第818册，第573—574页。

② 〔清〕孙承泽：《庚子销夏记》卷三，四库本，第826册，第29页。

③ 〔清〕厉鹗：《南宋院画录》卷四引张羽《张来仪文集》，于安澜编《画史丛书》第四册，上海人民美术出版社1962年版，第87—88页。

奉天颜的臣子，即便贵为学士的文人，或只是卑微的职业画工，逃不脱同在一个帝苑里朝夕相处。皇家精致典雅的宫园、皇族优雅富贵的生活、士大夫修雅博识的教养，自会对画师们有文化场域的熏染和影响。赵氏皇室在诗词书画艺术上的天赋、素养、好尚，以及对艺术时尚的要求和引领，更是南宋宫廷画师们的造化，使得他们可以有眼力、境界和表达上的裕如和优雅。刘松年及其画风，就是集中而经典的体现。

世外的心境

大宋的赫赫皇权在异族的金戈铁马前，宛如风吹雨打花落去。只剩得江山半壁的南宋王朝，尤其需要借助宗教的精神力量来自我疗伤，慰藉其黯淡的心境，维护其受损的尊严，维系民众对王朝的忠诚和信任。于是，南宋一朝，佛教、道教俱兴，世俗化与民间化的趋势明显，而以杭州地区表现得最为集中。《咸淳临安志》卷七五《寺观一》记载："今浮屠、老氏之宫遍天下，而以钱唐为尤众；二氏之教莫盛于钱唐，而学浮屠者为尤众。"[①]

> 城内寺院，如自七宝山开宝仁王寺以下，大小寺院五十有七。倚郭尼寺，自妙净福全慈光地藏寺以下，三十有一。又两赤县大小梵宫，自景德灵隐禅寺、三天竺、演福上下、圆觉、净慈、光孝、报恩禅寺以下，寺院凡三百八十有五。更七县寺院，自余杭县径山能仁禅寺以下，一百八十有五。都城内外庵舍，自保宁庵之次，共一十有三。诸录官下僧庵，及白衣社会道场奉佛，不可胜纪。[②]

在这样的社会氛围里，整个杭州城里的宗教生活气氛浓厚。以佛教的情形来看，宋高宗绍兴二十七年（1157），礼部侍郎贺九中上奏称，"全国僧尼二十

---

① 〔南宋〕潜说友：《咸淳临安志》卷七五《寺观一》，清道光十年（1830）钱塘振绮堂汪氏仿宋本。

② 〔南宋〕吴自牧：《梦粱录》卷一五《城内外寺院》，浙江人民出版社1980年版，第137页。

万"，各地来杭州参学、游方的僧众很多，灵隐寺、净慈寺、径山寺等大寺院有时要住挂搭僧1000—1700名，出现了大慧宗杲、佛照德光、真歇清了、瞎堂慧远、松源崇岳、如净等著名禅师。南宋皇帝崇佛礼佛，他们不断新建、修建、扩建寺院作为帝后的香火院、功德院等。朝廷对寺院优礼有加。有时赐予寺院大量土地、山林、房产，如一次就赐田旌德显庆寺（宋慈明太后香火院）3000亩；有时则为之书写寺额，如集庆讲寺"寺额皆御书，巧丽冠于诸刹"。但凡岁时节日、圣节、生日、庆典以及逢遇重要的政治、军事活动、决策等等，帝王显贵们常去寺院进香祈祷，祈求佑护。①

在民间，百姓们也是"普遍笃信佛教，幻想大慈大悲的菩萨来保佑自己，消灾降福，使自己生活安定幸福"。其时，佛教宣扬的因果报应、轮回转世、佛国净土、饿鬼地狱、修行成佛等观念深入民心，对人们的心理和社会生活产生极大影响和冲击，由此形成对佛、菩萨的顶礼膜拜，烧香拜佛、打鬼、超度、还愿、诵经、浴佛、放生、捐钱塑造佛像佛塔、赶庙会等一系列佛事活动兴盛。②

与此相应，佛教艺术也十分兴盛。僧人中不乏擅长书画者，如僧若芬、法常等。

僧若芬，俗姓曹，字仲石，婺州（治今浙江金华）人。九岁时于宝峰院剃度为僧，曾居临安天竺寺，又遍游诸方，摹写云山以寓意。善画墨梅墨竹，后专意于山水，加之书法的独特面貌，被时人称为"三绝"，与僧法常同为宋末著名画僧。性情率真，不务虚名。随着声名日盛，求画者也渐多，他却对此颇不以为然，说："世间宜假不宜真，如钱塘八月潮，西湖雪后诸峰，极天下伟观，二三子当面蹉过，却求玩道人数点残墨，何耶？"③遂归老家山。在古涧侧流苍壁的胜景之间构筑一亭，题匾名为"玉涧"，并以此为号。又面对芙蓉峰建阁，

---

① 参见俞昶熙、李祖荣：《梵宇精舍　钟磬相续——四百八十寺》，《南宋京城杭州》（修订版），浙江人民出版社1997年版，第187页。

② 参见何忠礼、徐吉军：《南宋史稿》，杭州大学出版社1999年版，第689页。

③ 〔元〕夏文彦：《图绘宝鉴》卷四，于安澜编《画史丛书》第二册，上海人民美术出版社1962年版，第99页。

自号"芙蓉峰主"。年八十而卒，著有《玉涧剩语》。

若芬的山水画有《庐山图》《远浦帆归图》《山市晴岚图》等。作画不拘于琐碎细节，而以水墨大笔挥洒，不以形似为上，而以寄情寓意为胜，与其洒脱的个性十分相符。

法常，号牧溪，四川人。俗姓李，宋理宗、宋度宗时在杭州西湖长庆寺为僧。他禀性正直，藐视权贵，不畏强暴。据吴大素《松斋梅谱》载，法常曾因出言反对当权奸臣贾似道，而遭追捕之险，逃避于绍兴丘家。元至元间圆寂①。

法常"喜画龙、虎、猿、鹤、禽鸟、山水、树石、人物。不曾设色，多用蔗渣、草汁，又皆随笔点墨而成，意思简当，不费妆缀。松竹梅兰，不具形似；鹭荷、芦雁，俱有高致"②。这种画风继承了石恪、梁楷的画法又有所发展，形简神备，洒脱自然，以简洁写意的笔墨取胜。作品有《叭叭鸟图》《虎图》《荷叶图》《芦雁图》《鹤》《观音图》等。这些作品的画面都以简洁精到的笔墨画出了八哥、猿、鹤等形象，形神皆备，栩栩如生；再以松石竹木补景，皴染兼用，笔墨滋润。

法常作品流传在日本的很多，其画风对日本产生重大影响，法常甚至被评为"日本画道的大恩人"。法常是南宋高僧无准禅师的法嗣，他和当时日本派来中国学佛法的圣一国师是同门。圣一在宋理宗淳祐元年（1241）回国时带去法常作品《观音图》《猿》《鹤》，至今仍珍藏在东京大德寺，被称为"国宝"。

此外尚有：

莹玉涧，西湖净慈寺僧。师惠崇，画山水。

真慧，画山水佛像，被誉为"近世佳品"；画翎毛林木，尽现江南景物的气象。③

---

①② 〔元〕吴大素：《松斋梅谱》，王伯敏、任道斌主编《画学集成（六朝—元）》，河北美术出版社2002年版，第792页。

③〔南宋〕邓椿：《画继》卷五，于安澜编《画史丛书》第一册，上海人民美术出版社1962年版，第35页。

萝窗，姓名不可知，居西湖六通寺，"与牧溪（法常）画意相侔"。①

慧舟，号一山叟，天台人，居西湖长庆寺。其画竹的特色，在于善作小丛竹，或三枝两竿，或百十成林。疏密有致，无重复冗杂之感。

仁济，字泽翁，俗姓童，玉涧之甥。善画水墨梅竹与山水花卉，书法也工。《图绘宝鉴》称其"书学东坡，墨竹学俞子清，梅学扬补之"②。他学画十分用心，对自己要求甚高。自言学画四十年，所画唯有表示花瓣的圈圈稍圆而已。

梵隆，吴兴人③，字茂宗，号无住。善白描人物及山水。人物师法李公麟。宋高宗极其喜爱他的作品，每见一幅，辄加品题。画迹有《渡水罗汉图》，得元代钱选和明代李日华、王世贞的盛赞，认为其学李公麟不在外貌，而重神韵。此图一名《十六罗汉图》，著录于《书画记》及《大观录》。

这种崇佛礼佛的社会风气，对行走大内、生活在皇帝身边的宫廷画家，也产生重要影响，比如画院待诏梁楷。

梁楷（生卒年不详），山东东平人，南渡后流寓临安。南宋宁宗嘉泰年间画院待诏。《图绘宝鉴》卷四称其"善画人物山水，道释鬼神，师贾思古，描写飘逸，青过于蓝"④。梁楷是南宋后期富有创造力的人物画家，他以水墨减笔的独特画风，为写意人物画带来新的风尚。梁楷与妙峰、化石间、智愚等和尚往来密切，作品中多有佛教题材的表现，如《释迦出山图》《八高僧故事图》等。今传其《六祖图》，以简洁清淡笔墨勾勒人物形象，表现出简练洒脱的风格。《泼墨仙人图》则运用粗阔的笔势和浓淡相间的水墨，将仙人的醉态泼洒得淋漓尽致，是水墨写意人物画的典型作品。这种运用于人物画的泼墨画法，是梁楷在绘画史上的重大贡献。

---

① 〔元〕夏文彦：《图绘宝鉴》卷四，于安澜编《画史丛书》第二册，上海人民美术出版社1962年版，第99页。

② 〔元〕夏文彦：《图绘宝鉴》卷四，于安澜编《画史丛书》第二册，上海人民美术出版社1962年版，第100页。

③ 祖籍新疆，一说非汉人。

④ 〔元〕夏文彦：《图绘宝鉴》卷四，于安澜编《画史丛书》第二册，上海人民美术出版社1962年版，第104页。

刘松年的作品中有不少宗教题材的绘画，佛像与故事图都有创作。《中国历代绘画大典（战国至宋代卷）》中著录的刘松年作品《圆泽三生图》，是十分著名、被历代许多画家画过的题材。

"圆泽三生"的故事来自苏轼的《僧圆泽传》，写的是僧人圆泽与其友李源的故事。其文大意是说，洛阳惠林寺原为光禄卿李登之府第，安史之乱时李登亡故，其子李源十分悲愤，发誓不做官、不娶妻、不吃肉食，在惠林寺里修行50余年，和寺里的住持圆泽禅师成了契友。

一天，他们相约共游四川的青城山和峨眉山。李源要从荆州溯峡而行，圆泽主张取道长安斜谷，李源不同意，于是他俩就一起从荆州走。到了南浦，船靠在岸边，只见有一个妇人在河边取水。圆泽看着她流下了眼泪，对李源说："我不愿意走水路就是怕见到她呀！"李源吃惊地问他原因，他说："她姓王，我注定要做她的儿子，因为我不肯来，所以她怀孕三年还未生产，现在既然遇到了，就不能再逃避。现在请你用符咒帮我速去投生，三天以后洗澡的时候，请你来王家看我，我以一笑作为证明。十三年后的中秋夜，你来杭州的天竺寺外，我一定来和你见面。"

李源既悲且悔，为他沐浴更衣。黄昏时圆泽亡故，河边的妇人随之生产了。三天后李源去看婴儿，婴儿见到李源果真微笑。十三年后，李源从洛阳到杭州西湖天竺寺，去赴圆泽的约会。到达寺外，听到了葛洪川畔有牧童的歌声："三生石上旧精魂，赏月吟风不要论。惭愧情人远相访，此身虽异性常存。"李源听了，知道是旧人，忍不住问道："泽公，你还好吗？"牧童说："李公真守信约，可惜我的俗缘未了，不能和你再亲近，我们只有努力修行不堕落，将来还有会面的日子。"随即又唱了一首歌："身前身后事茫茫，欲话因缘恐断肠。吴越山川寻已遍，却回烟棹上瞿塘。"唱罢便掉头而去，从此不知所至。

就在他们相见的杭州天竺寺外，至今还立有一块大石头，据说就是当年他们隔世相会的地方，称为"三生石"。所谓的"三生"，指的是李源第一次见的是圆泽的本身，第二次见的是圆泽的后身，第三次见的则是圆泽化入烟霞而去的化身。

学养深厚、性情至慧的苏轼，为中国人的友情、人性的本真、生命的轮回，写下了一个感人的故事。这种"轮回"与"转世"观念，是人们在生命短暂、世事无常的现实中，对生命永恒、真性不朽的认识和唯有放下一切才能超出轮回束缚的诠释。这既是一种佛教的入世观照和慧解，也是一种哲学的思考。正因为如此，"圆泽三生"成为中国绘画常写不辍的题材，画家们乐此不疲地绘制着有关前身后世的种种图卷，"赵千里图其前生，刘松年图其悟前生"①。

刘松年宗教题材的作品中，有不少佛像图。而且十分巧合的是，至今既有纪年又有名款的刘松年作品，就是他的三幅《罗汉图》：各绘一尊罗汉，造型、神态各异，但都构图严谨，笔法精妙，形象生动，具有较高的艺术水平。

其中之一又名《猿猴献果图》（绢本，设色，117厘米×55.8厘米，藏台北故宫博物院），描绘的人物形貌奇古，有石恪、贯休之遗风。衣纹用铁线描，笔笔中锋。面部及肌肉用线条勾出，再用淡墨及色彩渲染，树石多用中锋之笔勾画轮廓，然后用干笔皴擦点染。枝叶疏密得体，笔法爽朗劲健，层次鲜明，工而不板。

除佛教题材的作品外，超然尘世之外而具道家风范的作品也多有所见，如《春山仙隐图》《仙山图》等。善画仙山楼阁是刘松年的一大特色，在这些作品中，往往有"群山岩峣紫翠封，楼台缥缈烟霞重。青溪迥隔红尘路，玉洞遥连绛府宫。溪边洞口相隈隩，蹊径深深映花竹。风散花香入酒瓢，日高松影开棋局。岩前偶坐

〔南宋〕刘松年《猿猴献果图》，绢本设色，117.0厘米×55.8厘米，台北故宫博物院藏

① 〔明〕张丑：《真迹日录》卷二，四库本，第817册，第532页。

二三翁，神气萧爽巾屦同，玲玲绿发稀可数，皎皎双瞳圆且浓。其间一仙如识面，忆在芙蓉城下见，曾将宝诀授长生，还引瑶池开小宴。别来倏忽三千秋，旧踪那复更追游。何当重跨轩间鹤，来会诸仙岭上头"①。

在刘松年的作品中，常常有青溪迥隔、蹊径深深、风散花香、日高影闲的山中幽景与心底闲趣，显然可以把这看成是他内心世界的一种反映。没有证据表明皇宫的高墙深院和画师的受制于人让他感到了禁锢和压抑，于是会有出世的向往。也许是热爱自然山川的烟霞之痼，也许是西湖山川的清幽秀雅对他的召唤，也许是中国人心中都有的对洞天福地、神仙世界的憧憬，所有的这一切，汇聚成了刘松年笔底的宗教图景，表达着他世外的心境。

济世的热望

历史题材以及我们今天所谓之重大题材的作品，也在刘松年的创作中占有较大比重，文献记载中，可见其重要作品有《中兴四将图》《便桥见虏图》《昭君出塞图》《成王问道图》《圯桥进履图》等。

《中兴四将图》描绘的是为重建朝廷立下汗马功劳的四员大将韩世忠、张俊、刘光世和岳飞的全身立像。比例准确，姿态自然，人物各具个性，衣饰线描劲健。全图共八人：四位将领、四位仆从，画面处理成主大仆小，用对比之

《中兴四将图》，绢本设色，26.0厘米×90.6厘米，中国国家博物馆藏

---

① 〔清〕厉鹗：《南宋院画录》卷四引谢晋《兰亭集·题刘松年〈仙山图〉》，于安澜编《画史丛书》第四册，上海人民美术出版社1962年版，第93页。

法突出将领们的形象，各将领像前均书有爵位名讳。四将之生平大节虽各有不同，但在重建朝廷的中兴大业中，是"自王公大人士下至牛童马走妾妇稗官之口，无不称道其武勇忠义，君子耻没世而无闻焉，宁不思景仰乎"①。

现在保存在北京中国国家博物馆的《中兴四将图》（绢本，设色，26.0厘米×90.6厘米）经专家的仔细研究，确认不是刘松年的原作，而是后人的摹本，但也能反映刘松年的绘画面貌。

在直接反映南宋时期历史事件的作品之外，刘松年对之前一些著名历史事件也有较多反映，如《昭君出塞图》《便桥见虏图》等。

"昭君出塞"讲的是汉宣帝时匈奴发生分裂，五个单于分立，攻打不休。其中一个单于呼韩邪，被其兄郅支单于打败。呼韩邪决心跟汉朝和好，亲自带着部下来朝见汉宣帝，得到汉宣帝的招待，为他举行了盛大的宴会，派了两个将军带领一万名骑兵护送他到了漠南。汉元帝时，汉朝派兵打败了郅支单于，呼韩邪单于的地位得以稳定。竟宁元年（前33），呼韩邪单于再次来到长安，要求同汉朝和亲，汉元帝决定挑个宫女给他。宫女王昭君毅然报名，自愿到匈奴和亲，做了呼韩邪单于的阏氏。她和匈奴人相处得很好，匈奴人都喜欢她、尊敬她。她劝呼韩邪单于不要发动战争，还把中原的文化传给匈奴。匈奴和汉朝和睦相处，有60多年没有发生战争。

"便桥见虏"的内容是：唐武德九年（626），东突厥颉利可汗率兵10余万进到长安附近。刚刚即位的唐太宗李世民虽然居于军事上的劣势，然而以镇定和机智，在便桥和突厥达成盟约，促成突厥退兵。这个历史事件突出地反映了唐太宗镇定机智、积极有为的帝王气质与气度，成为一个极好的绘画题材，最初由颜师古创写以示，后世画家多有复摹绘制。

以民族关系为题材的作品的大量涌现，是南宋绘画的一个突出现象。刘松年之外，李唐等人都有不少此类作品，这与南宋特殊的时代处境密切相关。在后世评论者中，不乏将其与当时宋金对峙的政治局势与民族矛盾相联系者。其中，《中兴四将图》无疑是一个直接相关的题材，《便桥见虏图》《昭君出塞图》

---

① 〔明〕汪砢玉：《珊瑚网》卷二九，四库本，第818册，第569页。

也都关涉民族关系的处理。这些作品确实反映了当时朝廷对兴亡大业的关注，也在一定程度上表达了画家本人对江山、社稷、民族存亡的关心。

但是，如果一味将其中的题材与主和、主战的时论作直接的关联，则似嫌牵强。类似的题材一直是中国绘画经久不衰的表现内容。尤其在元代以前，基本属于人物画范畴的历史题材作品，在绘画创作中占据主流，与山水画相比，有过之而无不及。因此，从画史传统来分析，刘松年的这些作品，实可视为一个画家的常规创作行为。进一步分析下去的话，此类题材表现的乃是帝王将相的功绩，作为一个职业的宫廷画师，这是他必做而不能推却的功课。

日常生活的描述者、热爱者

刘松年的画作中，除了王室贵族、文人士夫的生活记录外，还有大量平民日常生活的生动描述。例如《秋林纵牧图》《柳阁幽谈图》《溪亭客话图》《雪山行旅图》《茗园赌市图》《丝纶图》等作品。刘松年对此的赞赏和热爱之情充盈于笔墨之间，让我们在真切的生活场景中感受到南宋社会的运行节律与生机。

前文已述，南宋宫廷画师在宫中没有集中家居区域，他们散居于临安城内不同的坊、巷、衢、弄间，日复一日地穿梭于城市的大街小巷。在走向宫殿的路上，他们目睹了清丽的自然山川、普通的民众生活；在为帝王服务的职业之余，也多多地体察到了当时百工伎艺人的劳作。

刘松年笔下的临安，是一个由自然的、园林的、人文的多重色彩交相融会而成的秀润清逸的居住环境。平和、宁静、恬适，既是刘松年的绘画风格，也是他留给我们的一个关于南宋的印象。

自然的美，是刘松年喜欢和擅长表现的题材。在《溪山楼阁图》《柳阁幽谈图》《溪亭客话图》《雪山行旅图》《竹里梅花图》《溪隐图》《山田图》等传世（或传为刘松年所作）和文献记载的作品中，山岚清远，平坡点翠，林亭空旷，松筠映发。其间，有溪山楼阁、竹里梅花，有春日的柳阁幽谈、盛夏的溪亭客话、清秋的窗下展卷、寒冬的雪山行旅。

我们可以来看一下这类作品的画面。

《松亭图》，绘平坡缓缓，松树并立，中有小亭独立，前有小路蜿蜒，掩映在深草之中，若隐若现，气色粲然。

《竹里梅花图》，为典型的花竹小景，绘修竹、梅花交错，下有路径曲折，画面清气流溢，景幽趣雅，加上竹与梅的题材，颇具后世所谓文人画的意趣。

其他如《溪隐图》《山田图》，多是山色青翠、坡远溪长、庄舍俨然、人隐其间的清旷之景。"翠屏削立云表，孤庄枕清涟，平畴交远风，各极其致。"①

在这样诗意的山水间，同样有着富于江南色彩的诗意生活。

> 樵青刺篙胜摇桨，船头分流水声响。青山渺渺波漾漾，白鸥飞过时一两。载书百卷酒一壶，日斜出游女儿湖。邻舟买得巨口鲈，醉拍铜斗歌呜呜，此乐除却江南无。②

《丝纶图》是当时民间家庭丝织生产场景的反映。即使这样的生活劳作，也是一派山岚清远、花木扶疏的景象。正如前文所引汪砢玉之语称："长松覆前，远山耸后，庭槛缀花石殊幽旷，檐间一姬拗纶，一姬治丝，一侍儿捧茶，不襦而露纤红，故北妆也。笔法细润有生气。"

---

① 〔明〕王世贞：《弇州山人续稿》卷一六八《画跋》，四库本，第1284册，第424页。
② 〔明〕田汝成：《西湖游览志余》卷一七，浙江人民出版社1980年版，第282页。

第四章 绘画特色

路径明晰的师承

关于刘松年的绘画师承，据前引史料记载，涉及李唐、张训礼和赵千里三人。

一、师从李唐

史料没有直接说到刘松年与李唐的关系，讲到的是师张训礼，而张训礼是师法李唐的，所以刘松年就间接地成了李唐的学生。

刘松年的师从李唐，除了张训礼的路径外，即使从李唐画风在当时画院中的地位、影响和刘松年作品的一些表现手法来分析，也是有迹可寻的。

李唐自创新风的绘画，在南宋画院产生巨大影响，一时师法、模仿之作大兴。虽然画史对此没有明确记载，但从历代著录和留存至今的作品以及文字释读中，可以很清楚地看到这一点。著名的比如马远、夏圭，更多的则表现在大量佚名的宋人小品画中。其突出的征象，就是局部构图、淋漓水墨、清劲刚健的线条和标志性的斧劈皴。在这样的时代氛围里，即使没有张训礼，刘松年照样可以有自己的路径来师法、学习李唐的技法。

但是，如果我们放眼刘松年作品的全部，则可以明显看到，刘松年的师法李唐画风，是有很大局限性的。严格地说，他只是在山水画的某些创作中，与李唐的某些技法有一致的手法。具体来看，就是他师法和继承的，是李唐工细严整、谨于法度的那一面。而且与此同时，刘松年作出了富有个人特色的创造，因而才会有"神气精妙过于师"的成就。

与李唐的水墨苍劲相比，刘松年细腻、优雅、秀洁和精工的画风，是显而易见的。与李唐逐渐从设色走向水墨的发展轨迹相比，刘松年不但没有这么清晰的变化或是表现出对水墨表达有较偏向的重视，而且他似乎是一直比较偏好并注重设色的。因此，综合来看，刘松年应该是"南宋四家"中最具个人特色和风格的一位画家。

二、师从张训礼

关于张训礼与宋驸马都尉张敦礼的关系，有一种说法是张训礼是张训礼，驸马都尉张敦礼是驸马都尉张敦礼，历史上原本就有这样不同名的两个人，是画史将两人牵扯在一起，混淆了事实。清乾隆皇帝就曾在为张训礼《围炉博古图》赋诗时，对此作过纠正："训礼易敦礼，二人非一人。相如似有慕，欲讶孰为真。古器玩三代，闲庭聚四宾。朱栏干曲畔，梅信正含春。"①

诗中小注云："《书画谱》②载，张训礼旧名敦礼，避光宗讳改今名，又别载张敦礼传。初疑即系一人，及细考时代，敦礼乃哲宗之婿，前后相距百余年，当是名偶相同。或慕其笔墨，故袭其名，如司马之慕蔺亦未可知。"③

可能是受此影响，所以在清代人的著录里，提到张训礼时已不言及张敦礼了："张训礼画山水人物，专学李唐，笔致恬雅，时辈不能及。至于着色青绿，亦如赵千里，他人为之皆不能及也。刘松年师事之，尽得其法。画之传世者《清江绿树图》一、《湍流图》一、《湖峰蘸碧图》二、《阁道图》一、《控琴图》二、《水图》一、《题壁图》二。"④

当代也有学者曾作过考证，否定刘松年师张敦礼之说。⑤

其实，仔细研读文献，这里有一个误会：《图绘宝鉴》的记载，只说"张训礼，旧名敦礼，避光宗讳，改今名"，并未说这个改名为张训礼的张敦礼，就是

①③ 《御制诗四集》卷一八，四库本，第1307册，第552页。

② 指《佩文斋书画谱》。

④ 〔清〕王毓贤：《绘事备考》卷六，四库本，第826册，第266页。

⑤ 傅伯星：《刘松年"师张敦礼"质疑》，《书画报》（安徽）1994年第1期。

那个驸马都尉张敦礼，我们完全应该把他们理解成是两个同名的张敦礼。这样，作为生活在光、宁朝的画家张敦礼来说，他避宋光宗讳而改名，是完全可以成立的正常行为。所以《图绘宝鉴》的记述并没有错。错的是《居易录》。是《居易录》把两个张敦礼合成了一个人："曾于朱氏见宋驸马都尉张敦礼画《李愿归盘谷图》，每段有东坡书。按：敦礼，哲宗之婿，画人物树石仿顾陆，刘松年之师也。"[①]

查《宋史》，知张敦礼载入史册的活动时间，是在熙宁元年（1068）"选尚英宗女祁国长公主"至大观（1107—1110）初年"复节度宁远军"，前后40年左右。卒年不详。以20岁成婚，80岁去世推算，则其在世时间约为1048—1128年。

祁国长公主为英宗的第三个女儿，封号多有变化，下嫁张敦礼后，进冀国大长公主，政和三年（1113）改贤德懿行帝姬，宣和五年（1123）去世。宣和五年即1123年，其卒年与上面推算的张敦礼的卒年比较接近。

宋光宗赵惇生于1147年，卒于1200年。两相比较，显然不可能发生驸马都尉张敦礼"避光宗讳"而改名张训礼之事。如此看来，这个驸马都尉张敦礼与那个改名张训礼的画家张敦礼，原本就是两个人。画家张敦礼与刘松年有绘画上的师承关系，驸马都尉张敦礼则与刘松年无关。

还有需要考虑的是，画史记述中的"师"字，有时只是叙述画家创作技法和艺术风格的取向与路径，并不一定特指直接的面承指教。对某种技法、风格的喜欢与学习，完全可以通过临摹、自学或同好切磋的方式进行，也可以称为"师"，学习者即所谓的私淑弟子。

接着看刘松年与张训礼的关系。这个摆脱了驸马身份的画家张训礼，历史上的面目十分模糊。除前引《绘事备考》寥寥数语的记载外，《图绘宝鉴》《画史会要》记载基本相同，详细的生平事迹均告阙如。

现存被称为张训礼的作品，有《春山渔艇图》《围炉博古图》，但前者已被中国古代绘画鉴定组定为宋人作品。

---

① 王士祯：《居易录》卷二七，四库本，第869册，第654页。

《围炉博古图》（绢本，设色，138厘米×72.7厘米，藏台北故宫博物院），画庭院里文人士大夫围案绕几欣赏绘画作品的情景，其题材内容、构图布局、庭院的界画工整以及树、石、枝叶的画法，与刘松年都有相似之处。而在人物神情、衣纹、案几的表现上，则有不同。总体风格比刘松年更为工致、恬静、雅洁。在与张训礼的作品比较之后，反而能够比较明显地看出刘松年靠近李唐绘画风格的那一面。

三、师从赵千里

上述史料还说到，刘松年的着色青绿山水有如赵千里的风格，笔法相似。

赵千里即赵伯驹，宋太祖七世孙，赵令穰之子，南渡后官浙东兵马钤辖。擅画山水、花果、翎毛、竹石，也长于人物，楼阁界画尤妙，曾画集英殿屏。宋高宗称其画有董源、王诜气格。画山水以青绿见长，取法唐人，参古融今，布景繁密，笔法秀丽精致，设色典雅浓郁，是南宋时期继承唐代大小李将军青绿山水传统的代表人物，作品有《春山图》《万松金阙图》等。

刘松年善画着色青绿山水，与赵伯驹的相似是显而易见的。刘松年的画，楼台水榭，界画工整，设色明丽，笔精墨严，确实具有李思训、赵伯驹青绿山水的规制和面目。但是需要特别指出的是，刘松年巧妙地将工整的青绿和水墨结合在一起，清丽细润，不工不简，又形成了自己独有的风貌。

丰富多样的题材

明代诗人、书法家祝允明曾为其家藏之刘松年作品题诗，云："暗门终日痼烟霞，写得东南处处佳。湖上烟波志和宅，山阴风雪戴逵家。老僧引涧穿新竹，童子和云扫落花。揖客入门如有影，石墙松盖夕阳斜。"[1]

这首小诗写出了刘松年"终日痼烟霞"的性格和他"写得东南处处佳"的作为，更将刘松年画作中题材的多样性作了很好的描写。刘松年人物、山水、墅园、花竹、寺宇、湖景等兼长，堪称画院中的佼佼者。

---

① 〔明〕祝允明：《怀星堂集》卷八，四库本，第1260册，第479—480页。

刘松年的山水画多表现江南一带风景，青峦耸翠，云烟雾霭，以淡墨轻岚的方法写清山秀水，尤得神韵。他特别善写西湖园林的优美景色，平坡点翠，林亭空旷，茂林修竹，松筠映发。

而山水园林间，又往往穿插文人贵族闲适生活的描写。画中人物古雅，神情生动，用笔细劲畅利，衣褶清劲。所作屋宇界画工整，笔墨细致严谨。

刘松年的花鸟作品不多，但花、竹、松、梅小景在他的笔下，也是别有意趣，平坡小亭，路径蜿蜒，清气流溢，景幽趣雅。

宗教题材作品也是他的所长，他绘制了大量的佛道人物、故事图卷、仙山楼阁、神仙世界。

其历史题材的大场面作品，布局巧妙，繁而不乱。《便桥见虏图》中辇车、旌旗、旗裘、戎屋、尘沙、云树，历历在目，丹青焕赫，布置娴雅，俱见当时景象。

鲜明独特的风格

宋孝宗以后，特别是宋光宗、宋宁宗时期，山水画继李唐之后，出现了明显的画风变化，重视章法的剪裁，巧妙地利用画面大片空白突出鲜明的形象，画面简洁而富有诗意，具有优美的意境，简率而富有表现力的大斧劈皴则显示了笔墨技巧的提高。

与南宋以前的绘画传统相比，刘松年的绘画风格应该属于"南宋四家"的体系之内。但与李唐、马远、夏圭相比，又有自己的面貌。刘松年的作品既具有上述这些南宋院体画的风格，又融合前代诸家之长加以发展，是"南宋四家"中画风最为多样的一位画家，具有独特的个人风格。

刘松年山水、人物兼长，水墨、青绿皆通，既有淡墨轻岚，也善妍丽着色，笔墨精严，刻画细腻，技法全面。尤其成为特点的是，多画茂林修竹、山清水秀、青峦耸翠、云烟雾霭的江南景色，也喜画优游林苑的贵族士大夫和春山仙隐的神仙世界，楼台水榭、园林别墅，一派优雅闲适之趣。

在绘画风格上，刘松年的画风与李唐有承续处，尤其侧重于李唐严谨细致的一面，显得温婉优雅，精深严谨，清丽细润，秀洁圆润。虽行笔微细，而一笔有千钧之力。同时还巧妙地将工整的青绿和水墨结合在一起，形成了自己独特的风格。

这种独特风格的来源，一是地域与个性使然，与李唐个性和绘画中天然生成的北方气质、南渡时颠沛流离的痛苦经历相比，江南的柔媚水土、西湖的旖旎风光、承平日久的社会环境、华美典丽的宫廷风尚，都是刘松年独特的环境和经历，成为他独特风格形成的重要因素。

总体评价

清刚劲健、半山一角、水墨淋漓以及简括洒脱的斧劈皴，是"南宋四家"的画风特点，对此既得赞赏，也颇受非议。而刘松年温婉优雅、精深严谨、清丽细润、秀洁圆润的独特画风，则受到后人基本一致的肯定，甚至将其列为"南宋四家"之首："北宋四名家李成为冠，董源、巨然、范宽次之。南宋则刘松年为冠，李唐、马远、夏珪次之。"[1]所以历来的"南宋四家"称呼中，多有"刘、李、马、夏"的排列次序。

《南宋院画录》中就辑有不少对刘松年的赏识之语：

刘松年《老子出关图》……树石潇洒，人物古雅，品在《听琴图》上。（张丑）

琴师传得太古意，听琴之趣画师传。昔闻善听锺期子，今见妙品刘松年。（杜琼）

耳听不如心听聪，欲于弦上见飞鸿。铁崖仙子神游远，写得无声在有中。[2]（朱存理）

---

[1]〔明〕张丑：《清河书画舫》卷一一上，四库本，第817册，第436页。夏珪，即夏圭。

[2] 以上所引均见〔清〕厉鹗：《南宋院画录》卷四，于安澜编《画史丛书》第四册，上海人民美术出版社1962年版，第79、82页。

而刘松年对历史题材的表达，更是为人赞赏。

元代赵孟頫题刘松年《便桥见虏图》云："突厥控弦百万，鸱张朔野，倾国入寇。当时非勉胄一见，几败唐事。读史者至此，不觉肤栗毛竖，于以见太宗神武戡定之勋、蛮夷率服之义。千古之后，画史图之，凛凛生色。此卷为宋刘松年所作，便桥流水、六龙千骑、山川烟树，种种精妙，非松年不能为也。"①

龚翔麟对刘松年的《风雪运粮图》也是赞赏有加："松年作此画，意与古为徒。我稽南渡日，相奸君颇愚。偷安仗和议，中原日沦胥。师武臣僇力，闾阎勤转输。庙堂反不讲，笙歌游西湖。良工独心苦，谁复省其图。空令千载下，览者生嗟吁。"②

这里尤需注意的一个事实是，在历代的赞赏者中，有不少都是学识修雅渊博的知名文人学士，而且还有如赵孟頫这样的文人画大家。这就促使我们思考一个问题，就是在董其昌提出南北宗论之前，文人画家和职业画师、文人画和院画，是否果然存在如董所言的那么一种笔墨、境界和相互关系上的鸿沟？

---

① 〔明〕汪砢玉：《珊瑚网》卷三〇，四库本，第818册，第571页。
② 〔清〕厉鹗：《南宋院画录》卷四，于安澜编《画史丛书》第四册，上海人民美术出版社1962年版，第93页。

马远传

小 引

诗意浓郁，是马远画作给予我们的一个强烈观感。这种扑面而来的诗意，无须借助在画面上题写诗词的形式，而是直接生发于画中山石溪涧的清幽、云烟山岚的朦胧、峭峰直立的清刚、汀渚坡岸的萦回，疏枝横斜的老梅、简淡清远的山月、寒江独钓的渔人、水暖知春的野凫，山径春行的闲适、松下闲吟的从容、举杯对月的雅兴、踏歌而行的欢乐。所有这一切，从马远的边角之景和清健的线条、劲爽的皴擦、淋漓的水墨和空灵的画面中款款漫溢而出，无穷无尽地历上千年的时光而不息，至今滋润着人们的眼睛和心灵，散发着艺术的馨香和光辉。

作为宫廷画的代表，马远的作品与历代宫廷画院画师笔墨工致、设色富丽、风格严谨的院体画自然联系在一起。马远的绘画艺术，确实秉承了院体绘画的传统，十分注重笔墨技法的锤炼，精严工致，体现出全面而成熟的笔墨技巧修养。不仅如此，从现有作品及画史文献的记录来看，马远的技法既有来自传统的师承，更有自我的创新，并在很大程度上建立起垂范后世的院体绘画范式，特点与成就都是十分显著的。

因此，马远，一个出身于绘画世家的子弟，一个行走在帝王身边的宫廷画师，一个寻觅徜徉在西子湖柔媚风光里的画人，一个充溢着灵性和诗意的画家，在他的心中手下，绘画也许仅仅就是绘画。读马远的画，看得见他"经营"山水的艺术匠心和他心中充满诗意的艺术感受。所有这一切，都使我们有充分的理由可以说：马远，是一个职业的绘画者，更是一个真正的艺术家。

第一章　马远和他的绘画世家

主要生平史料汇集

一、文字资料

有关马远及其马氏家族相关诸人生平的文字资料，南宋、元、明、清各代都不乏记述者。举其要者，大致有以下几种：

南宋邓椿《画继》卷七：

> 马贲，河中人。长于小景。作百雁、百猿、百马、百牛、百羊、百鹿图，虽极繁夥，而位置不乱。本"佛像马家"后，写生驰名于元祐、绍圣间。①

南宋张镃《南湖集》卷二：

> 马贲以画花竹名政、宣间，其孙远得贲用笔意，人物山水皆极其能。余尝令图写林下景有感，因赋以示远：世间有真画，诗人干其初。世间有

---

① 〔南宋〕邓椿：《画继》卷七，于安澜编《画史丛书》第一册，上海人民美术出版社1962年版，第57页。

真诗，画工掇其余。飞潜与动植，模写极太虚。造物恶泄机，艺成不可居。争如俗子通身俗，到处堆钱助痴福。断无神鬼泣篇章，岂识山川藏卷轴。我因耽诗臞如丝，尔缘耽画病欲赢。投笔急须将绢裂，真画真诗未尝灭。①

元庄肃《画继补遗》：

马兴祖，河中人，贲之裔孙，绍兴间随朝画手，工花鸟杂画。高宗驻跸钱唐，每获名踪卷轴，多令辨验。

马远，即马兴祖之后，充图画院祗候。家传杂画，然花鸟则庶几，其所画山水人物，未敢许耳。

马逵，即远弟也，与远齐名。但画禽鸟，疏渲极工，毛羽灿然，飞鸣生动，殊过于其兄，其他皆不逮。

马麟，远之子也，亦工杂画，不逮父、叔。远爱其子，多于己画上题作马麟，盖欲其子得誉故也。

马公显，远之孙也。传家学，画不逮厥祖，特于布置可观，盖得祖父之遗稿耳。②

元夏文彦《图绘宝鉴》：

马贲，河中人，宣和待诏。工画花鸟佛像、人物山水，尤长于小景。③

马兴祖，河中人，贲之后，绍兴间待诏。工花鸟杂画，高宗每获名踪卷轴，多令辨验。

马公显，弟世荣，兴祖子。俱善花禽人物山水，得自家传。绍兴间授

---

① 〔南宋〕张镃：《南湖集》卷二，四库本，第1164册，第546—547页。

② 以上所引均见〔元〕庄肃：《画继补遗》卷下，中国美术论著丛刊本，人民美术出版社1963年版，第10、13、14页。

③ 〔元〕夏文彦：《图绘宝鉴》卷三，于安澜编《画史丛书》第二册，上海人民美术出版社1962年版，第87页。

承务郎，画院待诏，赐金带。世荣二子，长曰逵，次曰远，世其家学。

马远，兴祖孙，世荣子。画山水人物花禽，种种臻妙，院人中独步也。光、宁朝画院待诏。

马逵，远兄，得家学之妙。画山水人物、花果禽鸟，疏渲极工，毛羽灿然，飞鸣生动之态逼真，殊过于远，它皆不逮。[①]

元汤垕《画鉴》：

宋南渡士人多有善画者，如朱敦儒希真、毕良史少董、江参贯道，皆能画山水、窠石。画院诸人得名者若李唐、周曾、马贲，下至马远、夏圭、李迪、李安忠、楼观、梁楷之徒，仆于李唐差加赏阅，其余亦不能尽别也。[②]

明朱谋垔《画史会要》卷三：

马兴祖，河中人，贲之后。绍兴间待诏，工花鸟、人物、山水。高宗每获名踪卷轴，多令辨验。子公显、世荣，能世其传，绍兴间承务郎，画院待诏，赐金带。

马逵、马远，二人世荣之子，山水、人物、花禽得家传之妙。逵疏渲极工，毛羽灿然，飞鸣生动之态逼真，殊过于远，它皆不逮。远能种种臻妙，独步画院中。光、宁朝为待诏。

马麟，远之子，能世家学，然不逮父。远爱其子，多于己画上题作"马麟"，盖欲子得誉也。为画院祗候。[③]

---

① 以上所引均见〔元〕夏文彦：《图绘宝鉴》卷四，于安澜编《画史丛书》第二册，上海人民美术出版社1962年版，第101、104页。

② 〔元〕汤垕：《画鉴》，四库本，第814册，第433页。

③ 〔明〕朱谋垔：《画史会要》卷三，四库本，第816册，第489页。

明陈善《杭州府志》："马麟为画院祗候。"①

清卞永誉《式古堂书画汇考》：

> 马贲以画为宣和待诏，至兴祖亦以画为绍兴待诏。其二子公显、世荣，又皆待诏于画院。世荣生逸与远，画山水、人物、花果、禽鸟精妙，称为绝品。远待诏光、宁两朝，院中称为独步。麟，乃远之子也。马氏之画相传数世，其默契神会而若共成者，岂它可及哉。然麟不逮父，而远爱之，多以己画得意者题作马麟，故麟声亦张，得为（阙）祗候。此幅麟自为者也，若《美人图》，气韵闲逸，则若贾师古之笔，师古学伯时，绍兴画院祗候。宋学士谓二画旧尝在宫掖，其信然矣。②
>
> 《蝶戏长春图》乃院中马远子名麟者所画，《美人扑蝶图》笔势圆劲，意非李伯时不能到，皆绝品也。旧时曾在宫掖，故其间有上兄永阳郡王及杨妹子之字。题者专指佑陵以为言，恐未然也。翰林学士宋濂题。③
>
> 赵昌、王友、谭黉辈，得之可遮壁，无不为少。程坦、崔白、侯封、马贲、张自芳之流，皆能污壁。茶坊酒店可与周越、仲翼草书同挂，不入吾曹议论。得无名古笔，差排犹足为尚友。④
>
> 外录：《绘鉴》云周曾不知何许人，与马贲同时，差高于贲，尤长山水。而贲为宣和待诏，画人物、花鸟、山水，工小景。⑤

清王毓贤《绘事备考》：

> 马公显，兴祖之子。与弟世荣俱善花鸟、人物，得自家传，绝无累笔。

---

① 〔清〕厉鹗：《南宋院画录》卷八，于安澜编《画史丛书》第四册，上海人民美术出版社1962年版，第159页。

② 〔清〕卞永誉：《式古堂书画汇考》卷四四，四库本，第828册，第859—860页。

③ 〔清〕卞永誉：《式古堂书画汇考》卷四四，四库本，第828册，第860页。

④ 〔清〕卞永誉：《式古堂书画汇考》卷三一，四库本，第828册，第288页。

⑤ 〔清〕卞永誉：《式古堂书画汇考》卷四三，四库本，第828册，第819页。

绍定间为画院待诏，授承务郎，赐金带。世荣有二子，长曰达[①]，次曰远，能世其学。

马远为宁、理朝画院待诏，工山水、人物、花鸟，着笔俱佳，院品推为第一。当时无与俦者，盖得祖父之传而济之以敏悟，欲不雄视一世不可得也。画之传世者，《石鼎联句图》一、《旗亭记曲图》一、《中南招隐图》一、《天台就征图》一、《沉香醉草图》一、《莲舟邀月图》一、《山屏泼翠图》一、《春波拍岸图》一、《写生花图》十五、《折枝花图》四、《水墨花图》十。

马逵，远之弟也，受业于兄，得其壶奥。画人物、花鸟，疏染纤丽，枝叶羽毛皆极生动之致，几欲与兄齐名。画之传世者，《教鹦鹉士女图》一、《祝鸡翁图》一、《驯雉图》一、《菊圃图》一、《桃源图》二、《梅岑图》一、《柳村图》二。[②]

上述所引各条文字资料，相对全面地体现了史籍中有关马远及其家族中画人记载的基本情况，大致包括了他们生平的种种方面，史料中也出现了一些不同说法。此外，笔者还查阅了其他史籍，《齐东野语》《中州集》《清容居士集》《弇州山人四部稿》《乐善堂全集》《寓意编》《珊瑚网》《说郛》《庚子销夏记》《江村销夏录》《清河书画舫》《御制诗四集》《石渠宝笈》《文端集》《佩文斋书画谱》《佩文斋咏物诗选》等著述中，都有关涉上述诸人生平、画作的类似记载，大多为相同文字的辑录、传抄，内容基本重复，未见有超出以上所列史料者，故此不予一一具列。

二、图像资料

《中国历代画目大典（战国至宋代卷）》中，未见记录真赝争议的马远存世作品有以下数幅：《水图》、《踏歌图》、《观梅图》、《梅石溪凫图》、《高阁听秋图》、《孔丘像》、《月下把杯图》、《松寿图》、《雪景图》、《楼台月夜图》、《高阁

---

① "达"，当为"逵"之误，两字繁体字形相似。
② 以上所引均见〔清〕王毓贤：《绘事备考》卷六，四库本，第826册，第261、264页。

侍读图》、《吕仙君像》、《月夜拨阮图》、《秋江渔隐图》、《学滩双鹭图》、《华灯侍宴图》、《对月图》、《松间吟月图》、《乘龙图》、《竹鹤图》、《小品十四开》、《山径春行图》、《晓雪山行图》、《松泉双鸟图》、《剡溪访戴图》、《倚云仙杏图》、《梅竹山雉图》、《寒香诗思图》、《溪山清夏图》、《春游晚归图》、《山水图》（香港庄申收藏）、《寒江独钓图》、《风雨山水图》、《山水图》（日本京都国立博物馆收藏）、《松下高士图》、《李白观瀑图》、《山水图》（日本MOA美术馆收藏）、《高士观月图》、《清凉法眼云门大师像》、《山水图》（瑞典斯德哥尔摩东亚美术馆收藏）、《雪江归棹图》、《雪中水阁图》、《远山柳岸图》、《观梅图》（美国波士顿美术馆收藏）、《高士图》、《观梅图》（美国怀云楼收藏）、《采梅图》、《观瀑布图》、《山水图》（册页，美国弗利尔美术馆收藏）、《山水图》（纨扇，美国弗利尔美术馆收藏）、《竹溪试浴图》、《蹴鞠图》、《松荫观鹿图》、《举杯邀月图》、《商山四皓图》、《梅石溪凫图》（美国景元斋收藏）、《林亭高隐图》、《三老野趣图》、《荷亭消夏图》、《柳庭夜月图》、《溪山风雨图》、《松下观泉图》、《观梅图》（原清宫收藏）、《山僧对棋图》等。

史料中的问题

"南宋四家"中，马远给人印象较深的一点是，现有文献中言及他身世的史料，比其他三位相对多一些，这使得他在生平、家世方面有稍微多一些的细节可以推究，历史面目相对略微清晰一些。

比如，清卞永誉《式古堂书画汇考》中，对马家的世系就有系统的记载，他的这个说法来源于元代的夏文彦，明代的朱谋垔也取此说。当代绘画史著作均持此见。若以此为据，马氏家族的世系相对清楚：马贲为宣和画院待诏；马兴祖为绍兴画院待诏；马兴祖有二子，为马公显、马世荣，均为画院待诏；马世荣也生二子，为马逵与马远，马远为光、宁两朝画院待诏；马远有子，为马麟。这样几代相沿不辍地传承画业，终成绘画世家，故此独步画坛，称誉画史。

但是，如果细究史料，不难发现南宋人张镃和宋末元初的庄肃所记，均有异于此；而且在前列史料中，也可以很清楚地发现在马远等人生平的叙述中，存在着一些矛盾和不甚明了之处。具体罗列起来，大致有以下几个方面：

（一）马氏家族的世系排列，各书所记有抵牾之处。

据各家所记，简单地列表如下：

《南湖集》：马贲→？→马远

《画继补遗》：

《图绘宝鉴》《画史会要》《式古堂书画汇考》：

《绘事备考》的记载就有自相矛盾者，如卷六"马公显"条称"世荣有二子，长曰达（逵）、次曰远"，同卷"马逵"条却称："马逵，远之弟也，受业于兄，得其壶奥。"

（二）马远任职画院的时间和职衔，各书所记有不同处。

《南湖集》作者张镃生活于宋宁宗时代，他在书中记述了与马远的直接交往，据此可见马远在宁宗朝的活动情况于一斑。

《画继补遗》认为马远在马兴祖之后任图画院祗候。

《图绘宝鉴》《画史会要》《式古堂书画汇考》均记马远为光、宁朝待诏。

---

① 《式古堂书画汇考》的原文是"马贲以画为宣和待诏，至兴祖亦以画为绍兴待诏"，未言及两者的关系。

《绘事备考》认为马远是宁、理朝画院待诏。

（三）马远、马逵的兄弟排行，各书所记有矛盾处。

《画继补遗》记马远为兄，马逵为弟。

《图绘宝鉴》《画史会要》《式古堂书画汇考》记马逵为兄，马远为弟。

（四）马贲的身份和活动时间，各书所记有异。

《画继》记为驰名于元祐、绍圣间。

《南湖集》称马贲以画花竹名政、宣间。

《图绘宝鉴》则说马贲是河中人，宣和待诏。

《画鉴》明确记载马贲为"南渡士人"，与李唐、周曾同为"画院诸人"。

（五）马兴祖的画院职衔，各书所记有异。

《画继补遗》记为绍兴间随朝画手。

《图绘宝鉴》《画史会要》《式古堂书画汇考》记为绍兴间待诏。

（六）马逵的画院画师身份来历不明。

目前可见《南宋院画录》之前的文字记载中，未见称马逵为画院画师者。自《南宋院画录》始将其列为画院画师，而文字介绍则仅仅只是辑录上述《图绘宝鉴》等语，未见考证其为画院画师的任何文字。《南宋院画录》之后的文献中，仅见清《御制诗四集》中有诗将其系挂于画院："画院难兄弟（逵，马远弟也），翎毛竟过之（见《图绘宝鉴》）。兹看么凤态，倒挂海棠枝。疏渲极精致，飞鸣任戏嬉。虽无稻粱蓄，金络却辞羁。"①同样未见任何考证文字。

上述种种问题，有些可以结合各种史料综合比勘，作出分析推论；有些问题的考索因史料实在过于简略，只能暂付阙如，有待来日。

马氏家族世系辨析

由上可知，史料不足的问题，在马远研究中并未得到整体改观。马远及其家族中被记入画史的父祖兄弟子辈们，都是以绘事为职业的画人，因此所有史

---

① 《御制诗四集》卷九〇《马逵棠枝么凤》，四库本，第1308册，第740页。

料都只与他们的绘画有关，大多是以诗、跋的形式品评鉴赏作品，涉及生活经历的记述微乎其微。且史料中的讹误与抵牾，也为我们确切了解马贲及其家人的真实生活情况带来极大的困难。笔者根据现有史料，结合当时的历史背景，试作释读。

一、马贲

读有关马贲的资料，可作推究的，有这么几件事：

一是马贲的活动时间。

《画继》记其"写生驰名于元祐、绍圣间"，《南湖集》记其"以画花竹名政、宣间"，《图绘宝鉴》记其为"宣和待诏"，《画鉴》记其为"宋南渡士人"、与李唐同在画院。综合各书记载的活动时间，为北宋哲宗元祐至南宋高宗绍兴年间。如将元祐、绍兴两个年号作连头带尾的计算，则先后长达78年；如以元祐末年与绍兴初年为限计算，则为38年。虽然从时间上看前者可能性较小，但后者则是完全可能的。

因此，在没有新资料发现之前，姑以此为据，定为两宋之际，历哲、徽、钦、高四朝。

二是马贲的身份。

《画继》对此没有说法，既未称其为画院画师，更无职衔的记载。到了《图绘宝鉴》，则称马贲为"宣和待诏"。另查王世贞《弇州山人续稿》论到《清明上河图》的作者张择端时云："按：择端在宣、政间不甚著，陶九畴纂《图绘宝鉴》搜括殆尽，而亦不载其人。昔人谓逊功帝以丹青自负，诸祗候有所画，皆取上旨裁定。画成进御，或少增损。上时时草创，下诸祗候补景设色，皆称御笔，以故不得自显见。然是时马贲、周曾、郭思、郭信之流，亦不至泯泯如择端也。"[1]也是将其列为政、宣间画院画师。

前文《李唐传》中已经说过，《画继》作者邓椿，大约活动于北宋末年至南宋上半期，是李唐、马贲等人的同时代人。其祖邓洵武，政和中知枢密院事，正值宋徽宗最重画学之时，于此类事见闻必多。靖康之变，邓椿回到家乡。在

---

① 〔明〕王世贞：《弇州山人续稿》卷一六八，四库本，第1284册，第432页。

安定的环境里，"见故家名胜避难于蜀者十五六，古轴旧图，不期而聚，而又先世所藏殊尤绝异之品，散在一门，往往得免焚劫，犹得披寻，故性情所嗜，心目所寄，出于精深，不能移夺"。"于是稽之方册，益以见闻，参诸自得"，缀成《画继》，收录的画家起自宋神宗熙宁七年（1074），止于宋孝宗乾道三年（1167），凡二百一十九人，"或在或亡，悉数毕见"①。

同为南宋时人的张镃，也未言及马贲任职画院及其职衔之事。

但是仅凭此否定《图绘宝鉴》的说法，也是证据不足的。邓椿虽为南宋同时代人，但凭借父老故旧的闲居聚谈，在乾道以后于蜀地追忆前朝旧事，自然会有细节上的差异和失载。今识邓椿此作，旨在区分类别、标举短长，分阐诸家之工巧，总括一代之技能。通览全书，仅孟应之、宣亨、卢章、田逸民、侯宗古、郗七、周照、任安、薛志的记述中言及画院，于职衔则无一述及。自熙宁七年（1074）止于乾道三年（1167），94年间的画院，绝非如此惨淡的景况。因此《画继》的无载，确实不能作为否定的证据。

至于张镃的《南湖集》，本非专业的画史著述，对其记述就更不能有要素齐全的要求了。

三是马贲的绘画创作。

马贲的绘画题材很集中，很有特色，最主要的是佛像，《画继》称其"本'佛像马家'后"。这里说出了一个很重要的事实，就是马氏绘画世家的溯源，一直可由马贲而向上追寻，现在画史通常所言的"一门五代七画家"，尚不能准确勾勒马家艺术的渊源。

另外的题材就是花鸟小景和杂画。张镃言其以画花竹有名于政和、宣和间，据此推论马贲有可能即因此而得以进入宣和画院。宋徽宗本人特别喜欢花鸟，也善画花鸟，宣和画院的创作，就是以花鸟画为主的。马贲所善画的百雁、百猿、百马、百牛、百羊、百鹿图，极为契合宋徽宗时期的艺术风尚，以此得名，当非虚言。

---

① 〔南宋〕邓椿：《画继》，于安澜编《画史丛书》第一册，上海人民美术出版社1962年版，"序"，第3页。

四是马贲绘画的影响和世人对其的评价。

马贲的画艺，在当时很有影响。除了上引史料的称颂外，当时学其画的人也多，其中不乏贵家子弟。"贾公杰，字千之，文元公昌朝诸孙，侍郎炎之子也。学马贲而标格过之。又作佛像极精细，衣缕皆描金而不俗。"①

这个贾公杰出身豪门，其父贾炎为宋徽宗时工部侍郎，而贾炎又是贾昌朝之从子。贾昌朝，谥文元。历真宗、仁宗、英宗三朝，累任龙图阁直学士权知开封府、右谏议大夫权御史中丞、同中书门下平章事、枢密使、观文殿大学士、判尚书都省事等。贾公杰学马贲之画，又作佛像，可以反映出马贲的画名之炽。

但是从另一位画家周曾这里，也可看出对马贲的另一种评价："周曾，不知何地人，与马贲同时，差高于贲，又长山水。"②

对这个画艺高于马贲的周曾，《宣和画谱》的评价却不高："至本朝李成一出，虽师法荆浩，而擅出蓝之誉，数子之法，遂亦扫地无余。如范宽、郭熙、王诜之流，固已各自名家，而皆得其一体，不足以窥其奥也。其间驰誉后先者凡四十人，悉具于谱，此不复书。若商训、周曾、李茂等，亦以山水得名，然商训失之拙，周曾、李茂失之工，皆不能造古人之兼长，谱之不载，盖自有定论也。"③

到了清代，卞永誉的《式古堂书画汇考》对马贲有直接的记载，评价甚差："程坦、崔白、侯封、马贲、张自芳之流，皆能污壁。茶坊酒店可与周越、仲翼草书同挂，不入吾曹议论。"④

马贲的绘画作品，见于文献记录的有《乐音菩萨像》、《吴王避暑图》、《献花菩萨像》二、《江山清乐图》三、《孔雀佛铺图》二、《春工富贵图》三、《苏台集会图》、《秋塘水禽图》、《鸂鶒图》，以及百雁、百猿、百马、百牛、百羊、百鹿图等。

---

① 〔南宋〕邓椿：《画继》卷五，于安澜编《画史丛书》第一册，上海人民美术出版社1962年版，第39页。

② 〔南宋〕邓椿：《画继》卷七，于安澜编《画史丛书》第一册，上海人民美术出版社1962年版，第58页。

③ 《宣和画谱》卷一〇，于安澜编《画史丛书》第二册，上海人民美术出版社1962年版，第99页。

④ 〔清〕卞永誉：《式古堂书画汇考》卷三一，四库本，第828册，第288页。

二、马兴祖

根据《图绘宝鉴》《画史会要》称马兴祖为"贲之后"的记载,现在画史通常将马兴祖视作马贲之子,而有"一门五代七画家"之说。但是,《画继补遗》的说法为马兴祖是"贲之裔孙",《式古堂书画汇考》只是一个"至"字,未作明言。①

对此,仅凭现有这些简略史料,是很难作出判断和取舍的。如果从他们活动的大致时间来推断,从马贲活动的元祐、绍圣直至绍兴年间到马兴祖活动的绍兴年间,马兴祖为子、为孙的可能性都一样存在。可见由于史料中无论年纪或时间记载均缺乏一个确定的坐标,以致一般的推论都难以进行。

为此,在没有新的材料可以取用以作新考证的情况下,笔者从现在画史通行的既定说法,将马兴祖视作马贲之子。

《画继补遗》称马兴祖为"绍兴间随朝画手",《图绘宝鉴》则明言其为"绍兴间待诏"。总而言之,马兴祖就是一名宫廷画师。擅长的画种一是花鸟画。清高宗乾隆曾为马兴祖《疏荷沙鸟图》题诗云:"叶败花残枝亦枯,何来沙鸟立斯须。伊人意寓南迁代,似写其瞻爱止乌。"②

马兴祖擅长的画种还有一种是杂画。杂画的确切内容不可知,在《画继》绘画门类的分类记述中,于仙佛鬼神、人物传写、山水林石、花竹翎毛、畜兽虫鱼、屋木舟车、蔬果药草之外,别设"小景杂画"一类,首列的画家就是马贲,可见也是一种家传,其他则有刘浩、杨威等人。至于杂画的具体内容,邓椿没有特别的解释,顾名思义,可能就是不在"仙佛鬼神"等分类之内的题材,甚或是不属于绘画艺术创作范畴的绘制事项,比如刘浩的雪驴、水磨,杨威的村田乐,或是庙堂宫殿装饰、民间采风、记录历史事件等等。就一名宫廷画师而言,擅长杂画是十分必要的,他在进行绘画艺术创作的同时,尚需完成众多

---

① 王朝闻总主编之《中国美术史》(宋代卷)称马远的高祖为马贲,祖父为马兴祖,"曾祖不明",伯父公显,父世荣,兄逵,子麟,并称马家为"一门六代,以马远的成就为最高",不知其依据何在。如以"一门六代"之说观之,其依据或即《画继补遗》的马家世系记载,但其所列辈分又与《画继补遗》所记马远等各人的世系排列不符。

② 《御制诗余集》卷一一,四库本,第1311册,第698页。

服务朝廷的事务性、工艺性绘事，因此仅仅擅长于丝绢缣素上的艺术性创作，显然是不足以胜任职责的。明代都穆《寓意编》中记有马兴祖《番人击球图》《番人雪猎图》两幅作品，按上述《画继》的分类，似乎可以以杂画视之。

除绘画之外，马兴祖还以长于鉴别辨验法书名画知名于时、留名于后。宋高宗每获名踪卷轴，往往令他辨验真赝。

宋高宗访求、鉴藏法书名画不遗余力、不惮劳费。对这些藏品，自需鉴别辨验。当时的鉴定工作是分类进行的，做得很仔细："应搜访到名画，先降付魏茂实定验，打《千字文》号及定验印记进呈讫，降付庄宗古分手装背。""应搜访到古画内，有破碎不堪补背者，令书房依元样对本临摹进呈讫，降付庄宗古，依元本染古槌破，用印装造。刘娘子位并马兴祖誊画。""应古画如有宣和御书题名，并行拆下不用。别令曹勋等定验，别行撰名作画目进呈取旨。"[1]

从这个记载可以看出马兴祖在辨验古画的同时，还做"誊画"的工作，这也是他画师职责的一个重要部分。

庄宗古"依元本染古槌破，用印装造"修补古画，后人对他的此项工作，颇有微词："古画东移西掇扭补成章，此弊自高宗朝庄宗古始也。"[2]按此说法，"东移西掇扭补成章"的必非古画原貌，或径直就是庄宗古的重新"创作"了。马兴祖参与其间，估计也可能有过类似的"创作"。

三、马公显

元庄肃《画继补遗》记马兴祖生马远，而马公显则为马远之孙；《图绘宝鉴》则称马兴祖有马公显、马世荣二子，马世荣又生马远。同样由于史料不足的原因，目前要查证确凿是很困难的。只是若依《画继补遗》之说，则马兴祖为马远之父，马公显为马远之孙，那么其中就少了一个马世荣。一般来说，《图绘宝鉴》似乎没有必要凭空捏造一个马世荣来做马公显的弟弟，又把马远写作他的儿子，这样大动手脚更改马氏世系，毫无意义。也许，《图绘宝鉴》是别有依据的。在目前尚无新史料可供考证的情况下，笔者从现在画史通行的既定说

---

[1]〔南宋〕周密：《齐东野语》卷六《绍兴御府书画式》，《宋元笔记小说大观（五）》，上海古籍出版社2001年版，第5498—5499页。

[2]〔元〕汤垕：《画鉴》，四库本，第814册，第439页。

法，将马公显视作马兴祖之子。

但《绘事备考》称马公显"绍定间为画院待诏，授承务郎，赐金带"之语，则明显有误。作为马兴祖之子的马公显，显然不可能是绍定间的画院待诏。其中的"绍定"疑为"绍兴"之误。

四、马世荣

与其名声卓著的儿子马远相比，马世荣可谓寂寞画史。关于他的生平，只有上引《图绘宝鉴》之所记。此外《御制诗集》《佩文斋书画谱》中，有乾隆的两首题画诗和对马世荣作品的文字介绍："猿据石岩巅，鹿游苹野里。摘果猿饲鹿，亲热宛相视。同游极乐界，无害熙怡耳。诗如工别裁，画实具妙旨。宁惟写仙境，抑且契禅理。右马世荣《仙岩猿鹿》。"[1] "《马世荣〈碧桃倚石〉》：写生本自得家传，叶绿葩红春冶鲜。别解喜他善斟酌，脆花傍以石之坚。"[2] "马世荣寒林杂鸟一片，又池台竹树一片，则为新退箨，二竹尤妙。"[3]

据此分析，马世荣的绘画具有鲜明的得自家族传统的特色。他在题材上一如其父祖，花竹、翎毛、畜兽俱能，特善画猿、鹿等动物。从技法上看，则是院画的格局：善写生，重构思，设色鲜丽。

五、马逵

马逵与马远的兄弟排行，是一个不能确定的问题，现在一般取《图绘宝鉴》之说，识为逵兄远弟。

关于马逵的画院画师身份，也是需要辨别的。《南宋院画录》中收录马逵，将之列为画院画师。但是此书之前的史料，如前所引，未有称马逵为画院画师者。

查《南宋院画录》的具体内容，书中只是辑录了《画继补遗》《图绘宝鉴》《绘事备考》《书画记》《无声诗》《存诚堂集》的记载，无任何其他新的资料和有关马逵作为画院画师的考证说明文字。这些记载无一论及马逵的画院画师身

---

① 《御制诗四集》卷五〇，四库本，第1308册，第173页。
② 《御制诗余集》卷一一，四库本，第1311册，第698页。
③ 《佩文斋书画谱》卷九九，四库本，第823册，第398页。

份，①故可以认定，《南宋院画录》的这个记载，是缺乏根据的误记。可能是厉鹗未及细究史料，简单地将马逵与马远一并收录所致。

另在上述乾隆为马逵《棠枝么凤图》所题诗句"画院难兄弟，翎毛竟过之"中，也有称画院者。这是除《南宋院画录》外讲到马逵与画院关系的史料，但同样没有任何依据和考释，而且很明显是因为马远而连带言及，因此同样不足为据。

马逵绘画的基本情况与其父相似，也是得自家传而具院画风貌，画山水人物、花果禽鸟，都是工笔重彩的画法，技法超过马远。

马逵的作品，除上引者外，据《绘事备考》记载，彼时传世者有《教鹦鹉士女图》一、《祝鸡翁图》一、《驯雉图》一、《菊圃图》一、《桃源图》二、《梅岑图》一、《柳村图》二。另《石渠宝笈》著录有一幅《秋亭送客图》。《御制诗集》有乾隆为马逵作品而题的诗，除上引《棠枝么凤图》外，作品尚有《紫琼深艳》《久安图》《秋汀放棹》《柳阴云碓》等图。

六、马麟

从现有史料来看，马麟的生平记载虽然简单，但相对有大致的轮廓。他是马远之子，主要活动于宋宁宗、宋理宗时期。绘画习自家学，工画花鸟、人物、山水和杂画。长大后与父亲同在画院任职，为画院祗候，但画艺则不能与父亲相提并论。

马麟在画史上最为人所熟知的事，是庄肃《画继补遗》所记有关他绘画创作的逸事："远爱其子，多于己画上题作马麟，盖欲其子得誉故也。"

庄肃的这个记载，虽不知其根据何在，却对马麟的千古画名产生巨大的不利影响。不少人但凡看到称为马麟的作品，只要是画艺精湛的，就疑其为署名马麟的马远之作。如乾隆皇帝就是这样的看法：

---

① 《画继补遗》等书言及马逵生平处已见前文引述，《书画记》《无声诗》《存诚堂集》所记均为马逵作品的收藏、赏析，未言及其身份处。吴其贞《书画记》："马逵《松窗读书图》，小绢画一幅，画法无殊于马远，识二字曰'马逵'在松树上。"《无声诗》："马逵《花鸟图》，毛舜臣书画楼所藏。"《存诚堂集》："张英题马逵《松溪小艇图》诗：'幽人寄迹水云间，坐卧扁舟看晚山。倚棹不知吟啸久，松风吹过小溪湾。'"

《题马麟〈溪山行旅图〉》："关山逮秋仲，旅客问程时。焦墨含萧飒，层峰益奥奇。遵途据寒跛，望瀑坐屦属。世学无些欠，岂诚远所为？"陈善《杭州志》称：马麟，远子，能世家学，然不逮父。远多以己画上题作麟画，盖欲麟得誉。此帧未稳，真麟笔耶？仰远所为耶？①

有时乾隆皇帝则直接判定为就是马远的作品，如指马麟《秋兰绽蕊图》谓："是幅意境超逸，当即系远作耳。"②

当然，为马麟说话的人也是有的："马麟《高山流水》（第十三幅，在绢上），人谓马麟之画不逮父，犹夏森之于珪也。远爱其子，多于己画上题作马麟。此幅则为麟自款，作抚琴者于高山流水间，一松横偃如虬龙蟠空，笔意高古。奚必借重阿翁延誉耶？平阳里不因人热者跋。"③

马麟绘画的题材涉及花竹、鸟禽、人物、山水等等，与马氏家族的其他画家一样，技法全面，而尤擅长于花竹、禽鸟和小景绘制。现藏台北故宫博物院的《花卉图八开》册，绢本，设色，15.3厘米×19.5厘米，款署马麟，由《蛱蝶寻芳》《上苑韶光》《御园嘉卉》《清和池沼》《瑞露凝香》《琼葩玉映》《秋塘晓艳》《桂林霜气》组成。每开有宋宁宗皇后杨氏题字，各钤坤卦印一。造型准确，构图饱满，工笔重彩，设色明丽和润，是典型的院体花鸟作品。

在花竹图中，马麟特善画梅，所谓晴、雨、雪、月四梅家法咸具。④现存作品中，有《层叠冰绡图》《暗香疏影图》《梅花小禽图》等。《层叠冰绡图》是马麟的名作，也是南宋花鸟画中一幅非常著名的作品。此画藏北京故宫博物院，101厘米×49.6厘米，款署"臣马麟"。画中偏左有杨后所题"层叠冰绡"四字。画上部居中有杨后题诗一首："浑如冷蝶宿花房，拥抱檀心忆旧香。开到寒梢尤可爱，此般必是汉宫妆。"画面仅右下部有疏枝横斜，寒梅展瓣簇拥枝头，其晶莹剔透之态，恰似层叠冰绡。布局简洁空灵，笔墨劲爽清利，颇具"南宋四家"

---

① 《御制诗四集》卷一六，四库本，第1307册，第518页。
② 《御制诗余集》卷一一，四库本，第1311册，第699页。
③ 〔明〕汪砢玉：《珊瑚网》卷四三，四库本，第818册，第817页。
④ 参见〔明〕郁逢庆：《书画题跋记》卷五，四库本，第816册，第659页。

绘画韵致。

马麟与刘松年、马远一样，都画过西湖图。清高士奇《江村销夏录》曾记马麟画过绢本《西湖十景册》。①吴其贞《书画记》也有记云："马麟《西湖图》大绢画二幅，高七尺，广三尺。此图原有四幅，向藏丛睦坊，分为两处。此是宝俶塔、孤山二景也。画法淋漓，云烟吞吐，为生平第一。"②

马麟的西湖图，今已不可见，但是在他的一些山水画如《荷香消夏图》《郊原曳杖图》里，明显有西湖湖山的清丽形影。

马麟还是一位人物画的高手，擅长美人图，从文献著录中可知其画过《夜景美人图》《蝶戏长春图》《美人扑蝶图》。这些画今俱已不可见，但元明人的题画诗对之有详尽描绘：

> 燕睡帘前夜未深，罗衣应怯嫩寒侵。风传漏板还堪数，月混梨花不易寻。翠管红楼犹袅袅，华灯绣阁正沉沉。画中一片春宵景，写出闺人怅望心。③
>
> 《元人题马麟画卷为〈蝶戏长春图〉〈美人扑蝶图〉》：宸翰分明转化机，宫花委露蝶参差。江南动直皆春意，点染谁言在一枝。澹妆小步出椒房，回首薰风戏蝶双。香汗未同花蕊露，不须罗扇重挥扬。会稽朱瑾。④
>
> 蛱蝶复蛱蝶，恋花还恋人。恋花颜色似人好，恋人那及花长春。回头岁月改，漫与蝶相亲。新裁纨扇尚在手，飞裾轻盈不动尘。当时写姿妙绝品，见花想容尤逼真。若凭飞梦绕苍梧，可拟湘灵非洛神。於戏往事空叹息，粉墨浪传人不识。⑤

从诗中的描绘来看，马麟确是一位描画美人的行家里手，他于美人的衣着

---

① 参见〔清〕高士奇：《江村销夏录》卷三，四库本，第826册，第557页。

② 〔清〕厉鹗：《南宋院画录》卷八，于安澜编《画史丛书》第四册，上海人民美术出版社1962年版，第164页。

③ 〔明〕高启：《大全集》卷一五，四库本，第1230册，第200页。

④⑤ 〔明〕汪砢玉：《珊瑚网》卷二九，四库本，第818册，第568页。

步态、生活环境、风致神情乃至落寞怅惘的心境，无不心领神会，刻画入微。由诗读画，由画识人，不免使人会想，探究马麟这些画作中情景交融的题材的来源，是否正透露出其与内宫的切近？

马远生平

有关马远的生卒年，以往画史的记载一般都写为"生卒年不详"①。

明代书画家陈继儒所著《妮古录》中载："马远画竹下有冠者道士，持酒杯，侍以二童，一鹤在烟泉之间。上有诗云：'不祷自安缘寿骨，人间难得是清名。浅斟仙酒红生颊，永保长生道自成。赐王都提举为寿。'上有辛巳长印，下有御书之玺。"②陈传席认为此"辛巳"即绍兴三十一年（1161）。据此往上推算，定绍兴十年前后乃至更早为马远之生年。③

对陈传席此说，傅伯星作了详尽的考辨，大意如下：

关于画上"辛巳"印的年份：

马远画上有"王都提举"字样，除了上述一幅外，还有二例。一是尽人皆知的马远代表作《踏歌图》，图上方有宋宁宗所题五绝一首，旁一行小字："赐王都提举。"二是近年发现经鉴定确认为马远真迹的《松寿图》，图上也有宁宗题七绝一首，旁一行小字："赐王都提举为寿。"……

《宋史·宦官传》中有《王德谦传》。淳熙十六年（1189），宋孝宗的嫡孙赵扩受封为嘉王，王德谦为嘉王府都提举，即宦官总管。后来嘉王即位，

---

① 邓白、吴茀之所著《马远与夏圭》把他们记为"都是光宗至宁宗朝的。公元1190—1224年"（上海人民美术出版社1958年版，第2页）。徐书城所著《宋代绘画史》记为"生卒无考"，"光宗至宁宗两朝（公元1190—1224年）的画院待诏。到理宗朝初期也可能尚在"（人民美术出版社2000年版，第88页）。王伯敏主编《中国美术通史（第四卷）》未提生卒年，只记"南宋光宗、宁宗时为画院待诏"（山东教育出版社1987年版，第119页）。陈传席所著《中国山水画史》记为1140年前后至1225年之后，云："马远生卒年不可具考。"（天津人民美术出版社2001年版，第215页）

② 〔明〕陈继儒：《妮古录》卷一，《丛书集成初编》本，商务印书馆1937年版，第7—8页。

③ 参见陈传席：《中国山水画史》，天津人民美术出版社2001年版，第215页。

是为宋宁宗。宁宗生于乾道四年（1168）。七年前尚无嘉王府，何来王都提举？其实"辛巳"也即宋宁宗嘉定十四年（1221），这才是王德谦活动的时期。

关于马远的卒年：

前述二说，都称马远的卒年约1225年，即宋理宗即位后的宝庆元年。也即是说，理宗即位后，马远就去世了。但是南宋末年诗人作家周密《齐东野语》中一则关于马远的记载，足以认定这个卒年仍属不当。书中《三教图赞》云："理宗朝待诏马远画《三教图》，黄面释子趺跏上座，犹龙翁俨立于旁，吾夫子乃作礼于前，盖内令作此以侮圣人也。一日传旨，俾古心江子远（即江万里）作赞，亦故以此戏之。公即赞曰：'释氏趺坐，老聃旁睨；唯吾夫子，绝倒在地。'遂大称旨。其辞也可谓微而婉矣。"

…………

周密的《齐东野语》，是很受后人称道的一部著作，"足以补史传之缺""宋末说部可考见史实者，莫如此书"，因此有关马远的这则记载，也就为马远的卒年定了一个下限。

与马远有交往的还有一人，即南宋中期活跃于京城政界艺坛的贵胄词人张镃。

张镃（1153—?），字功甫，号约斋，系南宋初年三大将之一的张俊的曾孙，累官承事郎、直秘阁、权通判临安府事、右司郎。张俊投靠秦桧，赞附和议，死后被追封为循王。张镃坐享祖上遗泽，其宅占地宏广，时称"城北张府园"……花了十四年时间于庆元六年（1200）建成。两宋的厅堂楼阁里都设有屏风，延请名家画屏从北宋起就蔚成风气，马远就这样受命而来，为张府作"林下景"。画成，张镃大为满意，作诗以赠（见《南湖集》），诗及序如下："马贲以画竹名宣（和）政（和）间，其孙（马）远，得贲用笔意。人物、山水，皆极其能。余尝令图林下景，有感因赋以示（马）远。"……从"令图""示远"这种语气来看，分明是一种居高临下、以长视幼的姿态。其所以如此，当出于以下两点：一、马远仅一"画工"，而他是朝廷大臣；二、马远必是晚辈、小辈，故言"示"而不言"赠"。

…………

综上所述，马远的生年应定在约宋孝宗乾道六年（1170），定卒年为约宋理宗景定元年（1260），也许较为合理。这即是说，马远若于庆元六年为张镃作"林下景"，时约30岁，张镃46岁；"令"作《三教图》时，年近八旬，终年约90岁。[1]

傅伯星的上述论述，比较充分地利用了史料，并对之作了精心的考释推论，于马远的生卒年辨析作了富有启迪价值的探讨。

但是，笔者查阅《宋史》，其所记王德谦是"初为嘉邸都监"[2]而非都提举。而且在缺少其他旁证时，径直将这个王德谦定为画中所题的"王都提举"，是否可靠？

此外，作者在文后得出"马远的生年应定在约宋孝宗乾道六年（1170），定卒年为约宋理宗景定元年（1260）"的结论，如此具体的年份，不知确切依据何在？

与马远生平经历有关的史料，除前引《画继补遗》《图绘宝鉴》《画史会要》《绘事备考》所记外，南宋周密《齐东野语》等也有记述。

此外，历史文献著录中与流传至今的马远画作上，也有一些可供稽考的相关线索。如《水图》《踏歌图》《月下把杯图》《松寿图》《雪景图》《竹鹤图》《倚云仙杏图》《春游晚归图》等画上宋宁宗、杨皇后[3]、宋理宗等的题诗、题名和钤印。前引傅文所述之"王都提举"的线索，即来源于此。

前文已经说到，《南湖集》《画继补遗》《图绘宝鉴》等书记载的马氏家族世

---

[1] 傅伯星：《让马远走出历史——论马远生卒年的确认及其主要创作的动因与真意》，《新美术》1996年第3期。

[2] 《宋史》卷四六九《列传》第二百二十八《宦者四》，中华书局1977年版，第13673页。

[3] 前人对马远等人画上所钤之印，一直识为"杨娃"两字，因此将在马远等人画上的题款者认作是杨皇后的妹妹，称为"杨妹子"。现据启功先生的考订，"杨娃"之"娃"，实为"姓"字，题款者即为杨皇后本人。详见《谈南宋院画上题字的"杨妹子"》，收录于《启功丛稿》，中华书局1999年版。

系各不相同，却又都是一致的简略模糊，故对其真实性也几近无法考辨。因此以之判定马远的生卒年，实无可能。就目前的实际情况来看，马远生平经历中可以确凿判定的史实极少。我们只能综合比勘现有资料，从中梳理出相对可靠的线索，作一个粗略的勾勒。

笔者同意傅伯星对周密及其《齐东野语》的评价和信任。按照周密的说法，马远的离世，不会早于宋理宗时，当在1225年后。以此倒推过去，则马远出生于绍兴年间的可能性还是存在的。结合上述庄肃《画继补遗》中"马兴祖……绍兴间随朝画手""马远，即马兴祖之后，充图画院祗候"的记载，马远有生活、创作在绍兴年间的可能性。但这些都还只是推算，实际上庄肃也并未确指马远的生活年代。但《图绘宝鉴》等书称马远为光、宁或宁、理朝画院待诏的记载，则与周密此处所论相吻合。故此，我们把马远的主要活动时期，粗定在南宋光、宁、理三朝。

就具体的活动事迹而言，马远的生平经历中，宋宁宗的宠幸、杨皇后的赏识、至张府园画林下景、宋理宗朝时画《三教图》、与马麟同在画院任职等等，相对而言比较清楚，基本可以确定。

第二章　宫廷画师

马远成为宫廷画师，对他来说是带有极大必然性的人生道路。从上面的记述可知，马氏家族与绘画的关系，始于不知其名的"佛像马家"，即使自画史有载的马贲算起，到马远也已是第四代了。而且马氏家族的画家们有一个十分明显的特点，就是大多为宫廷画师，在后世广为称誉的"一门五代七画家"里，就有六位供奉于宫廷。

马远生长于绘画世家，行走在宫廷画院，他的家族与生活、职业与事业、光荣与梦想，都因绘画而与皇家相联结。宫廷画师，是他的一个鲜明的身份标识、他的立身之本、他的荣誉和遭受诟言的因缘之所在。

与帝王的密切关系

与其他宫廷画师不同的是，马远的曾祖马贲，是北宋宣和画院里的老画人。张镃《南湖集》言及马远，开言即称其祖"马贲以画花竹名政、宣间"。马远的背后，有着与朝廷一样来自北方的历史渊源。而对南宋人来说，北宋的一切都是永远值得怀恋的。更何况就南宋而言，高、孝、光、宁、理各朝的画院里，都有马家的人在。现在虽然没有史料可以用来直接说明马远因此而与皇家有特殊的密切关系，但是以常理推之，他对宫廷内院、皇家画院和赵氏帝王以及皇室们的熟悉，自比一般画师更为深入；而朝廷对他，也可能会有一种因知根知底而产生的亲近、信任和欣赏。马远画艺的独步画院、其作品的"院品推为第一"，与此应该不无关联。我们甚至可以说，马远，就是南宋宫廷孕育而成的一枝绘画艺术的奇葩。

从现有资料来分析，马远在当时，并非只是埋首画院进行创作的职业画人，他与宋宁宗和杨皇后都有密切交往，是真正的"御前供奉"。在《南宋院画录》里，辑录有多条后人记载的宋宁宗、杨皇后和宋理宗为马远及其子马麟之画所作的题诗和题名。试举几例：

> 杨妹子，杨后之妹，书似宁宗。马远画多其所题。语关情思，人或讥之。（《书史会要》）
>
> 崇祯戊辰暮春之望，过项氏观杨妹子题马远花卉对幅及仇远等跋。（《清河书画舫》）
>
> 马远小长条山水，有杨妹子题，又有远纨扇，写桂花，皆真。又有《莲湖放舟图》《竹鹤图》，皆灯市见。（《珊瑚网》）
>
> 马远《松院鸣琴》小幅，杨妹子题其左方云："闲中一弄七弦琴，此曲少知音，多因淡然无味，不比郑声淫。松院静，竹楼深，夜沉沉，清风拂轸，明月当轩，谁会幽心。"调寄诉衷情，波撇秀颖，妍媚之态，映带缥缃。（姜绍书《韵石斋笔谈》）
>
> 马远《观梅图》，老挺疏枝，秀出物表。对题御书一绝句，拖沓不成语。休承定以为宋高宗，余谓高宗必不落夹乃尔，当是光宁所题也。（《弇州山人续稿》）
>
> 宋马远画山水十二幅，杨妹子题字，赐大两府，各幅同。云生沧海、湖光潋滟、长江万顷、寒塘清浅、层波叠浪、晚日烘山、云舒浪卷、波蹙金风、洞庭风细、秋水回波、细浪漂漂、黄河逆流，右马远画十二幅，状态各不同，而江水尤奇绝，出笔墨蹊径之外，真活水也。（《六妍斋笔记》）
>
> 六月二十四日赴鉴台叔招，出马远单条四幅，俱杨妹子题。其一《白玉蝶梅》："重重叠叠染缃黄，此际春光已半芳。开处不经风日暖，乱飘晴雪点衣裳。"再题"晴雪烘香"四字。其一《着雪红梅》："铢衣翠盖映朱颜，未悉何年入帝关。默被画工传写得，至今犹似在衡山。"再题"朱颜传

粉"四字。其一《烟锁红梅》："天桃艳杏岂相同，红润姿容冷淡中。披拂轻烟何所似，动人春色碧纱笼。"再题"霞绡烟表"四字。其一《绿萼玉蝶》："浑如冷蝶宿花房，拥抱檀心忆旧香。开到寒梢尤可爱，此般必是汉宫装。"再题"层叠冰绡"四字。后各有"杨娃之章"一小方印，与余家所藏妹子题马远《杨叶》《竹枝》二册，字画差大，然笔腕瘦嫩略相似。二册《杨叶》题："线撚依依绿，金垂袅袅黄。"《竹枝》题："雨洗娟娟净，风吹细细香。"（项鼎铉《呼桓日记》）

马远在画院中最知名，余有红梅一枝，蓓艳如生，杨妹子题一诗于上，字亦工。按杨妹子者，宁宗恭圣皇后之妹，书法类宁宗，凡御府马远画，多令之题。此帧李梅公见而爱之，携去竟毁于火。（孙承泽《庚子销夏记》）

王恽跋理宗题马麟画《折枝木犀图》诗："花中神品赵昌师，又向臣麟见折枝。不惜一天风露润，百杯楼晚要新诗。"（《秋涧集》）

马麟《秋塞晚晴图》绢画一大幅，画法清润旷远，上有理宗题"秋塞晚晴图"五字。（吴其贞《书画记》）①

其他如《石渠宝笈》记载："第三幅山水，款署马远，上有杨娃题云：'高人无一事，独坐看云生。兴剧忘归去，斜阳隔水明。杨妹子题。'"②

在流传至今的马远画作如《水图》《踏歌图》《月下把杯图》《松寿图》《雪景图》《竹鹤图》《倚云仙杏图》《春游晚归图》等上，也有宋宁宗、杨皇后、宋理宗等的题诗、题名和钤印。著名者如：

宋宁宗为《踏歌图》所题之诗："宿雨清畿甸，朝阳丽帝城。丰年人乐业，垄上踏歌行。"

杨皇后为《月下把杯图》所题之诗："相逢幸遇佳时节，月下花前且把杯。"

杨皇后为《竹鹤图》所题之诗："不祷自安缘寿骨，人间难得是清名。浅斟仙酒红生颊，永保长生道自成。赐王都提举为寿。"

---

① 以上所引均见《南宋院画录》卷七"马远"、卷八"马麟"各条内，于安澜编《画史丛书》第四册，上海人民美术出版社1962年版，第136—164页。

② 〔清〕张照、梁诗正等：《石渠宝笈》卷四，四库本，第824册，第109页。

杨皇后为《倚云仙杏图》所题之句："迎风呈巧媚，浥露逞红妍。"

其他尚有宋宁宗为《松寿图》、杨皇后为四段《雪景图》、宋理宗为《春游晚归图》所题各诗。

据笔者所知，南宋画家中，马远是得到皇室题诗最多的一位了。从所题内容来看，不仅有《踏歌图》"丰年人乐业"的升平之辞、《竹鹤图》"永保长生道自成"的祝寿之语，也有一些写景抒情之作。如上述姜绍书《韵石斋笔谈》称杨妹子有题马远《松院鸣琴》小幅，姜绍书对此的评价是："调①寄诉衷情，波撇秀颖，妍媚之态，映带缥缃。"

〔南宋〕马远《倚云仙杏图》，绢本设色，25.8厘米×27.3厘米，台北故宫博物院藏

还有一些则是对画面的赏析，如为《月下把杯图》所题的："相逢幸遇佳时节，月下花前且把杯。"这是对画面的一个欣赏性的释读。为《倚云仙杏图》所题的"迎风呈巧媚，浥露逞红妍"，既评析了画面中梅花的风致，也是对画家精湛画艺的肯定。

题诗之外，马远的《水图》等作品，都是由杨皇后题写画名的。画院画师将作品奉呈御览，帝王在画上题诗品鉴，予以收藏或赏赐臣下，都是常见的做法。而为作品题写画名，则是否表示着一种更为亲近的关系？因为就绘画而言，绘制画面与题写画名，都是密切相关的创作行为，共同构成一幅作品。虽然南宋时的绘画创作，并未如元明以后那样强调诗书画的合一，同时古代绘画也不像今天这样强调题写画名，很多古画之名都为后人所加，但是在杨皇后题写画名的举动里，我们还是可以体会到

---

① "调"，四库本《韵石斋笔谈》卷下作"词"。

一种参与性的艺术创作行为，正是她与马远共同或是独自拟定了这十二段《水图》的画名。以杨皇后的文学修养来看，她是完全可以胜任的。

画史上的相关记载，也可以表明马远与杨皇后之间的密切关系。不但马远的画多为杨皇后所题，而且杨皇后题的，也大多都是马远的画。据笔者查阅画史，在马远之外，杨皇后题画较多的，就是马远之子马麟的画作了。马氏父子之外，杨皇后还题过刘松年、马和之、赵伯骕、李嵩等人的画作。但杨皇后所题各人的画幅数量，均比不上马氏父子。这样的结果，足以说明杨皇后与马家不同寻常的关系。

题画之外，马远的画还被帝后们赏赐给皇亲国戚和近臣。前文已有述及的王都提举之外，杨皇后还曾将马远的画赏给了自己的外甥杨谷、杨石①。《宋史》记载，杨皇后少时以姿容选入宫中，不知自己姓氏，只知可能是会稽人。便认同是会稽人的杨次山为兄，从此以杨为姓。②据此，则杨家应是杨皇后最为切近的亲属了。

现在没有直接的史料，可以说明马远在宫中的生活和活动情况，我们只能从《宋史》等相关记载中，窥见些许当时发生在马远身边的事情，以明一个大概的背景。这里的线索，还是来自杨皇后。

杨皇后不是一位等闲女子，她一度与曹美人为了皇后之位争宠，"贵妃颇涉书史，知古今，性复机警，帝竟立之"。成为皇后之后，对曾经反对立她为后的韩侂胄怀恨在心，便与杨次山、史弥远联手，背着宋宁宗诛杀了韩侂胄。其中有一个同样参与其事的重要人物，就是请马远至其张府园画"林下景"的前右司郎官张镃。后来，杨皇后又在史弥远的胁迫和杨谷、杨石的劝说、助力下，矫诏废皇太子竑为济王，立宗室子昀为皇子，即帝位，是为宋理宗。在这些朝廷争斗中，杨皇后是一个居于权力中心的实权派人物。而她权力集团中的重要

---

① 杨谷、杨石两人均位至太师、开府仪同三司，时称"大两府"。关于两人与杨皇后的关系，一说为杨皇后之弟，如《宋史》卷四一《理宗本纪》称："诏以皇太后弟奉国军节度使杨谷、保宁节度杨石并开府仪同三司。"一说为杨皇后兄杨次山之子，即其外甥，如《宋史》卷二四三《后妃列传下》："弥远遣后兄子谷及石以废立事白后。"

② 参见《宋史》卷二四三《后妃列传下》，中华书局1977年版，第865页。

人物如张镃、杨谷、杨石等，都与马远有来往。如若联系杨皇后本人与马远的密切关系来综合考究，虽不能说马远也是这个集团中的一员，但可以为我们提供一个感知马远当时生活场景的大致背景。

说到马远与杨皇后关系的切近，自然会使人联想到陶宗仪《书史会要》卷六中的一段话："杨氏，宁宗皇后妹，时称杨妹子。书法类宁宗，马远画多其所题，往往诗意关涉情思，人或讥之。"①这个说法里，颇多暧昧之意，似乎杨妹子与马远之间，会有什么与"情思"有关的足以让人"讥之"的事情。只是不知他们的根据何在，而"人或讥之"的这个"人"，同样不知所在。因为除此一句，我们在文献里没有找到其他相关的记载。

仔细推敲起来，陶宗仪的这个说法，是筑基于杨妹子乃杨皇后之妹这个判断之上的。作为皇后的妹妹，在内宫与宫廷画师切磋画艺，即使有言辞"关涉情思"，即使因此而引起"人或讥之"，实也无伤大雅。后世文人据相关诗意词句附会演绎一段风流往事，似乎也是情理之中，说得过去的事。但是，如若当时确知此杨妹子即为杨皇后本人，则陶宗仪恐怕就不会有这样的说法了。在仁慈恭圣、母仪天下的杨皇后身上，附会这样的轻佻情节，不但不可信，而且很有些滑稽了。

杨皇后具有相当的文学艺术造诣，书画皆能，尤善吟诗赋词。《宋诗纪事》卷八四中收有杨妹子《题赵伯骕画》《题菊花图》，以及四首《题马远画梅》，共计六首诗。题画诗外，明代毛晋曾编有《二家宫词》二卷，收录宋徽宗词三百首、杨皇后词五十首。关于这册词集，《二家宫词提要》称："疑此三百五十首者，皆后人裒辑得之，真伪参半，不尽可凭，姑以流传已久存之耳。"②由于真伪难以辨别，也就不能据此分析杨皇后的诗词风格、审美情趣，是否"往往诗意关涉情思"。仅从《珊瑚网》所记"杨妹子画菊并题：莫惜朝衣准酒钱，渊明身即此花仙。重阳满满杯中泛，一缕黄金是一年"③来看，诗情画意堪称贴切允当。另外如前引题马远画梅四首（《白玉蝶梅》《着雪红梅》《烟锁红梅》《绿萼

---

① 〔明〕陶宗仪：《书史会要》卷六，四库本，第814册，第751页。
② 《二家宫词提要》，四库本，第1416册，第690页。
③ 〔明〕汪砢玉：《珊瑚网》卷四三，四库本，第818册，第820页。

玉蝶》）及题山水"高人无一事"诗，都可称为清丽雅洁的脱俗之作。仅以此观之，谓其"往往诗意关涉情思"，就已有不实之嫌了。

以上所述，只是杨皇后题画诗中反映的马远与皇室关系的一个方面。由于史料缺失，难以对此作更深入的探讨。然而马远与帝王的密切关系，应该可见一斑了。

绘画中的宫廷生活场景与趣味

马远作为一位宫廷画师，日日生活、工作、行走于宫廷和皇城之中，呼吸着它们的气息，描摹着它们的形影，见证着它们的人事更替、四季变换。因此，从马远的画中就可以看到一些当时宫廷生活的场景与趣味。

作为宫廷画师，宫廷生活与帝王旨趣是其必须反映的题材，马远与其子马麟都画过不少这样的作品。有华灯侍宴、秉烛夜游的豪门盛典，有工巧典丽、精致富贵的皇家趣味，有年丰人乐、垄上踏歌的民生安乐，有宫廊雪霁、君王听月的宫中闲趣。

马远的《华灯侍宴图》（绢本，浅设色，125.6厘米×46.7厘米，藏台北故宫博物院），以淡设色画宫殿夜宴，屋宇宏伟，楼台玲珑，堳间丛梅、殿外远山均现苍茫夜色。阶前有女子起舞，屋内华灯高照，宴饮正欢。此画笔墨沉厚，气韵尤佳。殿宇严整细致而不呆板，显示了马远

〔南宋〕马远《华灯侍宴图》，绢本设色，125.6厘米×46.7厘米，台北故宫博物院藏

的界画水平。

马麟的《秉烛夜游图》（绢本，设色，24.8厘米×25.2厘米，藏台北故宫博物院），画黄昏雾霭笼罩下的宫廷院落。院外远山如黛，院内花树成荫。亭阁之中，贵族闲坐；亭阁之外，小径蜿蜒，华烛成行。此图在构思立意等处理方法上，与马远的《华灯侍宴图》十分相似，

对于宫廷生活与场景的表现，在大幅作品反映重要场面之外，马远也画过不少小景画，我们可以从中获知南宋宫苑的点点滴滴。

从元人王逢题马远小景画、张昱题马远《宫廊雪霁图》的诗中，我们可以想见不同季节里截然有异的宫中景象：

> 半天飞殿压金龟，一岛春云护小桃。争捧夜香薰御榻，君王来听月中涛。　　斑管书残女史箴，水精深殿乐登临。荷花大得薰风意，一夏吹香上玉琴。①
>
> 画在丹青事已非，碧山犹自绕朱旗。分明黄屋宸游处，千步宫廊雪霁时。②

马远还画过一张《宫苑乞巧图》，"小绢画一幅，高不及二尺，广七八寸，画宫中楼台之景，台上乞巧女人，身长半寸。画法工致，气韵浑厚，效小李将军，为远神品之画。识三字，曰'臣马远'"③。

《倚云仙杏图》《白蔷薇图》是马远折枝花卉的代表作品。善画折枝花鸟小品图，是马氏家族的绘画特长和传统。马远之兄马逵，画花果禽鸟疏渲极工，毛羽灿然，飞鸣生动之态逼真。马远之父马世荣，画过"叶绿葩红春冶鲜"的《碧桃倚石图》，深得乾隆欣赏。他还曾画过一幅《乔木水鸟图》，"画法古雅，

---

① 〔元〕王逢：《梧溪集》卷一，四库本，第1218册，第575页。
② 〔元〕张昱：《可闲老人集》卷二，四库本，第1222册，第555页。
③ 〔清〕厉鹗：《南宋院画录》卷七引吴其贞《书画记》，于安澜编《画史丛书》第四册，上海人民美术出版社1962年版，第157页。

与其子远不相上下"①。

马远画过很多这样的作品。工巧典丽、精致富贵，是这些花卉小品的艺术特色，体现了源于西蜀画院"黄家富贵"、发展于北宋宣和画院院体花鸟画的皇家经典审美趣味。

马远十分喜欢画梅花，高似孙《聚景园》一诗曾写道："翠花不向苑中来，可是年年惜露台。水际春风寒漠漠，官梅却作野梅开。"②这里所指的官梅，应该就是

〔南宋〕马远《白蔷薇图》，绢本设色，26.2厘米×25.8厘米，故宫博物院藏

画史上著名的"宫梅"，是马远等宫廷画师们善于表现的梅花样式。

南宋时，宫廷里画梅花，大都是宫梅。有一位姓丁而不详名氏的画家，住庐山清虚观，善画梅竹，受到宋理宗召见。作品呈上后，宋理宗一看之下，发出疑问："卿所画者，恐非宫梅。"画家答曰："臣所见者，江路野梅耳。"自此，便以"野堂"为号，画史因之记其名为丁野堂。③

所谓的江路野梅，就是在江岸、路边、郊外野生野长的梅花。"江梅，遗核野生，不经栽接者。又名直脚梅，或谓之野梅。凡山间、水滨，荒寒清绝之趣，皆此本也。花稍小而疏瘦有韵，香最清，实小而硬。"④

与之相对的，就是官梅、宫梅，也就是生长在官府、宫苑园圃里的梅花。

---

① 〔清〕厉鹗：《南宋院画录》卷三引吴其贞《书画记》，于安澜编《画史丛书》第四册，上海人民美术出版社1962年版，第54页。

② 〔南宋〕潜说友：《咸淳临安志》卷一五，清道光十年（1830）钱塘振绮堂汪氏仿宋本。

③ 参见〔元〕夏文彦：《图绘宝鉴》卷四，于安澜编《画史丛书》第二册，上海人民美术出版社1962年版，第98页。

④ 〔北宋〕范成大：《范村梅谱》，四库本，第845册，第33页。

这种梅花不是自然生长的形态, 而是用园林的手艺, 经人工栽培而成。其基本特征是: 枝干瘦硬, 花蕊稀疏, 屈枝盘旋, 造型奇特, 在山水园林之中表现出一种造型与修饰的美。

梅花的不同形态各有意趣, 绘画表现也因之丰富多彩。北宋画僧仲仁, 曾在《画梅谱》中列了画梅的十种方法: "有枯梅、新梅、繁梅、山梅、疏梅、野梅、宫梅、江梅、园梅、盘梅。其木不同, 不可无别也。诗曰: '十种梅花木, 须凭墨色分。莫令无辨别, 写作一般春。'"①

以仲仁本人而言, 就以画墨梅名于世。他嗜梅成性, 对梅花的喜爱, 甚至到了奉若神明的地步。他在寺内遍植梅花, 甚至于花开季节移榻梅树之下, 终日观赏吟咏。每次画梅之前, 必先焚香, 待到禅定意适, 一挥而就。一个月明之夜, 他偶然于窗间见梅花疏影横斜, 萧然可爱, 便以笔墨状其姿态。自此以后, 专注于墨梅写生, 一变傅色之法, 而以墨晕作梅如花影, 妙于写意, 得画梅之三昧。年事愈高, 愈纵心于笔墨, 作品的画意风骨也愈见其高。

而马远这样的宫廷画师, 一般就以宫梅的创作为主。造型奇特的宫梅在马远的画里大量出现, 《雪屐观梅图》《月下赏梅图》《梅石溪凫图》《林和靖探梅图》等画中都是此类梅花。马麟完全继承了马远此类梅花的表现手法, 《红梅图》《林和靖孤山图》都是同样风格的作品。

特别需要指出的是, 马远等人的梅画, 虽有水墨之表现和"疏影横斜"的意境追求, 但总的来说还是皇家趣味的反映, 亦即为"宫梅"之属。它虽不同于传统工笔重彩、设色富丽的宫廷趣味, 却也与后世元明文人画中意喻清高脱俗的梅花图迥异。它是在富丽精致的皇家经典审美趣味之外发展起来的具有南宋皇室趣味和特色的风格, 其最终的目的, 在于追求一种艺术表现形式上的趣味和美感。

民生的富足与安乐, 是帝王们喜欢看到的太平盛世之景象, 于是也就成了宫廷画师的表现题材。马远的《踏歌图》名声卓著, 从内容到形式, 都成为南

---

① 〔北宋〕释仲仁:《华光梅谱》, 王伯敏、任道斌主编《画学集成 (明—清)》, 河北美术出版社2002年版, 第391页。

宋绘画的代表作。"宿雨清畿甸，朝阳丽帝城。丰年人乐业，垄上踏歌行。"这是《踏歌图》的题诗，也是马远以画颂扬的年丰人乐、政和民安的景象。此画将人物画在画面的近景处：一老者刚过小桥，右手扶杖，左手挠腮，摇身抬腿，踏歌而舞，憨态可掬。随行二老者中，一人双手拍掌，双足踏节，另一人抓住前者的腰带，躬腰扭动，舞态可人。后行一人，肩扛竹棍，上挑葫芦，身前倾，腰微弯，和节而踏。垄道左面的两个孩子，则给画面添加了一股童趣。老少相宜，构成了画面人物动态与气氛的协调，人乐年丰之气象在活泼灵动的舞姿中呈现。画的中景是高耸的巨岩，宫阙在丛树中若隐若现，具有帝王的象征意味。

〔南宋〕马远《踏歌图》，绢本设色，193.5厘米×111.0厘米，故宫博物院藏

　　南宋皇宫建于凤凰山中，宫殿、亭台、楼阁、园林等建筑与自然山川有高度和谐的融会。因此，在马远的山水画里，宫廷的形影触目可及。《华灯侍宴图》《踏歌图》《雪景图》《松风楼观图》《雕台望云图》等画作，在崇山峻岭或溪山无尽的连绵间，均安置有巍峨的殿宇、回旋的长廊、亭亭的楼阁。它们在云雾笼罩和林木掩映中或隐或现，一改以往帝王宫殿金碧辉煌、庄严整肃的传统形象，在气韵生动的自然节律中，以半山一角的造境之趣和林木苍郁的山川气息，留下了一个有关南宋宫殿的独特形影。

第三章　艺术家

　　一般的认识中，宫廷画师都是帝王宫苑中的供奉工役，缺乏艺术个性；其作品都是帝王意志下的应制之作，没有创作自由。因此，常常以工匠或伎艺之徒视之。这种观念牵连到对他们作品的态度，将之视为只重形似、充斥匠气的院体画而取轻视、否定的态度。

　　然而事实并非如此。虽然史料的缺乏限制了深入探讨的空间，但是现有的材料即使只是蛛丝马迹，也已经提供了足够的依据，去更为客观公正地论述马远和其他的宫廷画师。

　　马远在绘画创作上发展了李唐水墨苍劲的大斧劈皴一路的豪放简括风格，布局简妙，线条劲健，水墨淋漓，意境深邃清远，极具空灵的诗意。这种画风成为南宋山水画的时代特色，马远本人也成为这一时期绘画艺术的主要代表人物。

　　马远艺术成就的取得，绝非偶然。"一门五代七画家"的独特身世，赋予他充分滋润的艺术灵性。在马远的心中手下，绘画也许仅仅就是绘画。他有稳定的生活环境、裕如的心境和全身心投入的时间，来"经营"艺术的山水，表述他心中充满诗意的艺术感受。虽然现存的史料不足以说明一切，但其作品已经能够表明他是一个具有唯美追求的艺术家。

精严工致的笔墨技巧

　　作为宫廷画的代表，马远的作品自然会被人们拿来与院体画相比较。院体画简称"院体""院画",指历代宫廷画院画师笔墨工致、设色富丽、风格严谨的绘画作品。亦有专指南宋画院作品,或泛指非宫廷画家而效法南宋画院风格之作。

我国五代时,西蜀、南唐已设置画院。宋代设翰林图画院,选录优秀画家为皇室宫廷服务。历代画院里所画的山水、花鸟、人物等,大都强调写生,要求作品形神皆备,用笔工整细致,构图严谨周密,设色富丽堂皇,有较强的装饰性。

五代北宋时期,花鸟画成为院体画创作的主要形式,黄筌、黄居寀、赵昌、易元吉、崔白等人的作品,突出反映了院体画笔墨精严工致的风格特征和成就。例如,原在西蜀画院供职、后入北宋的黄居寀,所作《山鹧棘雀图》以细线勾出轮廓,后敷重彩,层层晕染,有富贵华丽之趣。他的画法成为画院标准,在北宋宫廷画院中占有主导地位。宋神宗时画院画家崔白,画花鸟重写生。名作《双喜图》描绘西风袭过的深秋野外,一对绶带鸟对兔鸣叫。禽兔刻画细腻,树石草坡则用笔老健。其弟崔悫,字子中,也是画院画家,兄弟齐名,且画风相近,都是改变宋初"黄家富贵"花鸟画风格的中坚人物。

至北宋宣和画院,因宋徽宗倡导及其审美趣味的导引,院体花鸟画进入发展最为兴盛、成就最高的时期。南宋继承北宋传统,花鸟画也是成就斐然。如画院待诏林椿以花鸟翎毛著称于时,今有《果熟来禽图》传世,其与记载中的赵昌画法相似,也是技法工谨严整、设色细腻富丽。

马远的绘画艺术秉承院体绘画传统,十分注重笔墨技法的锤炼,体现出全面而成熟的笔墨技巧修养。从现有作品及画史文献记录来看,马远的技法既有来自传统的师承,也有自我的创新,并在很大程度上建立起垂范后世的院体绘画程式,特点与成就都是十分显著的。

在笔法上,传统看法认为:"马远画师李唐,笔数整齐;布境用焦笔作树干斗柄,树叶夹笔。石皆方硬,以大劈斧带水笔。人物衣折,小者鼠尾,大者柳梢,有轩昂闲雅气象。楼阁用尺界画,衬分染色,极其精明。"[1]"山是大斧劈

---

[1] 〔清〕厉鹗:《南宋院画录》卷七引饶自然《山水家法》,于安澜编《画史丛书》第四册,上海人民美术出版社1962年版,第135页。

兼钉头鼠尾，松是车轮蝴蝶，水是斗水。"①

马远画山石一般不作过分拘泥细致的皴擦。画近景山石往往只分大面而用大斧劈皴或钉头鼠尾皴直皴山石，下笔快速、果断，线条劲爽，极其准确地表现出山石的方硬峭拔，具有坚实的质感和立体感。画远景之山则多以线条勾勒一抹淡淡的山痕，加以云霭烟岚笼罩，富有朦胧诗意。

马远画老松树干亦用画石的皴法，"瘦硬如屈铁状"，树叶用夹笔，间作破笔，古气蔚然。画梅枝也是瘦硬劲挺，遒劲盘曲，都是经过人工栽植、培育的"宫梅"形象，追求的是花枝形态的优美、奇特。这种富于装饰性的表现手法，为后世园林造型艺术所吸取。《西湖游览志余》说："其树多斜科偃蹇，至今园丁结法，犹称马远云。"②明人汪砢玉则给了他一个"拖枝马远"的绰号。

但马远笔法也不是一味的刚健，他注重笔与墨、墨与色的有机结合。如画远山多用水墨染成云影，画面常见浅淡设色和疏密有致的点染，在焦墨勾勒中多有水墨渲染，于清刚中见温润、劲健中见典雅，画面因之尽显浑厚含蓄之韵。

马远全面深厚的笔墨技巧功力，在他的《水图》卷中得到充分体现。水是山水画中具有极高表现难度的题材，"山林楼观、人物花木、鸟兽虫鱼，皆有定形，独水之变不一，画者每难之。故东坡以为，尽水之变蜀两孙，两孙死，其法中绝"③。关于水的难画和画史高手们画水的情况，北宋董逌所撰《广川画跋》中，有详尽的论述：

> 画师相与言，靠山不靠水，谓山有峰岛崖谷，烟云木石，可以萦带掩连见之，至水则更无带映，曲文斜势，要尽其窊隆派别，故于为画尤难。彼或争胜取奇，以夸张当世者，不过能加靐纹起浪。若更作蛟蜃出没，便是山海图矣，更无水也。唐人孙位画水，必杂山石为惊涛怒浪，盖失水之本性，而求假于物以发其湍瀑，是不足于水也。往时阳庙壁有画水，世传

① 〔清〕厉鹗：《南宋院画录》卷七引郎瑛《七修类稿》，于安澜编《画史丛书》第四册，上海人民美术出版社1962年版，第136页。

② 〔明〕田汝成：《西湖游览志余》卷一七，上海古籍出版社1998年版，第260页。

③ 〔明〕李日华：《六研斋笔记（三笔）》卷二，四库本，第867册，第682页。

为异，盖水文平漫隐起，若流动混混不息，其后有梯升而索者，知壁为隆洼高下，随执为水，以是衔于世俗，而人初未识其伪也。近世孙白始创意作潭滔浚原、平波细流，停为激滟，引为决泄，盖出前人意外，别为新规胜概。不假山石为激跃，而自成迅流；不借滩濑为湍潆，而自为冲波。使夫萦纡回直，随流荡漾，自然长文细络，有序不乱，此真水也。尝言画慢水不断水脉为工，画急水要不混洄澜为工。若今以二说观世之画者，真可一笑也。夫慢流之失，则为池水风纹，更无流脉；画迅流者，则浪头涌起，反如印板水文，天下岂胜其至众哉。要知画水者，当先观其原，次观其澜，又其次则观其流也。不知此者，乃降池水中尔。故知汪洋极畜，以滔没为平，引脉分流，以澹淡为势。至于聚为潆澜，散为淼洞，识游泳乎其中而不系于物者，此真天下之水者也。亦知求于此乎。[①]

　　文中提到的孙位、孙白，即苏轼所赞誉的善于画水的两位画家。但董逌在这里对"两孙"的评价，则有明显不同。他认为孙位求借于他物表现水的方法，是"失水之本性"，"不足于水也"，而孙白画水，"出前人意外，别为新规胜概"，方才称得上是真正的画水高手。

　　那么马远画水，又是怎样的境界呢？明人李日华看了马远《水图》后说："凡状物者，得其形不若得其势，得其势不若得其韵，得其韵不若得其性。形者，方圆平匾之类，可以笔取者也；势者，转折趋向之态，可以笔取，不可以笔尽取，参以意象，必有笔所不到者焉；韵者，生动之趣，可以神游意会，陡然得之，不可以驻思而得也；性者，物自然之天，技艺之熟，照极而自呈，不容措意者也。马公十二水，惟得其性，故瓢分蠡勺，一掬而湖海溪沼之天具在，不徒如孙知微崩滩碎石，鼓怒炫奇以取势而已。此可与静者细观之。"[②]

　　在李日华看来，马远正是得水之"性"的画家，故能"一掬而湖海溪沼之天具在"。这个"天"，就是物之本性、物之真趣，是超越于物之形、势、韵的

　　① 〔北宋〕董逌：《广川画跋》卷二《书孙白画水图》，四库本，第813册，第454—455页。
　　② 〔明〕李日华：《六研斋笔记（三笔）》卷二，四库本，第867册，第683—684页。

至高无上的自然本真。将马远称为得水之性的画家，既是对他绘画技法的高度肯定，因为物性的表达，只有在技艺"熟极"时方能"自呈"，"不容措意者也"，也是对马远艺术天性和才情的肯定。

马远的十二段《水图》（绢本，浅设色，26.8厘米×41.6厘米不等，藏北京故宫博物院）分别以《云生沧海》《层波叠浪》《湖光潋滟》《长江万顷》《寒塘清浅》《晓日烘山》《云舒浪卷》《波蹙金风》《洞庭风细》《秋水回波》《细浪漂漂》《黄河逆流》为题，淡设色写水的十二种形态，将水的纡徐平远、盘回澄深、汹涌激撞等动态表现得淋漓尽致，咫尺之间而有千里之势。此图并非构图完整的创作，而是一种带有研究性质的写生，是对不同形态的水的表现方法的实验或示范，意在穷究水之性、水之理，表现水之态、水之趣。图中的"尽水之变"，全凭线条的勾勒之功：《寒塘清浅》用细笔长线写浅水平波；《长江万顷》的线条勾连而有韵律；《层波叠浪》以粗重颤笔勾画波涛，动感强烈；《黄河逆流》线条劲健，具有逆浪排空的气势。图中线条丰富生动，曲尽其妙地表现出水的性态和在不同环境下的变化，极为充分地体现了马远以线造型的能力。

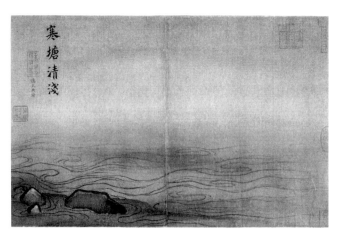

〔南宋〕马远《水图》之四《寒塘清浅》，绢本设色，约26.8厘米×41.6厘米，故宫博物院藏

除山水画之外，马远画人物，同样也是技艺高超。从传世作品看，最大的特点在于删繁就简，大胆剪裁，形神皆备，简洁生动。以《孔丘像》为例，以淡设色画孔子拱手而立作沉思之状。硕大的前额与肃穆的神情，恰如其分地刻画了孔子圣人和智者的形象。人物整体造型十分简括，用寥寥几笔勾出衣纹大势，加以简洁劲健的"鼠尾""柳梢"皴法描写衣纹，于顿挫粗细的转折变化中，形神毕现。而与此相对的是，对人物的发须却作了一丝不苟的细致刻画，极具功力。

《月下赏梅图》《松下闲吟图》等作品中的人物，则又另有寄寓，表现的是幽静闲逸的贵族、士大夫、文人情怀。他们或深山独斟，或举杯邀月，或松下闲吟，或孤舟垂钓。画面多与山水紧密结合，形象鲜明，意境深远，清旷简约，诗意浓郁。

在集中体现传统院体画特征和成就的花鸟画方面，马远也有不少佳作。如《倚云仙杏图》《白蔷薇图》等都是工笔重彩、富丽精致的作品，最为接近传统宫廷院体画的形制，极具工巧典丽、精致富贵的皇家经典审美趣味。

妙于造景的构图布局

马远不仅绘画的笔墨技巧全面，而且在画风上也显示出多样性。他既有如前所述的技法精工、画风严谨的传统院体花鸟画作品，也有《观梅图》《梅石溪凫图》《梅竹山雉图》等在笔墨和风格上颇具个人色彩的新意迭现之作。

这种新意，是将画山水的心得与技法用于花鸟画。他的创作中，常常可见山水、人物、花鸟融为一体的作品。他因此改变了院体花鸟画的风格，也将南宋院体画的成就转向山水画中，形成了画史上声誉隆盛的院体山水画。

马远此类画作的显著特征之一，是妙于造景。所谓妙于造景，一是指内容的剪裁，一是指画面的构图。这在马远的画作里，表现得十分突出。

《踏歌图》（绢本，水墨淡设色，191.8厘米×104.5厘米，藏北京故宫博物院），在构图上分为近、中、远三景。画面近景的左下方为两块巨大的山石，右边一株疏柳，隔出一片人物活动的空间，有溪流、山径、田园和快乐的踏歌者，描写的景物十分丰富，布局紧凑。画面中景是一片云烟，有丛林、楼台、殿阁掩隐其间，左面有高峰耸立，似剑插空，构图疏密有致，尤显空旷之景。右上的远景处，有淡淡的两座高峰，既和左面的高峰相对，又在烟云掩映中，显示出空间的辽阔和光的感觉。作者对大自然复杂的形态进行了巧妙的剪裁，构图简括而又层次分明，妙用烟云的渲染将画面隔出不同的层次，近景工致严整，远景简淡清远，渐行渐远地拉伸出无限悠远的空间，营造出不凡意境。

此画在构图布局上，体现的是马远在边角之景以外的全景图，即前引《山水家法》中之所言。然而马远的全景图，明显与北宋荆浩、关仝、范宽甚至李唐前期那种大山堂堂占据整个画面的全景构图截然有异。荆、关等人的布局往往近、中、远景层层重叠，常要求远景也清楚写实。而马远打破了传统的鸟瞰式俯视法，改用平视和近视、远视来取景，在布局上则趋于简洁，近、中、远景的层次分明，有时更省却中景，不作实满之景，以烟岚的渲染更显画面的空灵。而拖枝状的树木、方硬奇特的山石、劲健有力的大斧劈皴，更加突现了马远山水画的独特面貌。《华灯侍宴图》《对月图》《竹鹤图》等全景构图的作品，基本上都是类似布局。

但是最具马远绘画风格的，还是画史常称的所谓"边角"之景。

《梅石溪凫图》（绢本，设色，26.9厘米×28.8厘米，藏北京故宫博物院）是以山水画的构图与技法表现花鸟的典型作品。图中以画面左边山岩和上部溪岸营造出一角山中小景，山岩之上有数枝梅花，曲折疏枝，横空倒悬，伸向水面，枝上有花蕾初绽，给整个画面增添了盎然的生机和富有装饰性的美感。画面的主体，是山溪流经岩弯时形成的一湾淡淡水面和几只戏水的野凫，以其动势打破山涧宁静，平添许多生趣。左下角用小斧劈皴画巨岩，笔法劲爽明晰；

〔南宋〕马远《梅石溪凫图》，绢本设色，26.9厘米×28.8厘米，故宫博物院藏

横出之石则用晕染之笔，既与空蒙的水面相协调，又表现出空远的感觉。岸边与巨岩之上，有点苔之笔而使岩石含润、岸添生气。梅枝如虬龙展体，铁臂横伸，笔法劲硬有力却又不失曲折游动之变化。梅花点缀更丰富了枝干的动感，与戏水野凫相映成趣。此画裁剪之妙、构图之巧与用笔之活，皆成趣味，雅意横生，而"马一角"的构图特点，正可从中看出。

《松间吟月图》《寒香诗思图》《雪滩双鹭图》《松寿图》《举杯邀月图》等，大都是这样的构图。

《山径春行图》（绢本，水墨浅设色，27.4厘米×43.1厘米，藏台北故宫博物院）中，可以看出马远取景的方法也与前人不同。他常作平远之景，也就是

〔南宋〕马远《山径春行图》，绢本设色，27.4厘米×43.1厘米，台北故宫博物院藏

一反居高临下的视点，而以平视取景，所以常有高山不见顶，悬崖不见脚，近山高，远山低的现象。而此图同时也是偏于一角的构图，整幅纸绢重心在左下角，其他部分笔墨不多，让画中人物面向空白之处，使观画的人也随之望入那一片空虚之中，发人幽思，意境极佳，有笔断而意未断的妙处。

《寒江独钓图》《雪图》等作品，在造景上更为简洁。《寒江独钓图》（绢本，墨笔淡彩，26.7厘米×50.6厘米，藏日本东京博物馆）的画幅中心，只有一叶扁舟和垂钓的渔人，船边仅绘几条波纹，其余则以完全的空白表现烟波浩渺的江面，异常简洁、异常诗化地画出了万顷波涛中无拘无束的境况。画中出现的大片空白，正表明了马远大胆剪裁、善于造景的构思和技巧。

类似的作品还有四段《雪图》，画中有寒江中的舟楫、旷远天空中的飞鸟、

〔南宋〕马远《雪图》之三（局部），纸本设色，全图15.2厘米×60.1厘米，故宫博物院藏

雪山上的楼阁，以及十分引人注目的大片空白的画面，全图着墨处几乎不到画面的十分之一。其空旷的构图、简练的用笔、浓郁的诗意，都与《寒江独钓图》有异曲同工之妙。

从上面的作品分析中，可见这些边角构图的作品，大都为小幅画，在构图布局时，常常把主景置于一隅，其余则用渲染手法逐渐淡化为朦胧的远树水脚、烟岚雾雨。表现人物的作品中，常常通过指点眺望的人物把观赏者的注意力引向旷远空间，勾起人们的无限遐思。正如明代曹昭《格古要论》中所说："其小幅，或峭峰直上而不见其顶，或绝壁直下而不见其脚，或近树参天而远山低，或孤舟泛月而一人独，此边角之境也。"①

这种构图特色的形成，与马远所处的以杭州为代表的江南地域环境关系密切。江南山水不同于北方的雄浑奇伟之势，山清水秀、烟雨迷蒙、简淡悠远，这种山水景色显然不适合用浓墨重彩的笔墨和大山堂堂的构图来表现。马远高度概括和提炼自然山川中的景致，造为主景，置于画面之边角，以示景物的丰富与美好；同时又用渲染之法将其余画幅逐渐变化为幽水寂雪、汀渚坡岸、溪山云雾，甚至大片的空白之景，以此充分反映江南山水的特色。这样的构思和用心，反映在构图上，自然就是主次分明、简括明净的布局格式，予人清旷空灵、遐思无限的美感。董其昌曾指出："李思训写海外山，董源写江南山，米元晖写南徐山，李唐写中州山，马远、夏圭写钱塘山，赵吴兴写雪苕山，黄子久写海虞山。"②正此之所谓。

创意丰富的艺术灵感

创新的意识、精神和能力，是艺术发展的内在动力，是艺术作品得以传世的根基，也是艺术家与普通匠人的区别之所在。马远是一个富有创新意识、创新精神和创新能力的艺术家，无论是别致的构图，还是各种独特而极具表现力

---

① 〔明〕曹昭：《格古要论》卷上，四库本，第871册，第93页。
② 〔明〕董其昌：《画禅室随笔》卷二"云海三神山图"条，四库本，第867册，第459页。

的笔墨技法，都向我们展示了他创意的丰富、功力的深湛和成就的斐然。

翻检画史，多有论及马远画法独创处，如《西湖游览志余》所载唐文凤跋马远《山水图》曾云："宋李唐……为马远父子师。及远，又出新意，极简淡之趣，号马半边。今此幅得李唐法，世人以肉眼观之，则无足取也。若以道眼观之，则形不足而意有余矣。"①

《大江草堂集》所载陈衍《马河中梨花图跋》也称："光、宁朝李唐、刘松年、马远、夏珪为四大家，如宋初之李、范、董、郭。远尤有家学，于山水、花卉、翎毛、人物，皆变化古迹，自成一家，至今五百年，尚私淑之不替焉。右梨花一枝，宛然日午，令人有丽阳春暮之思。"②

以构图而言，概括起来说，马远作品的构图有全景和边角之景两种，共同的特点是剪裁大胆、构图简括。马远这种造景上的特点，是山水画绘画传统逐渐发展、变化的趋势所致，更是他本人艺术修养与创新能力的体现。

在中国山水画发展史上，李唐的"一变"，主要的一个方面就是"变"在构图的由全景而趋向于局部取景、截景章法，马远的边角之景，正可以看作是对李唐之变的继承。但是与李唐相比，马远走得更远、更有匠心，表现出个人风格极其鲜明的特色：他的作品将山水、人物、花鸟融为一体加以裁剪取舍，体现了十分全面的艺术功力和才能。他的表现目的迥然有异于北宋画家对自然山川的整体、客观描绘，而更强调表现画家主体的情绪和对自然之美的主观感受与提炼。他的笔法承续了李唐大斧劈皴的手法，但较李唐更见方硬有力，棱角分明，笔势更加猛厉、迅疾。他的构图更为简约、概括，画面更具气氛的烘托和意境的表现。全景画常无中景，而以云烟氤氲，平添空灵之意境；边角之景则画山之一角、水之一涯，景幽意远，气清趣雅。尤其是画面中常有大片的空白之景，将剪裁之法进行到不能再剪、不能再减的境界，计白当黑，似虚而实，以示空旷邈远的气氛。所有这些，都是中国画构图和用笔上的新创造，得象外之意，有韵外之致，虽笔墨无痕，却尽得风流，深为后世所称道。

① 〔明〕田汝成：《西湖游览志余》卷一七，上海古籍出版社1998年版，第261页。

② 〔清〕厉鹗：《南宋院画录》卷七，于安澜编《画史丛书》第四册，上海人民美术出版社1962年版，第155页。

然而，创新离不开对传统的学习和继承。马远的创新不是无源之水、无本之木，更非随心所欲的任意涂抹、自我标榜。从他的《倚云仙杏图》《白蔷薇图》等工笔重彩、富丽精致的作品中，可以见到他对北宋院体花鸟画在传统与技法上的学习与承续，以及功底深厚的工笔写实的高超水平。从《清河书画舫》著录的马远《宫苑乞巧图》来看，他在楼台界画与人物画的绘制上，也是从大、小李将军的传统中而来。至于人们已经十分熟悉的局部构图、大斧劈皴和水墨淋漓等均承李唐之"变"而来，是对李唐开创的水墨山水画派的继承和发展，就更无须详言了。

故此，马远的创新，是筑基于传统之上、孕育于传统之中，而又打破传统、超越传统的作为。他灵感的创意来自前人积聚的深厚的绘画艺术土壤，技法的创造有着累家门数代和本人数十年之功而成的精深功底的支撑。近代黄宾虹先生在论及"南宋四家"时曾经说过："惟有法之极，而后可至于无法之妙。南宋画家刘、李、马、夏，悉由精能，造于简略，其神妙于此可见。"[1]此言真可谓一语中的、切中肯綮。如此，方能于绘画艺术传统的丰富发展有切实的贡献，于个人风格的创立、艺术家身份的确定和艺术生命力的青春永葆有长久的保障。今之未及"有法"即奢谈"无法之妙"，根基未立辄妄言创新变法、以开宗立派自居者，不可谓无。对照马远，实有可深思处。

诗意浓郁的艺术风格

艺术风格是衡量艺术作品的重要标尺，也是艺术家走向成熟的重要标志。它所指的是艺术家在艺术实践中形成的相对稳定的艺术特色、风貌、格调和气派，是艺术家鲜明独特的创作个性的体现，统一于艺术作品的内容与形式、思想与技法之中，集中体现在主题的提炼、题材的选择、形象的塑造、体裁的驾驭、艺术语言和艺术手法的运用等方面。

马远的绘画艺术创造，具有十分鲜明的个人风格，而浓郁的诗意，则是他

---

[1] 南羽编著：《黄宾虹谈艺录》，河南美术出版社1998年版，第190页。

最大的特点。

诗意浓郁，是马远画作给予我们的一个强烈的观感。这种扑面而来的诗意，生发于画中山石溪涧的清幽、云烟山岚的朦胧、峭峰直立的清刚、汀渚坡岸的萦回、疏枝横斜的老梅、简淡清远的山月、寒江独钓的渔人、水暖知春的野凫、山径春行的闲适、松下闲吟的从容、举杯对月的雅兴、踏歌而行的欢乐。所有这一切，从马远的边角之景和清健的线条、劲爽的皴擦、淋漓的水墨和空灵的画面中款款漫溢而出，无穷无尽地历上千年时光而不息，至今滋润着人们的眼睛和心灵，散发着艺术的馨香和光辉。

含蓄空灵而得意韵，是马远画境中的诗意内涵，也是这诗意芳菲永驻的因由。

追求山水画中的诗意内涵，是从北宋即受到推崇的一种创作思潮，是两宋院体山水画独特的审美特色。如何在绘画的形色中表达诗意特征，两宋画师们进行了自觉的探索实践。郭熙说："更如前人言：'诗是无形画，画是有形诗。'哲人多理之谈，此言吾之所师。余因暇日阅晋唐古今诗什，其中佳句有道尽人腹中之事，有装出人目前之景。然不因静居燕坐，明窗净几，一炷炉香，万虑消沉，则佳句好意亦看不出，幽情美趣亦想不成。即画之生意，亦岂易及乎。"[1]郭熙在"阅晋唐古今诗什"中品诵"清篇"佳句，体悟其中境界，获得画思，提升画境。南宋画院的山水画创作，更是直接以诗题、诗意作主题意境。

画境中的诗意内涵是创作者至情至性主观感受的自然流露。画家在有限的画面空间里，高度提炼自然山水中的素材，借助自己的想象，加以抒情性的表现，升华到诗意的境界。在马远的画中，我们可以感受到他十分强烈的主观情绪、劲爽的线条、方硬的块石、遒曲的梅枝、迷漫的云烟、空蒙的山色、大片的留白，在他的笔下流泻而出，精心的构思和造景之中，抒发出作者独特的感受和情感，情境相通、形神兼备，极富独特的艺术创造力和表现力，令人过目难忘。

诗画融合在表达上的一个十分重要的手法，就在于表达内容和画面结构的

---

① 〔北宋〕郭熙：《林泉高致集》，四库本，第812册，第579页。

〔南宋〕马远《对月图》，绢本设色，149.7厘米×78.2厘米，台北故宫博物院藏

处理。北宋画院全景式结构的山水画，强调对自然物象客观整体的描绘。画面多见层峦叠嶂、长松巨木，溪桥岸道、亭台楼阁，曲折重晦、幽深重复。在繁复的构图中，通过对季节性景物特征的强调，以及对自然物象的神韵把握、虚实对比等，体现超越时空的"象外之意"。以马远为代表的南宋院体山水画的内容剪裁与构图特色，则契合的是江南山水自然之景的表现需求。它表达的不是一时、一地、一情、一景的确定诗意，而是整体的、自然与人生的亲切关系，是诗意的情怀与理想。创作者与观赏者在自然与人情合一的境界中获得无穷的遐想。

这种诗意的表达，在马远的山水画中还体现为突出的文学化的、精致优雅的意境追求，体现为画家对形式美的着意表现。如前所述，马远的《梅石溪凫图》《寒江独钓图》《山径春行图》《对月图》等作品，都是笔墨技巧工致、构图精妙简括、画面含蓄有致、意境空灵简妙之作，富于艺术形式上的美感。因此，与北宋院体山水画的全景式整体表达相比，南宋院体山水画有更为浓郁的诗意，诗意的表现也更为具体和丰富。

总而言之，强烈的主观感受和情绪、精工的笔墨、裁剪有致的景物表现、简括精妙的构图、含蓄的画面布局和空灵的意境，汇聚成马远绘画中浓郁的诗意，成为他艺术风格的一个显著的特色。

第四章　绘画史上的地位和影响

徐书城先生说："南宋'院体'山水画的典型形态，是出现在马远和夏珪笔下的山水画作品。这个画派的草创者虽是李唐，但他的画风仍保留着范宽山水画的'雄强'之风；刘松年大致上已脱去旧格，到了马远笔下，才奠定了南宋'院体'的格法——具有鲜明的宫廷艺术的典丽风范。"[①]此言甚是。简而言之，马远绘画史上的地位，即由此而来。

马远作为在当时独步画坛的名家，不仅受到帝后宠幸，也为业内画师所敬佩，苏显祖、叶肖岩、楼观等均师事于他。

师从者中，马麟画风与其父最为相近，如其所作《秉烛夜游图》在构思立意上，与马远的《华灯侍宴图》十分相似。但是仔细辨析，马麟与马远笔意还是有所区别，从题为马麟款的《芳春雨霁》看，马麟在情韵的表现上更为细腻、清润、纤丽。

南宋之后，也不乏学马远绘画者。如元代有张观者，字可观，松江人。"善画山水，兼学马远、夏珪，而特长于摹仿画之传世者。"[②]

对马远的绘画艺术成就，历来有不同评价。欣赏肯定的有：

元代画史如《图绘宝鉴》乃至文人的评价都是比较一致予以肯定的。柯九思、朱德润、吴镇、张昱、张雨等文人都有读马远画作的诗文题跋，对其颇多

---

① 徐书城：《宋代绘画史》，人民美术出版社2000年版，第88页。
② 〔清〕王毓贤：《绘事备考》卷七，四库本，第826册，第307页。

赞赏之言。如朱德润《马远潇湘八景图跋》言："《潇湘八景图》始自宋文臣宋迪，南渡后诸名手更相仿佛。此卷乃淳熙间院工马远所作，观其笔意清旷，烟波浩渺，使人有怀楚之思。"①

明代的浙派与马远本是一路，自不必说。画史如朱谋垔《画史会要》和陶宗仪、高启、祝允明、王履、文徵明等也都对马远推崇有加，如王履赞赏："马、夏山水，谓其粗也而不失于俗，细也而不流于媚，有清旷超凡之远韵，无猥暗蒙尘之鄙格。"②

作为文人画大家的唐寅、文徵明，也对马远多有师法与佳评。文徵明评马远曰："作画不尚纤秾妩媚，惟以高古苍劲为宗。"③推崇之意明白可见。

〔南宋〕马远《松下闲吟图》，绢本设色，24.7厘米×24.4厘米，上海博物馆藏

即使是持南北宗论而认为马远、夏圭"非吾曹所当学"的董其昌，也对马远作品有赞赏之举："董玄宰太史生平不喜马、夏画本，及观《松泉图》卷，则又赏其清劲，为之敛衽赞赏，不能已已。"④

否定马远画艺的，也是大有人在。如前引之《画继补遗》称，对马远"所画山水人物，未敢许耳"。也有从贬斥南宋王朝的角度彻底否定马远绘画的，只要一听

①〔清〕厉鹗：《南宋院画录》卷七引朱德润《存复斋集》，于安澜编《画史丛书》第四册，上海人民美术出版社1962年版，第149页。

②〔明〕张丑：《清河书画舫》卷一〇下，四库本，第817册，第404页。

③〔清〕厉鹗：《南宋院画录》卷七，于安澜编《画史丛书》第四册，上海人民美术出版社1962年版，第145页。

④〔明〕张丑：《清河书画舫》卷一〇下，四库本，第817册，第403页。

"有言夏珪、马远者，辄斥之曰：是残山剩水，宋僻安之物也，何取焉"①。

真正彻底而又有影响力的贬斥，是明末董其昌"尚南贬北"的南北宗论对南宋院体山水画及马、夏"非吾曹所当学"的指斥。

由于马、夏绘画风格相近，后世评价往往把他们相提并论。故此处暂且不作阐释，具体详见后文《夏圭传》。

---

① 〔明〕叶盛：《水东日记》卷三，四库本，第1041册，第19页。

夏圭传

小　引

　　虽然同样因为史料简略造成了画家历史身影的淡远，但在笔者的心目中，这种淡远对夏圭而言，不是与李唐、刘松年、马远一样的遗憾，自有一种清远高华的印象。这样的印象来自两个方面：一是历史上有关夏圭生平的史料特别简略，几近于无，这就割舍了夏圭身边枝枝蔓蔓的生活细节，简洁明净地突现了他作为一个艺术家的形象；二是在夏圭清幽简净的山水画中，流泻出在山水间安放心灵的艺术气质。我们在夏圭的作品中，看得见画家意绪与连绵溪山的融合。淡岚轻烟间，有心随物化、天人相合的神韵，是故溪山清远，气韵生动。

〔南宋〕夏圭《梧竹溪堂图》，绢本设色，23.0厘米×26.0厘米，故宫博物院藏

第一章　生平与画艺

简略的生平

夏圭，一作夏珪，关于其生平，史料记载十分简略。较早的文献记载见于《画继补遗》："夏珪，钱唐人，理宗朝画院祗候，画山水人物极俗恶。宋末世道凋丧，人心迁革，珪遂滥得时名，其实无可取，仅可知时代姓名而已。子森，亦绍父业。"①

后则有《图绘宝鉴》，云："夏珪，字禹玉，钱唐人，宁宗朝待诏，赐金带。善画人物，高低酝酿，墨色如傅粉之色，笔法苍老，墨汁淋漓，奇作也。雪景全学范宽。院人中画山水，自李唐以下，无出其右者也。"②

周密《武林旧事》记载的御前画院十人中，夏圭即居其一。③

之后的文献，则大都与上述诸书相仿佛。如"禹玉居钱塘，早岁专工人物，次及山水。笔法苍古，墨气明润，点染岚烟，恍若欲雨，树石浓淡，遐迩分明，盖画院中之首选也。惟雪景更师范宽。自李唐之后，艺林可当独步矣。在当时

---

① 〔元〕庄肃：《画继补遗》卷下，中国美术论著丛刊本，人民美术出版社1963年版，第16页。

② 〔元〕夏文彦：《图绘宝鉴》卷四，于安澜编《画史丛书》第二册，上海人民美术出版社1962年版，第104页。

③ 参见〔南宋〕周密：《武林旧事》卷六"诸色伎艺人"条，浙江人民出版社1984年版，第105页。

郑重，况今代乎。严陵邵昌贞识"①。

夏圭绘画也是父子相承，其子夏森，字仲蔚，画山水、人物、花鸟。传世作品较少，从《烟江帆影图》可见具有夏圭的规模风范，但"运笔用墨不及其父，独林石差胜"②。

以上的记载中，关乎生平的记述显然简至极致。可以明白的，大抵只有姓名、字号、籍贯、大致的任职画院时间、其子夏森绍继父业以及绘画创作的简单介绍与评价。而与创作有关的内容，占了较大的篇幅。

其中不能一致的，有两个方面。一是夏圭的职务，《画继补遗》称为"理宗朝画院祗候"，《图绘宝鉴》识为"宁宗朝待诏"。二是对夏圭艺术成就的评价，《画继补遗》评为"画山水人物极俗恶"，《图绘宝鉴》则称为"奇作也……院人中画山水，自李唐以下，无出其右者"。就后者而言，实际不成问题，每个时代、每个人都有不同的审美趣味，完全没有必要强求一律。前者的问题，则需分析。

按照北宋翰林图画院的机构设置，祗候与待诏是两个层阶的职衔，由祗候升至艺学，继由艺学方能升至待诏。南宋高、孝、光、宁诸朝画院承北宋画院之制，画史有记的画师，大都为待诏一级，基本上是清楚的。此处两书所记的不同，宋宁宗在前已为待诏，宋理宗在后却成祗候，故必非依北宋旧制在升迁时间上的差异所致。可能的情况有二，或是其中必有一误，或是因宋理宗朝画院建制上的新法变动所致。《图绘宝鉴》记方椿年"理宗绍定年待诏，景定年升祗候"，与此同为由待诏而至祗候的记载，如若简单认定其为误载而加以否定并不可取。今因史料缺失，不可详悉，姑且存此以备后人稽考。

我们据此概括夏圭的生平，可以知晓的是：夏圭，字禹玉，生卒年不详，钱塘人，宋宁宗、宋理宗时供职于画院，在时间上与马远有相偕。夏圭画艺高超，为待诏，被赐金带，与马远齐名，史称"马夏"，为"南宋四家"之一。其子夏森，字仲蔚，画山水、人物、花鸟，有夏圭的规模风范，但成就远不及

---

① 〔清〕高士奇：《江村销夏录》卷一，四库本，第826册，第485页。
② 〔清〕王毓贤：《绘事备考》卷六，四库本，第826册，第269页。

其父。

技法特征

夏圭工山水、人物，尤以山水见长。笔法苍古，水墨淋漓，气韵颇高。作品数量十分可观，有《溪山清远图》《山水十二景图》《洞庭秋月图》《雪堂客话图》《松崖客话图》《烟岫林居图》《梧竹溪堂图》《遥岑烟霭图》《松溪泛月图》《西湖柳艇图》等。或长卷，或小幅，画山峦、溪涧、江水、汀渚、坡岸、烟峦、云树、渔村、农舍、舟楫、行人等，高士奇所云之"笔法苍古，墨气明润，点染岚烟，恍若欲雨，树石浓淡，遐迩分明"，正说出了夏圭山水画的主要特点。

夏圭山水画作品的风貌，与马远极为相似，故后世言及南宋院体山水画，多以"马夏"山水相称。元代画家倪瓒曾评夏圭所作《千岩竞秀图》曰："岩岫萦回，层见叠出，林木楼观，深邃清远，亦非庸工俗吏所能造也。盖李唐者，其源亦出于荆、范之间，夏圭、马远辈又法李唐，故其形模若此。便如马和之人物犬马，未尝不知祖吴生而师龙眠耳。"[1]文徵明称他"尝学范宽……或为王洽，或为董、巨、米颠，而杂体兼备，变幻间出"[2]。简明扼要地道出了夏圭绘画的师承，本是渊源有自。他与马远一样，师李唐而可上溯至荆浩、范宽，又博采众家之长而为己用，以至自成风格。这样的艺术成长经历，正是中国山水画的传统路径。

就夏圭的画艺而言，明代曹昭在《格古要论》中有论："夏珪善山水，布置皴法与马远同，但其意尚苍古而简淡，喜用秃笔，树叶间夹笔，楼阁不用尺界画，信手画成，突兀奇怪，气韵尤高。"[3]言简意赅，讲得十分明白。明代王履对马夏山水，也有很好的评价，谓其"画家多人也，而马远、马逵、马麟及二

① 〔元〕倪瓒：《清閟阁全集》卷九，四库本，第1220册，第304页。

② 〔清〕厉鹗：《南宋院画录》卷六，于安澜编《画史丛书》第四册，上海人民美术出版社1962年版，第123页。

③ 〔明〕曹昭：《格古要论》卷上，四库本，第871册，第93页。

夏之作为予珍。何也？以言山水软，则天文、地理、人事与夫禽虫、草木、器用之属之不能无形者，皆于此乎具。以此视诸画风，斯在下矣。以言五子之作软，则粗也而不失于俗，细也而不流于媚，有清旷超凡之远韵，无猥暗蒙尘之鄙格，图不盈咫而穷幽极遐之胜，已充然矣。故予之珍，非珍乎溺也，珍乎其所足珍而不能以不珍耳"[1]。粗而不俗，细而不媚，清旷超凡，韵远格高，王履把夏圭等人的基本面貌和成就特色界定得尤其精准。同时也警示了后世学夏圭等人之不易，一旦拿捏不住分寸，稍作放纵则必流于粗俗，略有拘泥则会失于细媚。"谢赫云：画有六法，一曰气韵生动，二曰骨法用笔，三曰应物象形，四曰随类傅彩，五曰经营位置，六曰传模移写。六法精论，万古不移。自骨法用笔以下五法，可学而能。如其气韵，必在生知，固不可以巧密得，复不可以岁月到，默契神会，不知然而然也。故气韵生动，出于天成，人莫窥其巧者，谓之神品。"[2]这种默契神会、不知然而然的生知天成之气韵，正是夏圭心随物化的神妙之所在。

具体地说，夏圭的绘画在技法上，可从构图、笔法、水墨等方面详加分析。

一、构图

在构图上，夏圭与马远有共通之处，画史上有"马一角、夏半边"的说法。在对空间的表现上，往往舍去中景，近景突出，远景清淡，清旷俏丽，画面因而十分空灵。"水墨西湖，画不满幅"，章法别致，布局出新，构图常取半边，焦点集中，空间旷远，故有"夏半边"之称。画师（李唐）白发西湖住，引出半边一角山。具体的分析可以参见前面《马远传》中的相关内容。所不同的是，马远的造境趋于奇险，夏圭则比较质朴、自然。

这种山水画构图，始于李唐局部取景，至马夏发展至"半边一角"。后人往往把其创作意图与南宋的半壁江山联系起来，认为是南宋偏安的写照："却忆当时和议成，偏安即视如升平。惟开绂熙较画史，两河沦弃无人争。斯图似写南朝士，还有楼台在烟雨。……中原殷富百不写，良工岂是无心者，恐将北物触

① 〔明〕王履：《画概序》，潘运告主编《明代画论》，湖南美术出版社2002年版，第2页。
② 〔明〕曹昭：《格古要论》卷上，四库本，第871册，第88—89页。

君怀，恰宜剩水残山也。"①更有直接加以贬斥否定的："范启东言：长公于书独重云间沈度，于画最爱永嘉郭文通。以度书丰腴温润，郭山水布置茂密故也。有言夏珪、马远者，辄斥之曰：是残山剩水，宋僻安之物也，何取焉。"②

后世文人站在南宋历史变局的风云之外，以空言抒发虚幻的爱国热情和民族情怀，并以之对艺术作品的内涵进行想当然的、过度的政治性诠释，实有主观臆测之嫌。

二、笔法

就山石皴法而言，陈继儒《妮古录》谓："皴法，董原麻皮皴，范宽雨点皴，李将军小斧劈皴，李唐大斧劈皴，巨然短笔麻皴，江贯道师巨然泥里拔钉皴。夏圭师李唐、米元晖拖泥带水皴，先以水笔皴，后却用墨笔。"③董其昌也称夏圭"若灭若没，寓二米墨戏于笔端"④。夏圭山石皴法取法李唐的斧劈皴，同时也吸收了米芾、米友仁父子之长，常用、喜用拖泥带水皴，形成了自己清旷简淡、云烟变幻的特色。拖泥带水皴，是一种较为特殊的皴法，有带水小斧劈皴、带水大斧劈皴等。一般的方法是先用较浓墨皴，趁湿时继用淡墨破，水墨晕染，线面渗合。有时作山石也先用水笔皴擦，然后落墨，在水法的运用上更有创意，画面效果也更为湿润清雅。

夏圭画树变化多端，画树叶有夹笔，或点笔、夹笔兼用，随意点攫，生动自然。画楼阁也自有法，"画家界画最难，如卫贤、马远、夏珪、王振鹏皆以此专门名家"⑤。夏圭虽工界画，却是"不用尺界画，信手画成"。

据画史的记载，夏圭早年专攻人物，以人物画见长。但其人物画作品今已无传，只在山水画中可见点景人物。如《雪堂客话图》《梧竹溪堂图》《溪山清远图》等作品中，有高士、文人、渔父、舟子、轿夫的形象，大都以粗笔单线勾勒，不作细致刻画，简括传神。

---

① 〔明〕郁逢庆：《续书画题跋记》卷三引陆完《长江万里图》题诗，四库本，第816册，第819页。

② 〔明〕叶盛：《水东日记》卷三，四库本，第1041册，第19页。

③ 〔明〕陈继儒：《妮古录》卷三，《丛书集成初编》本，商务印书馆1937年版，第29页。

④ 〔清〕高士奇：《江村销夏录》卷一，四库本，第826册，第486页。

⑤ 〔清〕王士禛：《香祖笔记》卷一二，四库本，第870册，第533页。

马、夏笔法相似，仔细比较也有所不同：马远画山石多用大斧劈皴，部分发展成钉头鼠尾皴，刚猛而劲利，线条一般较长而清晰；夏圭画山石则大小斧劈皴、拖泥带水皴、长短条子皴、点子皴并用，以至部分轮廓线被冲浸，略有模糊感。马远用笔较尖，笔法爽劲；夏圭则喜用秃笔，笔法苍润。所以《格古要论》称夏圭山水苍古简淡，突兀奇怪，气韵尤高。

三、水墨

夏圭山水画技法的突出之处，在于他充分发挥了水墨的表现力。他喜用秃笔带水作大斧劈皴，画面淋漓苍劲，墨气袭人，将水墨技法运用到了"酝酿墨色，丽如染傅"①的境界。画面水墨浑融，苍茫淋漓，笔法、墨法、水法均极为精练。由于他长于水墨表现，所以描绘那些云烟出没、风雨弥漫的景色，一抹朦胧的远山，大片山石、树丛，很少用复杂的色彩渲染，而显得墨气明润，远近分明，神韵焕发，没有马远那种富贵、矜持、高华的气息，较具自然荒率的野趣。因此，明代吴门画派代表人物文徵明称夏圭的绘画"全以趣胜"，"吾恐称妆丽手，何以措置于其间哉"。②

归纳夏圭绘画技法的特点，大致有以下几个方面：

一是简率。

从构图到笔墨，夏圭绘画以简为要的特点是十分明显的。董其昌说："夏圭师李唐，更加简率，如塑工所谓减塑者，其意欲尽去模拟蹊径。而若灭若没，寓二米墨戏于笔端。他人破觚为员，此则琢员为觚耳。"③琢圆为觚，独辟蹊径，破除圭臬，自出机杼。夏圭从圆融整严的山水艺术传统里，开出了简括率真的新风。

二是水墨淋漓、浑融、明润。

《寓意编》有言云："古人作画，多尚细润，唐至北宋皆然。自远与夏圭，始肆意水墨，彼笔粗皴，不复师古。"④可见"肆意水墨"的画法，是马远、夏

---

① 〔明〕田汝成：《西湖游览志余》卷一七，上海古籍出版社1998年版，第259页。

② 陈传席：《中国山水画史》，天津人民美术出版社2001年版，第224页。

③ 〔清〕孙岳颁等：《佩文斋书画谱》卷一八，四库本，第819册，第544页。员，通"圆"。

④ 〔清〕孙岳颁等：《佩文斋书画谱》卷八四，四库本，第822册，第597页。

圭的特色，也是他们颇具新意的创造。张彦远《历代名画记》曾曰："运墨而五色具。"中国画在绘画技法上也常言"墨分五色"，指的都是以水调节墨色化成不同程度的浓、淡、干、湿，获取水墨画中层次丰富变化的表现效果。五色或指焦、浓、重、淡、清，或指浓、淡、干、湿、黑，也有加白而称"六彩"的。其实此处的或"五"或"六"，都是一种虚指，意图在于说明水墨交融以后的变化之丰富，其表现力之强，可胜五彩之所能。夏圭精于水法、墨法，画面水墨淋漓、墨色浑融、墨气明润，取得了极高的艺术成就。《西湖游览志余》所言之夏圭"酝酿墨色，丽如染傅"，文徵明所言之"吾恐秾妆丽手，何以措置于其间哉"，都是对夏圭高超水墨技法的赞赏。

三是以趣为胜，意境高远。

明代文人画家徐渭观夏圭山水卷后，他的评价是："观夏珪此画，苍洁旷迥，令人舍形而悦影。"①文徵明则称夏圭的绘画，"全以趣胜"。明代画家王穀祥也盛赞夏圭"善画人物山水，笔法苍老，墨气淋漓，高低酝酿，远近浓淡，不繁而意足，更有不穷之趣"②。清代王士祯观夏圭《雪江归棹卷》后写道：该图"于浦溆曲岸间，作麂眼、短篱、丛竹、蒙茸、雪屋数椽，掩映林薄中，极荒寒之趣"③。从这些文人、学士、画家的评语中，可以看出夏圭绘画以趣为胜的特点。夏圭画中的趣，是客观的自然山川景物的野趣，也是画家主观表达中所营造和追求的荒寒之趣。夏圭画中可见的多为山峦、溪涧、江水、汀渚、坡岸、烟岚、云树等自然景象，偶有渔村、茅舍、舟楫、行人的点缀。夏圭在大自然生动、丰沛、盎然的野趣之中，大力取舍裁剪，以简括的构图、清润的水墨，突出地强调和表达了他意中所尚的荒寒之趣，整个画面的格调是超然尘世之外的苍洁旷迥、静谧清率。

这样一种以荒寒之趣为尚的超凡脱俗的审美趣味，大力取舍裁剪、以简括构图和清润水墨加以表现的技法，使得他的绘画作品在意境上颇具高远之韵，不同凡响。清代学者孙承泽在《砚山斋杂记》中说："北宗以南宋刘、李、马、

---

① 〔清〕孙岳颁等：《佩文斋书画谱》卷八四，四库本，第822册，第598页。
② 〔清〕卞永誉：《式古堂书画汇考》卷四四，四库本，第828册，第862页。
③ 〔清〕王士祯：《居易录》卷二七，四库本，第869册，第654页。

夏为标表，刘松年、李唐、马远、夏圭四家，各有奇妙。李晞古境界极险，然命笔太刻画，至于开辟奥僻一路，使人不可到。刘极精工，然不及李。马远画，人间传者绝少，澹荡萧旷之趣，间于残轴断幅中得之。夏禹玉笔墨最为深沉，又极灵秀，创境亦高奇。"① "夏珪清溪园亭小景，笔简而意殊远。"②

以趣为胜、意境高远是夏圭绘画艺术的显著特色，也使他因此脱去院画画师受形似束缚的匠气，受到后世文人士大夫的赞叹和欣赏。

鸿篇巨制与小幅山水画

善画鸿篇巨制与多作小幅山水画，是夏圭在创作形制上的特点。

卷帙长达数丈的山水画作品，是夏圭创作的一个十分鲜明的特色。画幅中，自然山水连绵展开，人文景象错落点缀，景物裁剪有致，构图简括清旷，意趣丰盈，境界空灵，气韵悠长。

结合文献记载和传世作品来看，夏圭著名的长卷作品有《溪山清远图》《长江万里图》《山水十二景卷》《溪山无尽图》《江山佳胜图》等，都是数丈长的巨幅。

《溪山清远图》，纸本，水墨，46.5厘米×889.1厘米，今藏台北故宫博物院。

《长江万里图》，在画史著录中有四个版本，现存三个版本：（一）《续书画题跋记》著录，绢本，长2丈4尺，谓绍兴年间作，后题陆完长诗；（二）《珊瑚网》著录，长6丈4尺，有陆深题词；（三）《江村销夏录》著录，绢本，长3丈3尺余，高7寸许，盖有元文宗天历玺印；（四）《明太祖文集》著录，从胡惟庸家中查抄所得。现存的夏圭《长江万里图》，据《中国历代画目大典（战国至宋代卷）》引《艺珍堂书画》云："共有三本：一为美国穆尔夫人所收夏圭《长江万里图》卷，其内容及其款书，与此卷（指台北王雪艇收藏之《长江万里图》）

---

① 〔清〕孙承泽：《砚山斋杂记》卷二《恽氏说画小记》，四库本，第872册，第160页。
② 〔清〕孙岳颁等：《佩文斋书画谱》卷九九，四库本，第823册，第398页。

全同，有宋内府玺一，无题跋，现存耶鲁大学博物馆；一为《江村销夏录》所载夏禹玉《山水》卷，内容及款书亦同，卷中各景有宋理宗题字，分题为十二景，现为美国堪萨斯博物馆收藏；此卷（指台北王雪艇收藏之《长江万里图》，绢本，水墨，29厘米×543.5厘米）亦曾流入美国。三卷俱真，为编者所目击，为夏氏无上剧迹。"①长度虽各不相同，但都是长达数丈的巨幅。

《山水十二景图》，画江皋玩游、汀洲静钓、晴市炊烟、清江写望、茂林佳趣、梯空烟寺、灵岩对弈、奇峰孕秀、遥山书雁、烟村归渡、渔笛清幽、烟堤晚泊十二景。《江村销夏录》著录为"宋夏禹玉《山水》卷，绢本，高七寸七分，长一丈六尺三寸。末尾著细楷书'臣夏珪画'四字，共十二景，每景题字，皆理宗御笔。有双龙小玺、内府大玺，前后钤缝，宋印三方，元印五方。绢素精坚完好，笔墨闲雅，位置清旷，为所见第一"②。现仅存《遥山书雁》《烟村归渡》《渔笛清幽》《烟堤晚泊》四段，绢本，设色，26.8厘米×230.5厘米，藏美国纳尔逊-阿特金斯艺术博物馆。

《溪山无尽图》，"《书画舫》云：夏珪《溪山无尽图》，匹纸所画，其长四丈有咫。笔墨皆佳，精彩焕发，神物也。旧藏石田先生家，后归陈道复氏，复在金昌徐默川家，盖禹玉剧迹也。此卷又入严分宜家，今藏于锡山顾氏"③。现存之《溪山无尽图》，纸本，水墨，38厘米×1639.5厘米，藏台北历史博物馆。④

《江山佳胜图》，纸本，设色，31.2厘米×736.7厘米，今藏上海博物馆。⑤

如此篇幅的长卷，在景物取舍和构图布局上，具有相当难度，"画家长幅难

---

① 周积寅、王凤珠编著：《中国历代画目大典（战国至宋代卷）》，江苏教育出版社2002年版，第681页。按：《江村销夏录》卷一著录由宋理宗题字的十二景《山水卷》，卷三著录长3丈5尺的《长江万里图》，两者应非同一画作。此处以《江村销夏录》所载夏禹玉《山水》卷为《长江万里图》，不知何故。另，《中国历代画目大典（战国至宋代卷）》第691页又单独著录了《山水十二景图》现存之四段画作。

② 〔清〕高士奇：《江村销夏录》卷一，四库本，第826册，第485页。

③ 〔清〕卞永誉：《式古堂书画汇考》卷四四，四库本，第828册，第861页。

④ 参见罗宏才：《夏圭〈溪山无尽图〉流传经过与相关问题辨析》，《南京艺术学院学报》2002年第2期。

⑤ 杨仁恺《国宝沉浮录》说此卷为"明人仿本。已残为数段，有五段归上海博物馆"。

于深远，褊幅难于深高"。然而观夏圭所作，构图布局颇具章法，上下前后相互照应，高低远近、深浅小大、隐显纡直、夷险静躁各得其宜，意趣之妙能使观者神游，体现出精湛的艺术水平和深厚的功力。

夏圭的小幅山水画有册页和纨扇等形制，属小景画中的一种。小景画作为一种绘画门类，最早见于北宋《宣和画谱》。该书分画为十门，其时小景画尚非独立一门，而是附于"墨竹"中。宋末元初的邓椿《画继》始将小景与杂画合为一门，可见小景画在南宋已然渐成气候，创作日多。具体的例子是，马贲与其后人，大多善画小景杂画。

所谓小景画，是指"布景致思，不盈咫尺而万里可论"①。从这样的定义来看，可见小景此"景"乃指山水而言，其构思布局也是清旷平远一路，不然做不到"不盈咫尺而万里可论"。这样的作品，既适宜于表现江南的自然山川，也正是夏圭的风格。

夏圭的小幅山水大都是萧条淡泊、清旷简远的平远意境，如《雪堂客话图》（28.3厘米×29.5厘米）、《烟岫林居图》（25厘米×26.1厘米）、《梧竹溪堂图》（23厘米×26厘米）、《遥岑烟霭图》（23.5厘米×24.1厘米）等。尺幅之间的半山一角中，容纳得下山林的万千意趣；不着墨痕的空白里，有河山万里的空旷与自在。平常的景物因浓缩而被赋予浓郁的诗意，耐人寻味；淡墨轻笼的云烟山岚因无羁而飘散弥漫，引人遐思。江南山水的婉约多姿、灵动秀逸、明净清润，都在夏圭的小幅画中得到了淋漓尽致的表现。

---

① 《宣和画谱》卷二〇，于安澜编《画史丛书》第二册，上海人民美术出版社1962年版，第247页。

第二章　笔底山川

现在，我们走进夏圭营建的艺术世界，去看一看他笔底的水墨山川。

简淡清幽的山光水色

打开夏圭的画作，一幅幅裁剪精妙、意趣充盈、平远清旷、蕴含无限韵致的山水图卷，带给我们一片苍郁丰润、生意盎然、山岚氤氲、烟波浩渺的江南水土，意境清幽，令人神往。

前述《江村销夏录》著录的《山水十二景图》，是夏圭绘画中声誉卓著的一幅长卷，前人对此的评价是："画人物、山水，笔法苍老，墨气淋漓，高低酝酿，远近浓淡，不繁而意足，更有不穷之趣。"①

画卷中，十二景相互连接，天衣无缝地构成一幅完整的长卷。同时各景又是独立的画面，内涵各不相同，有宋理宗题字予以标识。此画全卷今已散失大半，仅存卷末《遥山书雁》《烟村归渡》《渔笛清幽》《烟堤晚泊》四景（绢本，设色，27.9厘米×230.5厘米，藏美国纳尔逊-阿特金斯艺术博物馆）。从现存画面来看，每景都是典型的"半边"构图，平远中极显清旷空灵的意境，是夏圭山水画的典型风格。

《遥山书雁》的画面左下以浓墨写江中山石、坡岸、林木，隔江远望是右上

---

① 〔清〕高士奇：《江村销夏录》卷一，四库本，第826册，第485页。

方一抹遥远的山际和一行南去的大雁。画面的主体，是空蒙山色和江上烟波和合而成的迷离苍茫。着墨无多，却有寂寞清秋的荒寒之趣。

《烟村归渡》画水天一色的江村晚景，以水墨淡抹村落汀渚，在苍茫暮霭中若隐若现。平远清旷的江面上，有轻盈的归舟，向着烟波轻笼的家山深处摇去。全画笔墨寥寥、极为简练，正是董其昌所言的"寓二米墨戏于笔端"的"简率"之作，大片空白中蕴含了无限韵致。

《渔笛清幽》，此幅较为写实，画幅左下半以浓墨写苍郁的林木，斧劈皴和拖泥带水皴画出的巨石方硬爽利，又湿润厚重。长坡低缓延伸，与江水相连，点景的渔船与渔夫就在这岸边活动。他们在画中的位置，只在极近画面底边的空间里。余下的大片画幅皆是淡远空旷的江景，渔夫对江吹笛，笛声的清扬更衬托了江景的幽静。

《烟堤晚泊》，景色微茫，正是黄昏时分。两三叶小舟静静地栖泊在水湾柳岸边，岸边山径逶迤，几位行人荷担而归。近景山坡树石墨汁淋漓，江岸的对面是丛林掩映的楼阁，在水墨的渐趋渐淡中融入苍茫的远景之中。

综观全卷，构思极为简括，又极其精整。大多取"半边"式布局，以景物的丰与简、笔法的密与疏、水墨的浓与淡两相对比，以丰、密、浓的"实景"，衬托出简、疏、淡的"虚境"，营造并着意烘托出平远清旷、意韵含蓄的无限韵致。就技法而言，夏圭笔法精严，水墨淋漓。全卷用秃笔画成，画坡石大小斧劈皴和拖泥带水皴间用，先用湿笔淡墨晕染，然后干笔、湿笔巧妙对比运用，逐层加重，笔笔老练，爽利有致。树干、树叶多用笔随意点画，笔法生动活泼。点景人物神态生动，楼阁、舟船信手勾画而成，俱见功力。

《溪山清远图》（纸本，水墨，46.5厘米×889.1厘米，藏台北故宫博物院）集中体现了夏圭绘画艺术的成就，也是长卷画的代表之作，从中可见夏圭鸿篇巨制的基本面貌。该图全卷画千里清幽山川，画中有崇山幽谷、奇峰绝壁、江河溪流、平川旷野，或隐或现于烟岚云雾之中。山庄、茅舍、野店、幽亭、板桥点缀其间，又有渔舟、行旅、人物的穿插，令人游目骋怀，可望可思。画中山石兼用大小斧劈皴、长短条子皴、点子皴、拖泥带水皴，皴擦、飞白、泼墨、湿笔等技法交相运用，墨彩变化极为丰富。树木用直线勾干，一笔而成，用点

〔南宋〕夏圭《溪山清远图》（局部），纸本水墨，全图46.5厘米×889.1厘米，台北故宫博物院藏

子簇叶，较为清刚，不似马远那样浓重。汀渚处，用淡墨轻扫，略加勾点。此图最大特点是利用纸本的特性，纯用水墨表现溪山之间云烟轻笼、清刚秀逸的意境，充满笔墨韵致和浑然天成的野趣。尤其是淡墨的运用，出神入化，给人以极强的感染力。

全画布局疏密有致，意趣纷呈，但给人的总体感觉十分萧淡冷寂。前人陈川曾有题诗曰："人家制度太古前，鸡犬比邻往还少。"道出了此画苍古简淡的特点。

《松崖客话图》（绢本，浅设色，27厘米×39厘米，藏台北故宫博物院）也能显示夏圭独有的笔墨特点和意境表现。此图画面简洁，构图是典型的半边特色。在简淡空蒙的画幅里，有开阔的溪涧静静流淌。右岸是淡墨远渚的虚景，左岸为全画主旨所在。简练纵逸的精严笔墨画出崖石和古松，浓重湿润。山崖上安闲对话的白衣人物，点出了主题。

《雪堂客话图》（绢本，设色，28.2厘米×29.5厘米，藏北京故宫博物院）是夏圭的名作，画的是江南山中的雪景。《图绘宝鉴》称夏圭"雪景全学范宽"，从此图即可见一斑。构图上，虽也有上部天空和右下水面的空灵，但与他常见的半边构图也有不同，画幅左右布置山石坡岩，两相映带，互为照应；居中有茅屋数间，前后林木繁茂，交叉掩映。整个画面显得有序而丰富。山石用小斧劈皴和短线直皴，颇具方硬苍润之致。

《遥岑烟霭图》（绢本，水墨，23.5厘米×24.1厘米，藏北京故宫博物院）

与《烟岫林居图》（绢本，
设色，25 厘米×26.1 厘
米，藏北京故宫博物院）
都是纨扇的形制，构图也
大致相似，远山简淡，近
处各有坡石、林木、人物
等等。夏圭画云岫、林
木、楼阁，尤重表现烟云
的变幻和山林浓淡变化的
不同层次，远山和坡石很
少用笔皴擦，大多以浓淡
不同的墨色晕染而成。总
的境界，都是水墨渲染出
来的朦胧迷离之景。

〔南宋〕夏圭《雪堂客话图》，绢本设色，28.2厘米×
29.5厘米，故宫博物院藏

《梧竹溪堂图》（绢本，设色，23厘米×26厘米，藏北京故宫博物院），绘
山居景色，以空蒙远山为背景，画梧桐、修竹、茅屋、远山。采用"半边"局
部构图，主要景物集中在画面左下部，繁简对比，虚实相映。笔法则体现夏圭
苍劲老健的特点，下笔疾速果断。图中茅屋，随手勾出，饶有意趣。前后层次
分明，用浓墨写近景，墨色沉厚；设色以淡石绿、花青为主，略加渲染、衬托；
远山一抹，若隐若现，从而使画面产生旷远的空间感。

泼墨纵笔的万里长江

在夏圭的长卷画中，《长江万里图》是一幅著名的作品，前述文献中出现的
四种不同版本的著录，也可反映后人对它的高度重视和赞赏。

长江一直是中国绘画表现的重要题材，历史上许多著名画家都有描绘长江
的佳作。画史上广为人知的就有李思训、吴道子同受唐玄宗之命画嘉陵江三百
里山水。吴道子实地考察回来时两手空空，却只用一天时间就在兴庆宫大同殿

上画出了嘉陵江三百里山水，原来他把所见风光都一一记在了心里。李思训也在大同殿上画山水，却用了几个月的时间。两人的画都受到唐玄宗称赞，认为"皆极其妙"。而用时的不同，乃因他们一"疏"一"密"的不同绘画风格所致。

夏圭的《长江万里图》，在文献上有详细的记载和描述。

《明太祖文集》记载：

> 跋夏珪《长江万里图》：洪武十三年春正月，奸臣胡惟庸，权奸发露……《长江万里图》，朕尤未信，试遣人取以验……时左右内臣尽舒其轴，朕的视之，见皴山染水，落笔有方。陆有层峦叠嶂，岩谷幽冥，树生偃蹇，藤挂龙蛇；水有江湾屈曲，其势动荡，仿佛万里洪波。又山意足而平川荡荡，远浦弥漫，俄生培塿，突旷野以累累。观相生血气者，则有寒雁穿云，乔松立鹤，水陆崎岖，僧俗半出云岩，而似行似涉。若此者，非工夫一日以成其图也。斯万里也，造次不节，逡巡不成，若仁者体岿山而耸拔，知者效流水以守常，不亦俊乎。[①]

汪砢玉《珊瑚网》记载：

> 《长江万里图》（长六丈四尺，在绢上，较前卷更异）：此卷《长江万里图》为今大参张夏山先生所藏。予尝于京口见米元章澄心堂纸一卷，笔势奇怪，有意外象。家居时，吴人持至一卷夏珪，墨气古劲可爱。此卷则规模郭熙，而平远清润，有不尽之趣。宋室倚长江为汤池，故当时画手多喜为之，卒不能守，而铁骑飞渡矣，乃相与为之浩叹。夏山，字用载，家金华山下，景物绝胜，而宦囊半贮此物，将所谓行住坐卧，不离这个耶？复相与为之大笑。是岁嘉靖甲午八月吉，观于江西布政司之紫薇楼下，遂书。云间陆深。
>
> 予尝见李伯时《长江图》于陈太仆子有家，笔法精绝。及观此卷，乃

---

① 〔明〕姚士观等编校：《明太祖文集》卷一六，四库本，第1223册，第198页。

宣和御府所收，小玺具在，定为北宋以前名手，非马、夏辈所能比肩。后有吾乡陆文裕题跋，书法秀整，足与画为二绝，殊可宝也。己未秋后五日，董其昌。后有宋解元跋，误以夏山为姓夏者，故去之。

夏禹玉《烟江叠嶂图》：……宋宁宗朝画院待诏夏圭，山水师李唐，用墨如傅粉。今观《长江万里图》，往往泼墨纵笔，浓淡酝酿，出于自然，真奇笔也。夫大江发源于岷山，而圭画泉流回互，跳珠喷雪，可骇可愕。至于滥觞之后，直下一泻，舟楫纵横，旅店隐见，渡口渔舠，林边鸦点，烟峦云树，戍楼城郭，无不极其精妙。所谓李唐以下，无出其右者，非耶？唐宋以来，君臣俱游心艺文，皆有画院以延揽名士良工。宋之马、夏，南渡称首。若禹玉者，其可多得哉？长幅如此卷，又可多得哉？览阅既毕，为题其后。至于弧矢四方，曾历风波江涛之险者，又余素所习见，不觉其身之飘然于三峡间云尔。翰林承旨王汝玉。①

《江村销夏录》记载：

> 宋夏禹玉《长江万里图》卷，绢本，高七寸许，长三丈三尺余。水墨画款在起首石上，"臣夏圭"三小字前，后有天历玺印。
>
> 夏禹玉《长江万里图》，至元后六年立冬日，柯九思观于复古斋。
>
> 宋宁宗朝画院待诏夏圭，山水师李唐，用墨如傅粉。今观《长江万里图》，往往泼墨纵笔，浓淡酝酿，出于自然，真奇笔也。夫大江发源于岷山，而圭画泉流回互，跳珠喷雪，可骇可愕，至于滥觞之后，直下一泻，舟楫纵横，旅店隐见，渡口渔舠，林边鸦点，烟峦云树，戍楼城郭，无不极其精妙。所谓李唐之下无出其右者，非耶？唐宋以来，君臣俱游心艺文，皆具画院以延揽名士良工。宋之南渡，马、夏称首。若禹玉者，其可多得哉？览阅既毕，为题其后。成化三年仲春五日，太原王汝玉敬题。
>
> 夏圭《长江万里》横卷，乃分宜严相公物，后归天府偿武臣俸，朱太

---

① 〔明〕汪砢玉：《珊瑚网》卷三〇，四库本，第818册，第575—576页。

傅得之，宝若琛贝。近韩敬塘学士购归，其水势欲溅壁，石欲出云，树欲含雾，人物舟楫、楼橹室庐，种种悉具气韵。但用水墨，而神采灿烂，如五色庄严，可与李唐并驱争先，马远诸人，皆当北面。往时屡阅于朱公绿荫亭上，今复见之，因诵"旧时王谢堂前燕，飞入寻常百姓家"，唾壶几缺。太原王穉登题。①

《续书画题跋记》记载：

　　夏珪《长江万里图》（长二丈四尺，绢，墨如新）：云山苍苍江漠漠，绍兴年间夏圭作。珍重须知应制难，卷尾书臣敬堪度。却忆当时和议成，偏安即视如升平。惟开缉熙较画史，两河沦弃无人争。斯图似写南朝士，还有楼台在烟雨。钓叟棋翁不可呼，渔舟野店谁能数。但觉层层境不同，林泉到处生清风。意远笔精二莫比，只许马远齐称雄。中原殷富百不写，良工岂是无心者。恐将北物触君怀，恰宜剩水残山也。画终思效一得愚，更把飞鸿添在图。愿君且向飞鸿问，五国城头有信无。水村居士完书（冢宰陆全卿）。②

综览以上各种文献记载，有以下几个方面可作分析：

（一）在明代，出现了多本《长江万里图》，且有多人题跋、赋诗。

《明太祖文集》所记为洪武十三年（1380）春正月从胡惟庸家中查抄所得，无尺寸、材质等的记载。

汪砢玉《珊瑚网》所记为长六丈四尺，绢本，为大参张夏山所藏。

《江村销夏录》所记为绢本，高七寸许，长三丈三尺余。水墨画，款在起首石上，"臣夏圭"三小字前，后有天历玺印。

《续书画题跋记》所记为长二丈四尺，绢本，墨如新。

---

① 〔清〕高士奇：《江村销夏录》卷三，四库本，第826册，第557—558页。
② 〔明〕郁逢庆：《续书画题跋记》卷三，四库本，第816册，第819页。

《江村销夏录》《续书画题跋记》虽为清人著述，著录的却是明人题跋的《长江万里图》。

这四种不同版本《长江万里图》各自的来历与流传经过、它们之间的关系、各本的真赝判别，仅凭上述资料难以明辨。但此间记载的有误，是明白可见的，如《珊瑚网》称"翰林承旨王汝玉"，查明代翰林五经博士、书法家王汝玉，名璲，字汝玉，元末明初长洲（今江苏苏州）人。生年不详，卒于1415年。《江村销夏录》也著录有王汝玉的评语，内容与《珊瑚网》基本一致，应为同一人，但署名为"成化三年仲春五日，太原王汝玉敬题"。所记不仅籍贯不同，而且成化三年是1467年，已是王汝玉过世52年之后了。同时，明代也无籍贯太原、1467年仍然在世的翰林承旨王汝玉。故《江村销夏录》所记，应属有误。由此顺便言及，由于辗转传抄、随意编撰、疏于考订、学风不够严谨等原因，明清画史资料往往多有讹误之处。

（二）各本分别有董其昌①、王汝玉②、王穉登③、陆完④等书画名家、文人学士的题跋、鉴赏，足见其所受到的重视。其中除董其昌认之"乃宣和御府所收，小玺具在，定为北宋以前名手，非马、夏辈所能比肩"外，余人皆认定其所见之本为夏圭《长江万里图》，并加评介。

（三）从画面"滥觞之后，直下一泻，舟楫纵横，旅店隐见，渡口渔舠，林边鸦点，烟峦云树，戍楼城郭，无不极其精妙"，"斯图似写南朝士，还有楼台

---

① 董其昌（1555—1636），字玄宰，号思白，又号香光居士，华亭（今上海松江）人。明代后期著名画家、书法家、书画理论家。神宗万历十七年（1589）中进士，官至南京礼部尚书、太子太保等。精鉴赏，富收藏。著有《容台集》《容台别集》《画禅室随笔》《画旨》《画眼》等。竭力推崇和提倡文人画的士气，与莫是龙、陈继儒提倡山水画南北宗之说。绘画长于山水，宗法董源、巨然、高克恭、黄公望、倪瓒等，画作烟云流润，清隽雅逸。声望显著，为"华亭派"首领。书法影响深远。

② 王汝玉（？—1415），明代书法家，名璲，字汝玉，元末明初长洲人。自小博闻强记，有神童之称。永乐初，由应天府训导擢翰林五经博士，历迁右春坊右赞善，预修《永乐大典》，累迁左赞善。坐解缙累，下狱死。谥文靖。有《青城山人集》传世。

③ 王穉登（1535—1612），字百毂，明文学家。先世江阴（一说江苏武进）人，移居长洲。少有文名，十岁能诗，名满吴门。嘉靖末入太学，万历时曾召修国史。著有《王百毂集》《吴郡丹青志》《吴社编》，并辑有明代散套小令《吴骚集》。善书画，接文徵明衣钵，在董其昌之前主领艺坛三十年之久。

④ 陆完，字全卿，长洲人。明成化二十三年（1487）进士，正德中为吏部尚书。富收藏。工书，王世贞《国朝名贤遗墨》有其手迹。

在烟雨。钓叟棋翁不可呼，渔舟野店谁能数。但觉层层境不同，林泉到处生清风。意远笔精二莫比，只许马远齐称雄"，以及"云山苍苍江漠漠"等各家评述来看，无论内容剪裁、构图布局、笔墨技法和意境风格，《长江万里图》与《十二景山水卷》《溪山清远图》极为相似，都是夏圭山水画烟峦云树、林泉清风、意远笔精、境界苍茫的典型风貌。所不同的是，由于长江发源于高原峡谷的特殊原因，故在其源头江水的描绘上，夏圭作了气势不凡的刻画："泉流回互，跳珠喷雪，可骇可愕。"这一段的画法，就与我们今天熟知的夏圭风格，有较大不同。

（四）对于夏圭此画的创作动机，明清人又是一番说教："宋室倚长江为汤池，故当时画手多喜为之，卒不能守，而铁骑飞渡矣，乃相与为之浩叹"，"中原殷富百不写，良工岂是无心者。恐将北物触君怀，恰宜剩水残山也。画终思效一得愚，更把飞鸿添在图。愿君且向飞鸿问，五国城头有信无"。其实早在南宋绍兴五年（1135）四月，宋徽宗即已死于五国城；绍兴十二年八月，梓宫还临安。绍兴三十一年五月，钦宗死；绍兴三十二年闰二月，祔于太庙。到夏圭时，五国城里的君王早已客死异乡，五国城头的期盼俱成遥远的往事，又何必要"愿君且向飞鸿问，五国城头有信无"？而且在夏圭如此清旷、淡远、荒寒的画境里，又哪里看得出这许多深刻、丰富的政治内涵？

来自西湖的灵感

和南宋的很多画家一样，夏圭也画西湖的云烟水月。著名的作品是《西湖柳艇图》（绢本，设色，107.2厘米×59.3厘米，藏台北故宫博物院），画西湖中的柳树、长堤、水榭、湖舍、画舫和游客。风轻云淡，水墨氤氲，画面丰满，笔墨精谨，远处人物也不用其他山水画中点景人物那样简率的笔法，即所谓的"人物面目，点凿为之，衣褶柳梢，间有断缺"[①]，而是刻画逼真，极为精妙，

[①]〔清〕厉鹗：《南宋院画录》卷六，于安澜编《画史丛书》第四册，上海人民美术出版社1962年版，第119页。

笔调沉着含蓄，明媚秀润。元代郭天锡在画上题跋称："此夏禹玉《西湖柳艇图》，真迹也。笔墨淋漓，云烟变态，饶有士大夫风骨。论者多谓马、夏之习，盖亦未见其真面目耳，识者当不河汉斯言。"

此图画风精细，与他一贯随意豪纵的笔法大异其趣。文献中对夏圭这种风格的作品多有记载，如《清河书画舫》云："夏圭《千岩万壑图》，精细之极，非残山剩水之比。"①此类作品与夏圭的典型风格相异，体现了他笔精墨妙的功力、全面的技法和多样的风格。

夏圭流传至今的作品中，以"西湖"命名的作品只此一件。历代画史著录中，直接点明为夏圭西湖画的作品也不是很多，有《西湖春雨图》等。但这并不表明夏圭与西湖相关的作品不多，或西湖对夏

〔南宋〕夏圭《西湖柳艇图》，绢本设色，107.2厘米×59.3厘米，台北故宫博物院藏

圭创作的影响不大。笔者在此恰恰想要说的是，西湖及其周边的山峦、幽涧、坡岸、汀渚、林树、花木、云烟、舟桥，都是夏圭创作的灵感之源和他乐于、善于表现的题材。

西湖及其周边的清丽湖山，构筑出无限丰富的诗意小品：青石垒筑的拱桥下，一树蜡梅开在蜿蜒的溪涧边，枝干遒曲、疏影横斜、暗香浮动；水草丰茂

① 〔清〕厉鹗：《南宋院画录》卷六，于安澜编《画史丛书》第四册，上海人民美术出版社1962年版，第121页。

的堤岸边，有青苔满身的古树，修长舒展的枝条伸向空中，婆娑的绿叶交织成玲珑通透的树冠，在水天一色的朦胧中画出优雅的曲线。湖水在微风的荡漾中轻起波澜，水色在光线里变幻，静静的湖湾里是一色的灰蓝，如丝绸般柔软光滑，静穆而高贵。隔湖相望，长坡缓缓，佳木成林，夕阳照进林中，看得见阳光在枝干间穿梭，地上的绿草也泛出金黄的色泽。空气中湿润的水汽模糊了视线，远方连绵起伏的群山，只成了淡淡的一片影，唯有山廓的一抹痕迹，勾出了它在无垠天地间的存在。如果是在冬天，雪花会在湖上飘洒，万般俱寂中是一个银色的世界，偶尔的一声鸟鸣，偶尔的一个身影，显示了静与动的和谐；如果是在黄昏，西湖卸却了日间的喧闹繁华，一切复归自然，而暮色尚未降临，山静、湖平、风清、林幽，正是她一天里的好时光。

这样充满诗意的山水小品，在夏圭的长卷小幅里，大多能见到。它们没有西湖的冠名，却有着浓郁的西湖气息，每一个熟悉西湖的人，只要与之相遇，必定会有心灵的相通。

第三章　诗意内涵

　　夏圭以及"南宋四家"，是南宋画院画师，他们的作品即是院体画，也可简称为"院画"。一般认为，院画是中国绘画传统中与文人画迥然异路的一种绘画种类。在中国绘画史上，与文人画的深受肯定和赞赏相比，院画明显处于劣势。尤其是自明末董其昌"尚南贬北"而指斥南宋院体山水画家马、夏为"非吾曹所当学"后，文人对南宋院体山水画一直多有贬损之言。如称院画画师为"狂邪""画匠"，称画作为"作家画""行家画""匠气""程式化""皆画中魔道，虽工而少士气"，以至"士大夫耻言北宗，马、夏诸公不振久矣"，等等。一时声名狼藉，遗风所至，至今仍可谓影响至深。比如现在对"南宋四家"的艺术成就，虽已有了肯定的评价，但这种评价具体地分析起来，还是很不充分的。正如前文所述，大多是从技法上予以肯定，基本局限在技法形式的范畴之内，而无关乎中国绘画传统最为重视和欣赏的精神层面，比如类似于文人画的"士气""书画同源""诗画合一"等境界。对此，实有深入探讨的必要。

　　诗画融合是中国绘画的主要特征和重要成就，自王维而至苏轼倡导诗中有画、画中有诗，元代以降，诗、书、画、印合一，成为文人画的典型特征。因此论述诗画融合，往往都在文人画的传统里论述。笔者认为，在文人画的传统之外，同样有诗画融合的佳作。比如在常被认为充满"宫廷匠气"、与文人画格格不入的南宋院体山水画中，就有浓郁的诗意内涵。

　　徐复观在其《中国艺术精神》一书中，从绘画发展历程的角度，将中国绘画中诗画融合的过程分为"互为题材""精神、意境的融合""形式上的融合"

几个阶段，认为发展至"形式上的融合"后，中国画得到了艺术上更大的丰富与圆成。

笔者认为，从历史发展的角度而言，这几种类型有其出现、发生、发展的先后顺序，但就其现实存在而言，这几种类型并非完全的先后替代，至今为止都同时存在，所以进行不同类型的分析研究仍有必要。而就艺术表现力和审美价值而言，精神、意境的融合是艺术境界的体现，"形式的融合"则体现了中国绘画民族特色的独特表征。

诗意的渊源

就院体山水画而言，传统上往往认为它与文人画的风格、意趣、表现手法，尤其是诗画融合的特征格格不入。其实，文人画固然有诗画融合的传统和特征，而据此将院派，尤其是南宋山水画隔绝于诗画融合的境界之外，却嫌主观与不公。比如在"南宋四家"的画作中，西湖山水的清灵淡定、阴柔秀媚，孕育出一种风雅精致的趣味和充分传达个人思绪与主观感受的浓郁诗意。而且这种诗意的表达，甚至根本无须通过在画面上题写诗句的形式，它直接地渗透在构图、笔墨和气韵之中。在马远的《踏歌图》，夏圭的《西湖柳艇图》《溪山清远图》，刘松年的《四季山水图》中，都可以感受到这种浓郁的诗意。这种诗意内涵的渊源，来自以下若干方面。

一、帝王趣味

对于宫廷院画，帝王意志与趣味当然是起决定作用的，史料对此有明确记述："宋画院众工，必先呈稿，然后上真。"[1]但是具体问题需要具体分析，院画家们遇到的是怎样的帝王？这些帝王有着怎样的性情、修养和趣味？这是一个首先必须弄明白的问题。宋代很多帝王，如仁宗、神宗、哲宗、徽宗、高宗、光宗、宁宗、理宗等人，具有相当的艺术天赋和修养，对绘画有着不同程度的

---

① 〔清〕厉鹗：《南宋院画录》卷一引朱寿镛《画法大成》，于安澜编《画史丛书》第四册，上海人民美术出版社1962年版，第2页。

兴趣和才能。此外，其身边的臣僚和后宫之中，也多有同好者，如著名的杨皇后等人，正是他们引导或是助成了宫廷绘画的兴盛。宋徽宗、宋高宗更是天纵其才，诗、书、画皆善，堪称诗人、画家、书法家，不乏将诗、书创作与绘画结合的实践。具体活动已见前述。

二、画院传统

深入观察史料和画作，不难发现两宋画院画家具有对以诗入画、追求画中诗意的主观认识和探究，作品的诗意盎然，也是一个不争的事实。两宋绘画创作中，蕴含着一个致力于追寻与表达诗意的画院传统。

三、画师个人修养

作为帝王御用的宫廷画师，也就是所谓的职业画匠、画工，是否就是单纯的技艺之徒？可不可以用"学养""学识"去衡量他们？

中国的史家显然是十分缺乏艺术修养的，他们忽视或者说是漠视了对中国艺术传统和绝大多数艺术家的关怀。历史上众多的绘画史实和艺术家，就在他们的这种忽视与漠视中，湮灭于时间的长河里。宫廷画师尤然，他们地位低下，更因御用的性质而受到自视清高的文人们的歧视。一些文人即使在心里赞叹画师们的精妙画艺，也很少会在自己的诗文里对画师们作足够充分的记述。文人们关注的，只是对于他们自己所谓的文人画家的自我描绘和他们在"余兴"之时的"墨戏"。但"此等谓之寄兴，但可取玩一世，若云善画，何以上拟古人而为后世宝藏？"①苏轼、赵孟頫、"元四家"，以及徐渭等文人画家，固然是全才。但对这些天降大任者，他们特立翘楚的才情、异于常人的不凡经历和痛苦际遇，尤其是灿烂至极归于平淡的心灵，我们常人仰之弥高，又哪里可以拿来随意比拟。

而画师们是以绘画作品表达自己的，他们鲜有文字形式的作品流传。这当然是他们自我表达的一个缺失，也可以认为这是他们个人修养上的不足。但是如果连画师们的笔都用在写字上了，那我们还能欣赏到真正的绘画艺术作品吗？人的才能、时间和精力毕竟是有限的。

---

① 〔元〕倪瓒：《清閟阁全集》，四库本，第1220册，第354页。

因此，在中国用文字构筑的历史文化传统里，宫廷画师是一个几近沉默的群体。我们很难听得到他们的声音，看得到他们的身影，更遑论体察他们的内心。所以，我们现在要来论述画师们的个人修养，依据的只有他们的画作和历史文献里蛛丝马迹般的只言片语。

中国是具有崇文传统的国度，两宋尤其右文抑武。据《宋史》记载，画院学生考试都是科举的范式，入院后的学习也以《说文》《尔雅》《方言》《释名》等教授，并要求在学习时，将各书内容与绘画创作相联系，观其能通画意与否。在画作的等第评定上，"以不仿前人而物之情态形色俱若自然，笔韵高简为工"[①]。这样严格选拔、培养出来的宫廷画院画师，又哪里会是等闲之辈？"考画之等，以不仿前人而物之情态形色俱若自然，笔韵高简为工"的衡量标准，鼓励革故鼎新的创意，崇尚自然高简的笔韵，如此创作氛围里的画师，又怎会没有自我的修炼和追求？

具体到画师来说，李唐的例子我们都已十分熟悉，他的那首"雪里烟村雨里滩，为之如易作之难。早知不入时人眼，多买燕脂画牡丹"的诗作，透露了丰富的历史信息，尤其是那有感而发的真切、怨而不怒的隐忍，质朴感人，正是彼时彼地的李唐之所为。只有这样一首诗显然不能说明李唐已是一个诗人，但能写出此诗的李唐，也绝非只是一个埋首线条色彩之中的庸工俗匠。

梁楷也是一个有说服力的例子。南宋时期，理学、禅宗皆有很大发展，思想界十分活跃。而且理学与禅宗趋向融合，一批禅宗僧侣画家亦应运而生。他们以禅宗南派"顿悟"思想为绘艺宗旨，着墨不多，深藏玄机，题材不拘，皆作禅理，所绘有一种"只可意会，不可言传"的意蕴。从今传为宫廷画师梁楷所作的《六祖图》《六祖破竹图》《八高僧故事图》《出山释迦图》《李白行吟图》《泼墨仙人图》等作品中，不仅可以见其简练、清淡的笔墨风格，也可见其洒脱不羁的个性和深厚的佛学修养与表现力。

四、江南山川

江南山川在本质上，是诗意山川，极适宜于诗意的体味和表达。这从山峦

---

① 《宋史》卷一五七《选举志三》，中华书局1977年版，第3688页。

的连绵起伏、山色的苍润明秀、林木的繁茂深郁、烟岚的迷蒙轻灵和长汀远坡、溪桥渔浦、堤岸洲渚等山水形制，以及山水的文化内涵如山水诗于此间的发生、发展来看，都是如此。山水诗中有关江南山水的吟咏不计其数，以山川为表现题材的山水画自然同样具有诗意的内生源泉。

山水进入绘画，在中国具有悠久的历史。晋、唐、宋、元是最应关注的时期，中国人的艺术灵性充溢于这个长长时段的溪山林霭间。"南宋四家"所在的南宋，山水画的内涵发生重大变化：北方的重峦叠嶂让位于南方的烟雨迷蒙，青绿色彩的金碧辉煌让位于水墨淋漓的清妙淡远，摄取全景的磅礴气势让位于半山一角的空灵优雅，绝对忠实的描述自然让位于个人体悟的诗意韵味。江南的烟雨山川，让"南宋四家"的山水画作演绎出一派风雅精致的诗意境界和艺术趣味。

五、时代风尚

强调诗与画的共通，在宋代不只是苏轼等少数文人士大夫的见解，而已是其时普遍的共识，宋代题画诗的作者和篇数远胜于唐。诗歌于创作灵感、意象经营、章法结构、意境与韵味诸多方面，与山水画有相通之处。在山水表现的艺术天地里，诗与画相辅相成，它们言辞清丽、水墨淋漓，虚实相生、动静结合，山光水色纷至沓来，表现出宋代文人、学士、艺术家共同的审美情趣。

诗意内涵之表达

从艺术的分类模式来看，诗属文学，以语言文字为表现手法；画属造型艺术，以线条、色彩为表现手法。简单地从形式上看，两者似无可比性。但论述诗画融合，如果不深入到作品的内在构造中，不去探求其形式因素中同生共融的根本关联，仅仅停留在概念或感觉层面上的描述，是很难说得清楚透彻的。

如果从比较的角度来分析，可以从以下这些方面来看一看两者之间的关联。

在内容选取上，"南宋四家"描绘山水，取与现实生活关系密切的题材，画中多有人的活动，如《踏歌图》《松间吟月图》《举杯邀月图》《山径春行图》《溪山清远图》《雪堂客话图》《遥岑烟霭图》等作品中的劳作、行旅、游历、山

〔南宋〕夏圭《遥岑烟霭图》，绢本水墨，23.5 厘米×24.1 厘米，故宫博物院藏

居、访友等等，表现人与自然的关系。宋诗中描写自然山水，也是如此，与人的生活密切相关。此时的山水诗，已与谢灵运山水诗中多写蛮荒山林的内容选取大异其趣。

在章法构图上，"南宋四家"取材的以小见大、以少胜多，构图布局上的截取典型片段场景加以重点描摹的精练、借有限空间表现无穷韵致的想象，尤其是"南宋四家"山水中许多一角、半边构图的小尺幅作品，与传统山水画有许多不同变化。这种体裁章法上的"变"，都与宋诗的短小精悍有异曲同工之妙。宋代的范成大、杨万里、朱熹、姜夔以及江湖派诗人和"永嘉四灵"，都创作了大量短小精美的山水诗绝句。由此可见诗人、画家息息相通的艺术理念与灵性。

在风格意境上，北宋以来的文人推崇简淡诗风，苏轼提倡"发纤秾于简古，寄至味于淡泊"，推崇"萧散简远，妙在笔画之外"的境界。马远、夏圭的作品注重主观情感的抒发，善于利用空白和云烟渲染画面，追求空灵简妙的意境，含蓄简练，优雅而富韵致。

在水墨韵味上，山幽水寒、空寂寥落，是宋诗中极受推崇的意境，欧阳修、王安石都有提到，至南宋更趋强烈，出现了姜夔的诗作。这样的意境极适于水墨表现。院画作品中，也多有表现这种韵味和意境的水墨画，如《寒江独钓图》等。其中的水墨韵味都与此关系密切，足可玩味。

中国传统山水画的精神实质在于它在走向自然的过程中，实现了人与自然的和谐融合，由此体现了老庄与玄学的精神内涵。就院画家与院画作品而言，应该也在这个传统之中。但与文人画家和文人画作相比，还是各有特点的。最重要的一点，是文人画家们强调画中有修养、学识的表达，而院画家们则更注重纯粹的艺术表达胜于人文和精神的诉求，艺术表现和形式技法的美得到更好的追求和实现。

文人画固然是诗画融合的成功典范，但有高低优劣之分，真正达到诗画融合意境的文人画家和作品"自古寥寥"（董其昌语）。

院画也是一样的情形。宫廷画家是一个集体、一个集群的定义，但就具体的画家而言，是需要具体分析、分别而论的。北宋、南宋以及明、清不同时期的宫廷画家群体，有着各自不同的时代氛围和个人遭遇，因此就会有不同的创作旨趣和成就。

南宋绘画有着中国古代艺术中极具艺术气质的成就。在宫廷画院的特殊环境里，画家们没有衣食之忧，也没有仕进之望，更没有艺术市场之惑，绘画几乎是一种纯粹的创作行为。就在这种"为艺术而艺术"的人生状态里，宫廷画师们创造了众多中国绘画艺术中法度谨严、笔墨精妙、技艺高超的佳作。南宋院体山水画的诗意表达，无须通过在画面上题写诗句的形式，直接渗透在构图、笔墨和气韵之中。我们在马远的《踏歌图》，夏圭的《西湖柳艇图》《溪山清远图》，刘松年的《四季山水图》等作品中，都可以感受到这种浓郁的诗意。此种诗画于内在气质上天然融合的作品，比那些徒具题诗、钤印等以示诗画合一的形式而无文人画精神内涵的所谓"文人画"，更具中国艺术的实质和神韵。这样的事实充分表明，在诗画融合的中国民族绘画传统形成过程中，院画也起到过积极的作用，应该予以肯定，给予相应地位。与其后备受推崇的文人画者相比，画师们的艺术家身份、艺术创作成就和作品的艺术性丝毫不见逊色，不可随意地以"宫廷画匠""匠气""程式化"等贬斥之词加以轻率否定。院画的不足，固然有院画家本身的问题，但也不应忽视时代的局限、从学者的狗尾续貂、文人学士出于狭隘偏见的故意贬斥等因素。

最后，就院画和文人画的评价而言，以传统画史的价值取向来看，院画自然与文人画有较大的差距。但是，如果从艺术表现的多样性、审美趣味的多元化来看，"差异"可能是比"差距"更为恰当的用词。

第四章　地位和影响

说到夏圭在绘画史上的地位和对后世的影响，总的评价是他与马远一起，以具有开创意义的独特风格，引领了南宋院体山水画的创作，并成为南宋绘画创作的主要成就者，在中国美术史上占有极其重要的地位，对后世绘画产生了重要的影响。

从学者众

画史在言及艺术风格、地位影响时，往往马、夏并提。但有一点不同的是，从历史文献记载的情况来看，后世师事夏圭者，明显多于马远，这甚至成为夏圭史料记载中的一个重要特色，其篇幅和信息量大大超过了夏圭生平事迹的记载。

南宋时有：

> 朱怀瑾，钱塘人，宝祐年画院待诏，景定间为福王府使臣，咸淳年赐金带。作人物山水树木窠石，多画雪景。笔法用墨，全师夏珪，谨守规矩，殊欠潇洒。[1]

---

[1] 〔元〕夏文彦：《图绘宝鉴》卷四，于安澜编《画史丛书》第二册，上海人民美术出版社1962年版，第106页。

黄益，画山水，学夏珪。①

赤目张，画山水，师夏珪。②

元代有：

孙君泽，杭人。工山水人物，学马远、夏珪。③

王履……笃志于学，博极群书，为文若诗，皆精诣有法。画师夏圭，行笔秀劲，布置茂密，评者谓作家、士气咸备。④

张观，字可观，嘉定人。少游江湖，志尚古雅，工画山水，师夏圭、马远。⑤

李在，字以政，莆田人，迁云南。宣德中钦取来京，入画院。山水宗李唐、郭熙，又云宗夏珪、马远。其人物八面生动，评者云自戴文进以下一人而已。⑥

吴珵，字元玉，号石居，吴江人。举进士，历官工部郎中，山水法夏珪。⑦

陈勉，字进之（见书家传），为工部员外郎。写山水初仿王孟端，后法夏珪，俱妙。⑧

明代有：

---

① 〔元〕夏文彦：《图绘宝鉴》卷四，于安澜编《画史丛书》第二册，上海人民美术出版社1962年版，第111页。

② 〔元〕夏文彦：《图绘宝鉴》卷四，于安澜编《画史丛书》第二册，上海人民美术出版社1962年版，第113页。

③ 〔元〕夏文彦：《图绘宝鉴》卷五，于安澜编《画史丛书》第二册，上海人民美术出版社1962年版，第131页。

④ 〔明〕王鏊：《姑苏志》卷五六《人物十八》之《艺术》，四库本，第493册，第1056—1057页。

⑤ 〔明〕王鏊：《姑苏志》卷五六《人物十八》之《艺术》，四库本，第493册，第1057页。

⑥ 〔明〕朱谋垔：《画史会要》卷四，四库本，第816册，第525页。

⑦ 〔明〕朱谋垔：《画史会要》卷四，四库本，第816册，第529页。

⑧ 〔清〕王原初等：《佩文斋书画谱》，卷五五，四库本，第821册，第372页。

周文靖，闽人。善山水，苍润精密，笔力古健，酝酿墨色，各臻其妙。山水学夏珪、吴镇，人物、花卉、竹石、翎毛、楼阁、牛马之类，咸有高致。①

张翬，字文翥，太仓人。山水宗夏珪，笔力颇老，未入化境。李空同歌云："张翬有名成化间，大涂小抹成山水。树石燥硬笔意古，往往人间落片纸。"②

明文徵明十景画册：文徵仲先生画，妙集诸家。此册十景，取法赵承旨为多，而首作特仿夏圭，尤为奇出。至其千里方幅，平远闲逸之趣，又多出于蹊径外者，盖生平得意作也。③

世祖章皇帝御笔，仿夏珪雪景。④

此外，《图绘宝鉴》《画史会要》《珊瑚网》《佩文斋书画谱》《庚子销夏记》等画史中，分别记载了王介、龙升、刘耀、陈君佐、张远、丁野夫、陈琳、朱侃、苏致中、成性、戴进、吴伟、蓝瑛等众多师从、学习或模仿夏圭的画家。

综合贯穿以上史料，可简要体现后世画家师从夏圭的情况。

夏圭的画风在南宋时期，已经受到推崇，画院内外都不乏好之、学之者。宋理宗朝画院待诏朱敦儒，即师夏圭。赤目张、黄益以及官至太尉的王介等人，也多师法于他。

元代初年，赵孟頫等人提倡复古，抵制近世画风（即指南宋院体画）。但在南宋故都杭州，南宋院体山水画风仍受追捧。画家孙君泽画山水，全师李唐、马远、夏圭，成为南宋院体山水画在元代延续传承的代表人物，具有一定成就和影响。其他还有宿州人陈君佐、张观、张远及丁野夫等画家，各居其地，师法马、夏，进行绘画创作。可见马、夏影响力之广，并非仅限于狭窄的杭州

---

① 〔清〕王原初等：《佩文斋书画谱》，卷五五，四库本，第821册，第375页。
② 〔明〕朱谋垔：《画史会要》卷四，四库本，第816册，第531页。
③ 〔清〕王原初等：《佩文斋书画谱》卷八七，四库本，第822册，第708页。
④ 〔清〕张照、梁诗正等：《石渠宝笈》卷一《目录》，四库本，第824册，第11页。

一地。

明代是马、夏山水获得承续发展的最佳时期。明代的宫廷绘画、浙派及其支流皆以马、夏为宗，崇尚水墨苍劲画风。著名者有宫廷画师李在、周文靖、王谔，从宫廷中走出来自立浙派门户的戴进，从戴进处发展的江夏派吴伟等人。这里最为重要的人物是戴进和吴伟。前者继承马、夏两家之长而创浙派，有夏芷、夏葵、戴泉、王世祥、方钺等人与其同声共气振马、夏画风，居功颇伟。吴伟也是马、夏一路的名手，从戴进而来，却向更为简率的方向发展，加上为人的轻率、豪纵，遭到贬斥。而其弟子张路、钟礼、汪质、谢宾举、蒋嵩、汪肇等人，则在草率、豪纵的路上走得更远，以致被人目为"邪学"："如郑颠仙、张复阳、钟钦礼、蒋三松、张平山、汪海云辈，皆画家邪学，徒逞狂态者也，俱无足取。"①后世对于马、夏山水的诟言，大都因此而来。

从夏圭的师从者中，可以分析的有这样两个方面：

一是其中不少画家都是具有突出成就，甚至代表了一个时代或一个时期绘画艺术创作风尚的人物，如孙君泽、陈琳、王履、戴进、李在、文徵明、蓝瑛等人。陈琳、王履、文徵明、蓝瑛的成就主要不是来源于对夏圭的师承和学习，但孙君泽、周文靖、李在、戴进、吴伟，则直接渊源于马远、夏圭，堪称马、夏画派传人。他们传承了马、夏的绘画风格，并因此取得自己的成就和在画史上的地位。

二是在这些夏圭绘画的欣赏者、爱好者、师从者中，既有宫廷画师如南宋时的朱敦儒、明代的戴进等人，也有帝王如宋理宗、明太祖、清世祖，更有文人画家王履、文徵明以及深受赵孟頫熏陶和欣赏的花鸟画名家陈琳。这样的现象足以说明，夏圭的绘画受到了人们的普遍喜爱。

后人的褒与贬

"南宋四家"的绘画风格，由李唐肇其始端，到马远、夏圭时，方将这种风

---

① 〔明〕朱谋垔：《画史会要》卷五，四库本，第816册，第582—583页。

格继承、发展而至成熟之境。故他们二人堪称南宋院体山水画的典型代表，既代表了南宋院体山水画的最高成就，也成为后世非议南宋绘画的主要目标。

对马远、夏圭等"南宋四家"，画史上议论、评价甚多，角度、侧重各有不同，赞赏、批评时有所见。具体作品的评价，已见前引，这里选录几则对其总体绘画风格及在中国绘画史中地位的评价：

> 宋画，评者谓之院画，不以为高，谓巧太过而神不足也。不知宋人之画，亦非后人可造堂室。如李唐、刘松年、马远、夏圭，此南渡以后四大家也。画家虽以残山剩水目之，然可谓精工之极。①
>
> 山水画自唐始变，盖有两宗，李思训、王维是也。李之传为宋王诜、郭熙、张择端、赵伯驹、伯骕，以及于李唐、刘松年、马远、夏圭，皆李派。王之传为荆浩、关仝、李成、李公麟、范宽、董源、巨然，以及于燕肃、赵令穰、元四大家，皆王派。李派板细乏士气，王派虚和萧散，此又惠能之禅，非神秀所及也。至郑虔、卢鸿一、张志和、郭忠恕、大小米、马和之、高克恭、倪瓒辈，又如方外不食烟火人，另具一骨相者。②
>
> 郭文通，永嘉人。善山水，布置茂密，长陵最爱之。有言马远、夏圭者，辄斥之曰："是残山剩水，宋偏安之物也。"③

从这些明清人的评论中，不难看出，对于马、夏的评价是不高的。基本的看法是以南北分宗，以"士夫画""士气画"与"院画"相别。视王维以及被称为王之传人的荆浩、关仝、李成、李公麟、范宽、董源、巨然、赵孟頫、黄公望、王蒙、吴镇、钱选、倪瓒等士夫画、文人画为正宗，十分推崇其"虚和萧散"的画境。而视"南宋四家"为承李思训一路而来，"评者谓之院画，不以为高，谓巧太过而神不足也"，对其绘画风格则以"板细乏士气"定论。

---

① 〔明〕朱谋垔：《画史会要》卷五，四库本，第816册，第582页。

② 〔明〕张丑：《清河书画舫》卷六上，四库本，第817册，第216页。

③ 〔元〕夏文彦：《图绘宝鉴》卷六，于安澜编《画史丛书》第二册，上海人民美术出版社1962年版，第157页。

当然，肯定的说法也是有的，但往往注重技法，而无关乎中国绘画传统最为重视和欣赏的精神层面的说法，比如类似于文人画研究中"士气"一类的境界。

这种历史现象的产生，有马、夏山水自身的问题，比如庞大的从学者队伍带来的鱼龙混杂、法度精严的不可轻学等，固然是一个方面。中国绘画崇尚文人画，贬抑院画，崇尚虚和萧散、气韵生动，贬抑燥硬外露、精工巧思的审美传统，也是重要的原因。但更重要、更直接的原因，还在于明末董其昌等人提出的山水画南北宗论。

山水画南北宗论是有关中国绘画认识的重要思想，这个重要性除了其本身具有的绘画理论价值外，更在于它深刻地影响了后人对中国山水画史的理解和认识，一时成为人们评价画史、画家、画作的重要准则。

何谓山水画之南北宗？简单地说，就是运用禅宗的南北之分为历史上的山水画分宗别派："禅家有南北二宗，唐时始分。画之南北二宗，亦唐时分也，但其人非南北耳。北宗则李思训父子着色山，流传而为宋之赵干、赵伯驹、伯骕，以至马、夏辈。南宗则王摩诘始用渲淡，一变钩斫之法。其传为张璪、荆、关、郭忠恕、董、巨、米家父子，以至元之四大家。亦如六祖之后，有马驹、云门、临济儿孙之盛，而北宗微矣。要之，摩诘所谓'云峰石迹，迥出天机，笔意纵横，参乎造化'者。东坡赞吴道子、王维画壁，亦云：'吾于维也无间然！'知言哉。"[1]

南北宗论的首倡者，有董其昌、莫是龙、陈继儒的不同说法。由于董其昌地位特殊，在东南地区俨如艺坛领袖，附骥者众多，这一论断最终被归于他名下。在晚明乃至整个清代，南北宗论逐渐成为一种后人认识山水画发展的权威理论，进而演变为描述画史的常识以及评判作品的套语。赞同、引用或沿着同一思路深化南北宗论的画家和理论家很多，而力图调和南北，或者表示怀疑的说法却显得很微弱。

正是在这样的背景里，马远、夏圭遭到了指责和贬抑。董其昌本人对马、

---

① 〔明〕董其昌：《画禅室随笔》卷二，四库本，第867册，第452—453页。

夏就有直接的否定："若马、夏及李唐、刘松年，又是李大将军之派，非吾曹易学也。"①

但是董其昌对马、夏的否定，毕竟过于主观和片面，不足以服天下人，更不足以抹杀马、夏的艺术成就。明清时人如王宸、邵梅臣、李修易、戴熙都针对南北宗论提出了不同的看法。

20世纪30年代开始，在重估传统文化价值的思潮推动下，董其昌和他的南北宗论受到重新审视。徐悲鸿、滕固、童书业、俞剑华等画家和史论家都有新的论述和见解发表。具体到对马远、夏圭的评价，具有代表性的评说是黄宾虹之所言："有法之极，而后可至于无法之妙。南宋刘、李、马、夏，悉由精能，造于简略，其神妙于此可见。"②笔者认为，黄宾虹的这个评说，是最为客观、至为确切的，令人由衷地信服。

对日本的影响

必须一提的是，马远、夏圭对日本绘画发展的影响。

关于马、夏绘画对日本的影响，冯慧芬有详细研究，转录于下，以飨读者：

马、夏流派的影响，在南宋末年因僧人的往来还传到了日本。到了十五世纪前后，影响愈大。文献记载当时追随马、夏画风的作品很多。如《荫凉轩日录》记有：

"养德院障子六枚，此（北）房笔之，盖夏圭样也，诚可嘉尚，今日毕功也。

"北房，自晨，松泉轩客殿障子下画之，君泽样也。

"北房画障……松泉轩书院障子八景画，今日毕其功，夏圭样真本也。

"晚来，谒东府，鹿野助所笔之画之草案二幅供台览。鹿野曰：马远样

---

① 〔明〕董其昌：《画禅室随笔》卷二，四库本，第867册，第452页。
② 黄宾虹：《黄宾虹论艺》，上海书画出版社2012年版，第48页。

然乎？虽然，西指庵御书院画像马远样也。

"召鹿野助于私第，先令图一人可供台览，夏圭笔样欤？又马远笔样欤？"

…………

可见，当时日本画坛学画和鉴赏的态度都倾向于马、夏样式。据《天琢和尚语录》记载，当时他们看到日本画家所作"唐绘"时就联想到夏圭之画，又因该画风格与夏圭作品相似，便认为是杰作。可以这样认为，日本绘画史上的水墨画派，便是马、夏画派的日本翻版。原为明僧于应永中渡海赴日本九州岛又至京都等地的如拙，在日本传播绘画即宗法马、夏派画风。如拙的传人是画僧天章周文，周文和他的弟子们形成一个在日本画史上颇负盛名的水墨画派。周文的高足是雪舟（1420—1506），他于1467年曾来中国学习山水画。他在宁波登陆，并在天童寺住了一段时间。这里正是马、夏画派的继承者"浙派"绘画的势力范围。从雪舟的画中，可以看出：无论构图、用笔、用墨，都绝似马、夏。由于雪舟的努力所造成的气氛，马、夏画派在日本形成了影响最强烈、最长久的画派之一。直至十六世纪的雪村（1504—1589）完全继承了雪舟的艺术精神，从雪村的画中，也可以直接看出马、夏画派的传承。

可以说，中国古代未有任何一个画派能比得上马、夏在国外的影响。[1]

在日本，马远、夏圭一直具有很大的影响力，他们的作品极受重视。今天可见的马、夏作品或被称为马、夏创作的作品，有不少都被日本所收藏。其中的《寒江独钓图》《竹林山水图》《山水图》等作品，都被日本定为"重要文化财"而加以珍藏。

① 冯慧芬：《夏圭》，朱伯雄、曹成章主编《中国书画名家精品大典》第一卷，浙江教育出版社1997年版，第325—329页。

参考文献

一、论著

〔唐〕张彦远：《历代名画记》，于安澜编《画史丛书》第一册，上海人民美术出版社1962年版。

〔北宋〕沈括：《梦溪笔谈》，文渊阁《四库全书》影印本，台湾商务印书馆1983年版（以下简称四库本）。

〔北宋〕《宣和画谱》，于安澜编《画史丛书》第二册，上海人民美术出版社1962年版。

〔北宋〕董逌：《广川画跋》，四库本。

〔北宋〕米芾：《画史》，四库本。

〔北宋〕范成大：《范村梅谱》，四库本。

〔北宋〕释仲仁：《华光梅谱》，王伯敏、任道斌主编《画学集成（明—清）》，河北美术出版社2002年版。

〔南宋〕邓椿：《画继》，于安澜编《画史丛书》第一册，上海人民美术出版社1962年版。

〔南宋〕赵彦卫：《云麓漫钞》，四库本。

〔南宋〕潜说友：《咸淳临安志》，清道光十年（1830）钱塘振绮堂汪氏仿宋本。

〔南宋〕吴自牧：《梦粱录》，浙江人民出版社1980年版。

〔南宋〕周密：《武林旧事》，浙江人民出版社1984年版。

〔南宋〕周密:《齐东野语》,《宋元笔记小说大观(五)》,上海古籍出版社2001年版。

〔南宋〕周密:《云烟过眼录》,四库本、宝颜堂秘笈本。

〔南宋〕周煇:《清波杂志校注》,刘永翔校注,中华书局1997年版。

〔南宋〕张镃:《南湖集》,四库本。

〔南宋〕高翥:《菊磵集》,四库本。

〔南宋〕陈骙:《南宋馆阁录》,四库本。

〔南宋〕佚名:《南宋馆阁续录》,四库本。

〔南宋〕李唐等:《南宋四家画集》,天津人民美术出版社1997年版。

〔金〕元好问:《中州集》,四库本。

〔元〕庄肃:《画继补遗》,中国美术论著丛刊本,人民美术出版社1963年版。

〔元〕夏文彦:《图绘宝鉴》,于安澜编《画史丛书》第二册,上海人民美术出版社1962年版。

〔元〕汤垕:《画鉴》,四库本。

〔元〕吴大素:《松斋梅谱》,王伯敏、任道斌主编《画学集成(六朝—元)》,河北美术出版社2002年版。

〔元〕倪瓒:《清闷阁全集》,四库本。

〔元〕脱脱等:《宋史》,中华书局1977年版。

〔元〕王逢:《梧溪集》,四库本。

〔元〕张昱:《可闲老人集》,四库本。

〔明〕张丑:《清河书画舫》,四库本。

〔明〕唐志契:《绘事微言》,四库本。

〔明〕郁逢庆:《书画题跋记》,四库本。

〔明〕郁逢庆:《续书画题跋记》,四库本。

〔明〕陶宗仪:《书史会要》,四库本。

〔明〕陈继儒:《妮古录》,《丛书集成初编》本,商务印书馆1937年版。

〔明〕汪砢玉:《珊瑚网》,四库本。

〔明〕田汝成：《西湖游览志》，浙江人民出版社1980年版。

〔明〕田汝成：《西湖游览志余》，上海古籍出版社1998年版。

〔明〕唐圭璋编纂：《全宋词》，中华书局1965年版。

〔明〕张岱：《西湖梦寻》，中华书局2007年版。

〔明〕王世贞：《弇州山人四部稿》，四库本。

〔明〕郎瑛：《七修类稿》，于安澜编《画史丛书》第四册，上海人民美术出版社1962年版。

〔明〕曹昭：《格古要论》，四库本。

〔明〕高启：《大全集》，四库本。

〔明〕祝允明：《怀星堂集》，四库本。

〔明〕叶盛：《水东日记》，四库本。

〔明〕李日华：《六研斋笔记（三笔）》，四库本。

〔明〕张宁：《方洲集》，四库本。

〔明〕姚士观等编校：《明太祖文集》，四库本。

〔明〕高濂等：《西湖四时幽赏录（外十种）》，上海古籍出版社1999年版。

〔清〕王士祯：《香祖笔记》，四库本。

〔清〕王士祯：《居易录》，四库本。

〔清〕卞永誉：《式古堂书画汇考》，四库本。

〔清〕厉鹗：《南宋院画录》，于安澜编《画史丛书》第四册，上海人民美术出版社1962年版。

〔清〕陶元藻：《越画见闻》，于安澜编《画史丛书》第四册，上海人民美术出版社1962年版。

〔清〕孙岳颁等：《佩文斋书画谱》，四库本。

〔明〕郁逢庆：《续书画题跋记》，四库本。

〔清〕张照、梁诗正等：《石渠宝笈》，四库本。

〔清〕王毓贤：《绘事备考》，四库本。

〔清〕丁传靖辑：《宋人佚事汇编》，中华书局1986年版。

〔清〕厉鹗：《东城杂记》，四库本。

〔清〕孙承泽：《砚山斋杂记》，四库本。

〔清〕孙承泽：《庚子销夏记》，四库本。

〔清〕高士奇：《江村销夏录》，四库本。

〔清〕《御制诗余集》，四库本。

〔清〕《御制诗四集》，四库本。

〔清〕翟灏：《湖山便览·西湖新志》，上海古籍出版社1998年版。

邓白、吴茀之：《马远与夏圭》，上海人民美术出版社1958年版。

王伯敏编：《黄宾虹画语录》，上海人民美术出版社1961年版。

邵洛羊：《李唐》，上海人民美术出版社1980年版。

温肇桐编著：《中国古代画论要籍简介》，天津人民美术出版社1980年版。

王伯敏：《中国绘画通史》，台湾东大图书出版有限公司1997年版。

谢巍编：《中国画学著作考录》，上海书画出版社1998年版。

陈传席：《中国绘画美学史》，人民美术出版社2000年版。

曹玉林：《董其昌与山水画南北宗》，上海书画出版社2003年版。

卢辅圣主编：《戴进与浙派研究》，《朵云》第六十一集，上海书画出版社
2004年版。

[美]方闻：《心印：中国书画风格与结构分析研究》，李维琨译，陕西人民
美术出版社2004年版。

启功：《启功丛稿》，中华书局1999年版。

陈高华编：《宋辽金画家史料》，文物出版社1984年版。

王朝闻总主编：《中国美术史》（宋代卷），齐鲁书社、明天出版社2000
年版。

徐书城：《宋代绘画史》，人民美术出版社2000年版。

陈传席：《陈传席文集》，河南美术出版社2001年版。

周积寅、王凤珠编著：《中国历代画目大典（战国至宋代卷）》，江苏教育
出版社2002年版。

吕澎：《溪山清远：两宋时期山水画的历史与趣味转型》，中国人民大学出
版社2004年版。

陈野：《浙江绘画史》，杭州出版社2005年版。

杨仁恺：《国宝沉浮录》，上海古籍出版社2007年版。

钟毓龙：《说杭州》（增订本），浙江人民出版社1983年版。

施奠东主编：《西湖志》，上海古籍出版社1995年版。

傅伯星、胡安森：《南宋皇城探秘》，杭州出版社2002年版。

周峰主编：《南宋京城杭州》（修订版），浙江人民出版社1997年版。

龚延明编著：《宋代官制辞典》，中华书局1997年版。

何忠礼、徐吉军：《南宋史稿》，杭州大学出版社1999年版。

沈冬梅、范立舟：《浙江通史·宋代卷》，浙江人民出版社2005年版。

二、论文

滕固：《关于院体画和文人画之史的考察》，《辅仁学志》1931年第2期。

金维诺：《中国早期的绘画史籍》，《美术研究》1979年第1期。

金维诺：《宋元绘画收藏著录》，《美术研究》1980年第3期。

徐邦达：《宋金内府书画的装潢标题藏印合考》，《美术研究》1981年第1期。

［日］铃木敬：《试论李唐南渡后重入画院及其画风之演变》，原文连载于日文版《国华》杂志1982年3月及4月号，中文版见《新美术》1989年第4期，魏美月译。

令狐彪：《关于宋代"画学"》，《美术研究》1981年第1期。

令狐彪：《宋代画院画家考略》，《美术研究》1982年第4期。

陈振濂：《早期花鸟画构图审美的衍变》，《朵云》1983年第8期。

胡德智：《宋代墨戏与禅宗》，《美术》1985年第10期。

［美］彭慧萍：《"南宋画院"之省舍职制与画史想象》，博士学位论文，中央美术学院，2005年。

刘坤太：《宋朝添差官制度初探》，《河南大学学报（社会科学版）》1984年第4期。

傅伯星：《李唐生卒年代考》，《中国书画报》1993年4月15日。

傅伯星：《刘松年"师张敦礼"质疑》，《书画报》（安徽）1994年1月25日。

傅伯星：《让马远走出历史——论马远生卒年的确认及其主要创作的动因与真意》，《新美术》1996年第3期。

余辉：《南宋画院佚史杂考二题》，《美术观察》1996年第9期。

蔡罕：《北宋翰林图画院录用画家制度之考述》，《美术观察》2001年第4期。

蔡罕：《北宋"画学"与"翰林图画院"》，《浙江学刊》1999年第2期。

罗宏才：《夏圭〈溪山无尽图〉流传经过与相关问题辨析》，《南京艺术学院学报》2002年第2期。

王仲尧：《南宋临安文化市场初探》，《商业经济与管理》2002年第12期。

彭亚：《论影响李唐绘画风格的潜在因素——兼与陈传席先生商榷关于李唐研究的几个问题》，《南京艺术学院学报》2003年第2期。

孙文忠：《浅析宋代画院山水画审美特色的形成因素》，《新美术》2004年第1期。

孙文忠：《从郭熙到马、夏——宋代画院山水画审美特色管窥》，《美术研究》2004年第1期。

陈嘉全：《盛衰起落——浅析从宋代到清代的画院变迁》，《南京艺术学院学报》2005年第3期。

刘炜：《宋代画院的教育功能与院体画的发展》，《美术观察》2005年第12期。

后　记

　　严格地说，本书不能算是"南宋四家"的传记。有关"南宋四家"历史资料的严重匮乏和现有史料的矛盾、错讹，带来了历史事实的难以辨析和历史人物的面目模糊。在这样的状况下，为"南宋四家"立传的条件显然是不成熟的。为此，本书着重做了以下一些工作：

　　一是相关史料的搜集排列。在以往的"南宋四家"研究中，有关他们生平、画艺等方面的史料，已多有搜集发掘，但大都以画史、画论中的记述为主。在具体研究中，研究者大多也是根据需要加以取舍引用，似有零落散乱之嫌，至今尚未见有系统梳理之举。故此，本书选择有关生平事迹的重要史料在书中作了排列记述，并着力于对"南宋四家"的相关史料作画史、画论著述范围之外的新的搜集，以求史料的相对集中完整，为以后的研究者提供检索方便。

　　二是相关史料的查证考辨。现有史料中，矛盾、错讹的情况十分明显。在以往的研究中，对史料的系统辨析、考证工作尚不多见，以讹传讹的现象时有发生，给"南宋四家"的进一步深入研究带来很大阻碍。故此，本书在前辈先贤的研究基础上，着力于对现有史料作比较全面的检视、查证和一些力所能及的考辨，以期为后来的研究者提供一个相对明晰的资料文本。

　　三是相关研究背景的开拓。本书着力于在绘画研究的传统领域之外，对画家生活于其间的自然、社会、时代环境作力所能及的分析探究，在适当弥补画史资料不足的同时，也期望能为绘画史研究提供更为广泛的探索领域和参照背景。

在本书写作过程中，得到了许多同仁、朋友的支持帮助。比如浙江省社会科学院图书馆馆长、宋史研究专家徐吉军研究员在提供资料、解答疑难、商讨思路等方面给予我众多无私帮助；何勇强博士在南宋官制的研究方面多次给予我耐心指教；浙江省社会科学院图书馆副馆长徐晓为我搜集、查阅资料提供极多便利；图书馆王玮女士在假期休息时间里，为我多次从线装书库里搬递沉重的、积满灰尘的书籍。如果没有他们的帮助与支持，本书要在如此短的时间里完成写作，几乎是不可能的。在此，一并致以衷心的感谢！

回首往昔，本人从事美术史研究已经有二十多个年头。我所在的浙江省社会科学院，不是专门的美术研究机构，加上本人也不善交往，所以我的所谓的美术史研究，一直都是在专业的美术研究机构之外进行的，是一个真正的"局外人"。《礼记·学记》曾有言云："独学无友，则孤陋而寡闻。"此则正是我的处境与心境。

由于本书写作时间要求十分急迫，更由于本人学术水平和能力所限，书中的错误与不足自是难免，恳切期望得到各位读者的批评指正！

陈　野

2007年8月

再版后记

此版据2007年版修订，笔者对文中个别字词、标点和涉及作品作了校核调整，主要包括以下三项工作：

一、有关画作的作者、年代、真伪等的鉴定辨析，是"南宋四家"研究中学界着力最多也最见成果之处。近年来，南宋画作的海内外博物馆展陈、画册出版，特别是"中国历代绘画大系"对南宋画作在世界范围内的全面搜集和高清图像出版，极大地推进了南宋绘画图像的鉴藏研究。本次修订，笔者采用有关李唐"村社"和"牧牛"题材绘画、刘松年城市生活题材绘画、马远山水画等画作图像的鉴藏研究成果，调整了原书对《乳牛图》《雪山行旅图》《溪隐图》《山田图》《沉李浮瓜图》《丝纶图》等相关画作的文字阐释。在图像印制上，也作了相应调整。

二、根据"中国历代绘画大系"丛书和《故宫书画图录》等作品集和图录，补充了相应作品的著录信息，在书首增补了若干彩色画作。

三、对原书中的个别字词和标点作了校核调整。

同时，就文字史料而言，有关"南宋四家"的记载严重匮乏，现存史料也多有矛盾错讹，这种状况至今未有改变。原书着力于搜集"南宋四家"相关史料，对现存史料做检视查证和力所能及的考辨，为研究者提供了一个相对明晰的资料文本，故对此未作大的修订补充。

限于本人学术积累和研究水平，书中难免存在错误与不足之处，恳请各位读者和专家学者予以批评指正！

陈　野

2023 年 2 月 1 日